凤凰师轩

行知工程

行思讲坛系列

用语文的方式教语文

潘文彬教学主张与实践智慧

潘文彬◎著

凤凰出版传媒集团
江苏教育出版社
JIANGSU EDUCATION PUBLISHING HOUSE

图书在版编目（CIP）数据

用语文的方式教语文——潘文彬教学主张与实践智慧/潘文彬著.
—南京：江苏教育出版社，2012.5
ISBN 978-7-5499-1736-5

Ⅰ.①用… Ⅱ.①潘… Ⅲ.①小学语文课—教学法
Ⅳ.①G623.202

中国版本图书馆 CIP 数据核字（2012）第 080575 号

书　　名	用语文的方式教语文——潘文彬教学主张与实践智慧
作　　者	潘文彬
责任编辑	林　琬
出版发行	凤凰出版传媒集团 凤凰出版传媒股份有限公司 江苏教育出版社（南京市湖南路 1 号 A 楼　邮编 210009）
苏教网址	http：//www.1088.com.cn
集团网址	http：//www.ppm.cn
照　　排	润星之源文化有限公司
印　　刷	九洲财鑫印刷有限公司
厂　　址	河北省三河市灵山大口
开　　本	787×1092 毫米　1/16
印　　张	14.75
字　　数	242 千字
版　　次	2012 年 5 月第 1 版　2012 年 5 月第 1 次印刷
书　　号	ISBN 978-7-5499-1736-5
定　　价	30.00 元
邮购电话	025-85406265，85400774　短信　02585420909
E - mail	jsep@vip.163.com
盗版举报	025-83658837

引　子

保持自己的行走姿态

两年多前，一个阳光灿烂的午后，著名的教育专家王铁军教授给我打来电话，约我去与他聊聊。

我来到王教授的办公室，他热情地接待了我。

王教授拿出我写的那本《潘文彬讲语文》对我说："最近，语文出版社给我邮来了一套'名师讲语文'丛书。我读了之后，对你写的这本书最感兴趣。"

我对他说道："浅陋的实践和认识，还望得到您老人家的批评指正！"

"你对语文很有见解啊！"他赞叹道，接着他问我："你怎么没有提出一个什么语文来的呢？"

与王教授第一次面对面交流，他就提出了这样一个关乎我个人发展的问题。这让我感动不已。或许这就是一位专家和长者对后辈的关注和厚爱吧！

我思忖了一会儿，回答道："其实，您提的问题，我在2002年被评上江苏省语文特级教师之后，就曾经花时间思考过。然而，思来想去，我总觉得语文就是语文，它的内涵和外延是相当丰富的，如果在语文的前面加上某个定语，势必会把语文给窄化的。

"语文是一门课程。它在素质教育中有着不可替代的重要作用，工具性和人文性的统一，是语文课程的基本特点；致力于学生语文素养的形成和发展，是语文课程的基本任务。语文教学应该体现自己的特点，明确自己的责任，强化对语言文字的理解、积累和运用，让学生在获得言语滋养的同时，也得到人文精神的熏陶。

"语文是一门最具魅力的学科。它本身就是一种充满着情感、智慧和诗意的文化。语文的魅力，潜藏在生动形象的语言当中，蕴藏在回味绵长的情意当中，显现在见仁见智的感悟当中，体现在读写听说的实践当中。语文的魅力，源自于语文的灵动，源自于文本的召唤，源自于师生的智慧，源自于课堂的创造。

“语文是一门给生命奠基的课程，语文教学要为学生的生命成长服务。成功的语文教师总是突出学生，淡化自己，始终站在学生那一边，想学生之所想，竭力把课上到学生的心里去。这样的课堂，学生的主体作用才会得到最大限度的发挥；这样的课堂，学生的生命活力才会得到最大限度的彰显；这样的课堂少了一些生搬硬套，多了一些灵动生成，少了一些人为拔高，多了一些求真务实，少了一些浮光掠影，多了一些驻足凝视。

“基于这些思考，我不久就放弃了自己原来的想法，并调整了自己的行走姿态，着力去探寻那种能够贴近学生实际的，且能又好又快地促进学生语文素养的形成和发展的教学路径。而这，还望得到您老人家的指引和扶持。”

听了我的话，王教授语重心长地说：“语文就是语文，这就是你的一种冷静和矜持，一种眼光和智慧。希望你在语文路上一路走好!”

其实，每位教师的教学都是一种行走，关键是要保持着自己的行走姿态，坚持不懈地走下去。唯有如此，才会在语文路上留下属于自己的足迹。

序　言

潘文彬的智慧与风格：平衡中的突破，扎实中的灵动

名师应当有自己的教学风格。

潘文彬，这位年轻的语文特级教师，不断地追求，不断地锻造，教学风格已初步形成。潘文彬的教学风格，我们可以不去界定，却可以这样去描述：在平衡中突破，在扎实中灵动。

其实，这是一种勇气和智慧，这是一种教育思想和教学主张，具有鲜明的个性特征。是的，潘文彬用个性化的教育思想撑起了教学风格的高度，又用智慧锻造了教学风格的文化品性。

透过这种教学风格，我们看到的是潘文彬这个人——他的人格的真诚，他的性格的敦厚，以及他的作文行事的实在。

一、他很年轻。他认为，年轻人要勇敢地去逐浪，但不能去追风。因此，只有坚守了语文的自我，才不会迷失语文的自我。

如今追风逐浪是年轻人的时尚。潘文彬以他自己的行动对“追风逐浪”做了特别的解读：要逐浪，但不能追风——逐浪是一种勇敢，一种拼搏，一种坚守与追求，而追风则是一种浮躁，一种漂浮，一种盲目与轻信。于是，他既满腔热忱地投入语文教学改革中去，又学会了静观变革中的问题及变革的走向。在纷繁复杂、乱花迷人的种种改革现象中，他不慌张，不从众，善于分析，加以辨别，通过梳理，形成自己的见解和主张。这种不慌张，不盲从，不仅是他的性格使然，更是他的一种洞察力的表现，是他对事物本质准确判断与把握的能力的表现。从中，我们不难看出潘文彬的成熟与稳重、睿智和理性。

我们可以读读潘文彬的这段话：

我们欣喜地看到这场新课程改革为语文教育洞开了一片美丽的天地：教师的教学理念转变了，课堂的气氛活跃了，语文课已不再是单调乏味的字、词、句、段的训练，而是给予了学生丰富多彩的人文关怀；学生也不再是被

动接受知识的容器，而是成为了学习的主人，他们的独特感受得到了珍视……这些可喜的变化，弥足珍贵。然而，在悉心洞察和静心思忖之后，我似乎又感觉到：我们的语文教育由于太过于强调新颖，追求前卫，又从一个极端走向了另一个极端……课堂上已经出现了一些令人尴尬的失衡现象。愚以为，我们的语文如果在这场改革中不能找准自己的位置，就这么恍恍惚惚、虚无缥缈地进行下去，那么，就将会迷失自我。①

这种“以为”并不“愚”，相反，却有着很清醒和深刻的见地：并不反对课程改革，并不否认语文教学改革，也不把改革过程中的问题都归因于课程改革，而是在肯定进展和成绩的同时，指出值得关注和警惕的问题，进而让“恍恍惚惚”变得清晰明亮起来，让“虚无缥缈”变得真实厚重起来。其间，重要的是“找准自己的位置”。

找准自己的位置，就是找准改革的方向，去追逐改革的思想和理念，去追逐自己在改革中所把握的尺度和分寸。潘文彬认为，“必须守住一颗平常心，必须冷静地审视和反思，客观地传承和发展”。在这个问题上，他很好地运用了民族传统文化中的“中庸”思想。一些人常误以为“中庸”是保守、落后、乖巧的代名词。其实，古人云：“极高明而道中庸。”中庸是纷乱中的清晰，迷惑中的澄明，摇摆中的选择，选择后的坚守，极有分寸感、位置感和平衡感。因此，中庸是一种辩证法，是一种高明，是一种大智慧。

潘文彬选择了中庸，选择了改革中的平衡。但他不是止步于平衡，而是于平衡中求突破。

从语文的特质出发，他很好地处理了工具性与人文性的关系。他认为，语文是唯一以言语形式为教学内容的特殊学科，它主要不是学习文本的内容，而是学习文本本身所具有的言语形式。语文的工具性和人文性是相辅相成、水乳交融的，工具性是人文性的载体，人文性是工具性的升华。语文的工具性不是一般的工具性，而是融合了人文性的工具性；语文的人文性也不是一般的人文性，它是负载在语文工具性之上的。语文教学要咬定“语言”不放松。显然，这种中庸与平衡“道”出了潘文彬的文化底蕴，“道”出了他对民族文化精髓的把握。语文教学从语言文字入手，“寻求一种最佳的策略，引领学生向语言的更深处漫溯”。这既是语文教学本质、核

---

① 潘文彬．潘文彬讲语文［M］．第1版．北京：语文出版社，2008：30.

心的回归，又是平衡中的突破，而这种突破是不声张的，是在“静悄悄”中向更深处漫溯。正如王蒙先生所说，这样的突破与创新，既带有挑战性，又不会让你感到不安。

在对待文本解读的深度上，潘文彬提出“适度”的观点。他认为，文本解读当然要有深度，没有深度的解读就不可能形成有一定深度的教学，没有一定深度的教学也就不可能培养出有一定深度的学生。问题是“深度”在哪里？首先，他认为，语文教学的深度应当是基于儿童发展的深度。“每位儿童的心灵都是一个独特的世界”，“教师要从生命的高度来看待学生，尊重每一个生命的存在价值”。因而，从儿童的实际与发展出发，既是实事求是的又是有深度的——这种深度就体现在促进儿童的发展上。其次，他认为，语文教学应当从学生的问题开始。在语文教学中，要结合文本内容“创设一个开放而富有张力的问题情境。课堂上，一个有思维强度、足以引发学生探究的问题，特别容易激发学生的求知欲望，促使学生自主地、能动地去阅读文本，实现对文本的‘二度创作’”。因而，所谓深度，是从学生问题出发后的思维与再创造。再次，他认为，深度是对文本“意义空白”的填补。他说：“语文教材中有着许多的‘意义空白’，这些‘意义空白’需要在教师的引领下，由学生自己去填补……让学生能够采用新的思维方式，从不同的视角、不同的层次去解读文本，创造性地去填补。”因而，深度在于对“意义空白”的发现、认识与开发。如此，可以认定，潘文彬所述的“深度”是“适度”的——适合儿童的、适合儿童思维的、适合儿童创造性学习的。

在对待语文教学的“简单”与“不简单”的争论上，潘文彬认为应当在两者之间行走。语文的外延几乎与生活等同，如此阔大，如此丰富，如此多彩，绝不是一个“简单”所能概括得了的。问题的关键在于如何看待和把握这个丰富的世界，以什么样的视角和方式来引领儿童进入。潘文彬的认识与策略是：追寻语文之本体，一要咬定青山，让学生在语文实践中理解祖国语文；二要胸藏万汇，让学生在语文实践中丰富语感图式；三要学以致用，让学生在语文实践中提高表达能力。他重视的是“语文实践”，而“语文实践”不是“简单”与“不简单”的单一偏向，而是两者的糅合。此外，他认为，即使是简单，简单也绝“不是单调乏味，不是机械刻板……简单的背后实际上蕴涵着的是最深刻的东西。它是对课标深入学习之后的准确把握，是对文本深刻解读之后的深入浅出……语文教学追寻简单，就是要去掉本不属于语文的东西”。所以，在潘文彬看来，“简单”与“不简单”不是一个简单判断的问题，实际上是一个不简单的问题。这样，他行走在“简单”与“不简单”之间，应该说是平衡中的一种突破。

总之，潘文彬在语文教学改革中坚守了自我，找到了自己的位置，保持了激情与理性的统一，积极与稳妥的统一，追求平衡，追求平衡中的突破，因而，坚守了语文的自我——语文就是语文。

二、他很实在。他认为，实在是语文教学的当然境界。只有守住了语言文字，才会科学地强化基础，也才会有真正的创新。

听过潘文彬语文课或发言的人，都认为他很实在：上课很实在，讲话很实在，人也很实在。实在，是潘文彬风格的内核。他对“实在”有自己的解释，有自己的追求。潘文彬的“实在”，实实在在是他的创新基石，或者说实实在在就是他的创新。

也许我们对“实在”的理解只停留在日常用语的层面上，而没有深入，因此，常把它与“保守”等同起来。潘文彬让“实在”从日常用语走向研究用语。他是这么解释的：“实在，就是实事求是，合乎规律；实在，就是扎扎实实，地地道道；实在，意味着的是本质的回归；实在，强调着的是与时俱进；实在，追寻着的是新与活的融合。”说得好。这里对“实在”作了层次分类：实事求是，强调的是“实在”的思想原则和方向；本质回归，强调的是“实在”的核心内容；扎扎实实，强调的是品质、作风与方式；与时俱进，强调的是“实在”的时代内涵，以及动态过程；而新与活的融合，则强调实中有活，实而不僵，实而不死。在潘文彬看来，活与新是不矛盾的，而是互相包容和促进的。潘文彬的“实在观”为我们开阔了视野，开掘了深度。

“教学要实在”针对了当下课堂教学的时弊：追求花哨，搞形式主义，课堂教学成了教师的表演和炫技。如何克服？潘文彬从课堂教学要素的维度作了分析，并提出了明确的要求：教学目标要实——体现“下要保底，上不封顶”和“既要顾及全体，又要关注个别”的原则，同时认为目标是一个动态生成的开放系统；教学内容要实——关注的是语言本身的物质存在，要从一个个标点、一个个词语、一个个句子开始构建或更新学生的语言世界；教学过程要实——设计和展开不同对象、各种形式的对话活动，让学生实实在在经历对话的过程；教学手段要实——教学手段的选择与应用要以实用性、有效性为原则，手段一定要为目的服务、为内容服务；教学组织形式要实——突破传统语文教学组织的单一，从利于学生的学习和发展出发，追求组织形式的灵活多样，实现课堂教学中物理时空的不断拓展和心理时空的无限贴近；教学评价要实——力求评价的多元和灵活，关注评价的激励与服务，摆脱评价的空泛、虚无。

从以上的解读，可以看出潘文彬的“实在”具有丰富的内涵，它追求的是教学的针对性、有效性，表现的是教学的品质。因而，这种“实在”是一种品位，和惯常经验与概念中的“抓得实”、只求结果而不求过程、只求效率而不求价值、只求认知而不求情感发展、只求实用而不求艺术性是完全不同的。这是对传统“实在”认识和风格的超越。

潘文彬的“实在”集中体现在打好语言文字理解、积累和运用的基础之上。在这一过程中，他力求用创新的理念引领夯实基础的过程，因此，打基础的过程也是培养学生创新精神的过程，也是教师创新教学活动的过程。如此，打基础与创新统一在一起，都是“实在”的。

感悟是具有中国传统文化色彩的思维方式。感与悟，均从“心”，都与“心”相连。因此，以心为本的思想是它的精神文化本原和特质，感悟介于理性和感性之间，是感性与理性的中介。潘文彬充分意识到感悟思维的特点与优势，并在语文教学中加以运用和发挥。他有个形象化的描述：“感悟：言在左，意在右，智慧在中间。”这一描述的含义很清楚，即：语言文字既是感悟的对象，又是感悟的载体；通过语言文字感悟出文意、情意、深意，在心底里萌发，又浸溢在心灵深处；这一过程是智慧生长的过程。可见，“实在”还包含着实实在在地引导学生从对语言文字的感悟中长出智慧来。这样的“实在”有智慧的火花，有突发而至的灵感，有流淌的意义之水。我的理解与想象是：语文课堂好比是一块实实在在的土壤，农夫怀着深深的情感，每一次耕耘都是实实在在的，结果在实实在在的土壤里长出灵动的、可爱的绿苗。

总之，潘文彬的教学风格不是单一的，而是立体的：平衡中的突破，扎实中的灵动。这样的教学风格闪现着丰富的色彩。我突然想起有人对哲学家尼采的评论：“文学家的文采，哲学家的风采，思想家的神采，不世而出的天才——这就是尼采！”我绝无把一个年轻教师与尼采相提并论之意，只是想说：让我们的智慧多彩！让我们的教学风格多彩！

三、他很有见解。他认为，名师可能做不了思想家，但应当是思想者。思想在阅读中生成，在实践中生长，在研究中升华。因此，他的生活方式是实在的，但生活状态是诗意的。

在与潘文彬的接触中，我常常会感受到他的生活方式和生活状态。他是个实实在在的人，但他不满足于教学的现状与生活的现状，他有追求。他的追求来自他的见解和思想，来自他的生活态度和理想。

首先，他有一种被追逐感。

智者说："只有当你被追逐的时候，你才快跑。"是谁在追逐潘文彬？可能是某几个走得快的教师，可能是这一轮课程改革，可能是这个时代，也可能是他自己。我以为，归根到底是他自己，因为超越自己比超越别人更困难；敢于超越自己的人才会超越别人。黎巴嫩诗人纪伯伦说："生命是一支队伍。迟慢的人发现队伍走得太快了，他就走出队伍；快步的人发现队伍走得太慢了，他也走出了队伍。"显然，潘文彬属于后者，他怕落后，他要快步走。如今，他终于走出了队伍，开始在前面引路。

其次，他有一种陌生感。

他在俄国形式主义理论家什克洛夫斯基的《作为手法的艺术》这篇文章中，读到"陌生化"的理论。"所谓的'陌生化'，就是指把与人太切近的事物或现象从身边推陈出新，以造成似曾相识的生疏感。"潘文彬如是说。不过，我以为他不仅是在讨论语文教学，更是在讨论他的人生之道。人生中常有陌生感，才会有新鲜感，才会有创造欲。记不起是哪位学者说的："对于自我实现者，每一次日落都像第一次看见那样奇妙，每一朵花都温馨馥郁，令人喜爱不已，甚至在他见过许多花以后也是这样。这个人可能已经是第十次摆渡过河，在他第十一次渡河的时候，仍然有一种强烈的感受，一种对美的反应以及兴奋油然而生，就像他第一次渡河一样。"真的，潘文彬，已不知第几次摆渡过河了，可他就有一种"对美的反应以及兴奋油然而生"，他总是像第一次渡河一样，充满激情，充满活力。

再次，他从阅读中生长自己的思想。

听潘文彬的课，或者读潘文彬的文章，我们处处可见他阅读的智慧和流淌的思想。不读书是不可能有自己的智慧，也不可能有自己的见解的，更不可能生长出自己的思想来。譬如，读文艺理论，使他有了深度；譬如，读教育理论，使他对教育教学有了一种透析力；譬如，读中国的文典，使他有了一种底蕴；譬如，读哲学，使他对语文教学有了一种思辨。高尔斯华绥说："书籍绝妙地帮助人走出'自我'的圈子。"走出"自我"，就会走向他人，走向他方，走向更广阔的世界。泰戈尔说："不要试图填满生命的空间。”他的意思是要留出空间，让人去读书，去听音乐。潘文彬用阅读去充实自己的生命，走出了“自我”，站在精神高地上回望走过的路，瞭望语文教学改革的未来。

最后，他用写作改变自己的生命状态。

潘文彬的写作之旅非常有意思，一开始是“硬”写出文章。这种“硬写”，是对自己惰性的逼迫和克服，是对目标的严格确定与执行。这需要意志。后来，他体会到“原来写作是需要经过一番漫长而艰苦的修炼的”。再后来，“从此，我就把写作当作自己教学行走的一种方式”。确如叶圣陶先生所言：“写下来是个很有效的办法，叫你非想清楚不可。”潘文彬在写作中修炼自己的感悟，提炼自己的思想，在写作中成熟、强壮起来。“真的，写作改变了我生命的状态。”这句肺腑之言，道出的是他的艰辛，道出的是他成功的一个秘诀。

我想说的话还有很多很多，由于篇幅有限，留待以后再说吧。最后，我只想说：潘文彬，继续你的探索，在平衡中求突破，在扎实中求灵动，完善自己的教学风格，让智慧之光闪烁，让思想的血液流动。

著名教育专家、江苏省教育科学研究所原所长　成尚荣

目　录
Contents

用语文的眼睛看语文

从容而优雅地走在语文路上
——小学语文教学深度对话之一　3
语文元素，语文的自身之魅　20
言意共生，语文的独特之美　26
体裁样式，文本的自然属性　33
语文教学，为谁聪慧为谁甜　45
清简，语文教学的美丽诉求　56
实在，语文教学的应然境界　63
让学，语文教学的纯美状态　73
变“教”为“学”，语文教学的美丽转身　86
放飞个性，语文教学的应有之义　96
自主探究，阅读教学的新型范式　104
“悦”读，滋养心灵的“鸡汤”　112

用语文的方式教语文

语文教学，培育带得走的能力
——小学语文教学深度对话之二　119
让语言落地生根
——《诺贝尔》教学实录及赏析　128

目　录

Contents

本真而智慧的阅读教学
——观潘文彬《诺贝尔》的教学　141

有效互动，促进发展
——观潘文彬《诺贝尔》的教学　145

向语言深处漫溯
——《我和祖父的园子》教学实录及赏析　148

从哪里抵达作者的灵魂
——观潘文彬《我和祖父的园子》的教学　164

课堂向四面八方打开
——《钱学森》课堂实录及赏析　172

可贵的坚守
——观潘文彬《钱学森》的教学　185

穿梭在语言的丛林中
——《莫泊桑拜师》教学实录及赏析　188

大气，一种教学的智慧
——观潘文彬《莫泊桑拜师》的教学　200

与学生一起幸福前行
——观潘文彬《莫泊桑拜师》的教学　203

相荡生涟漪，相击发灵光
——《孔子游春》教学实录及赏析　205

直抵语文朴素的原点
——观潘文彬《孔子游春》的教学　215

感悟：言在左，意在右，智慧在中间　217

后　记　221

用语文的眼睛看语文

从容而优雅地走在语文路上

——小学语文教学深度对话之一

语文元素，语文的自身之魅

言意共生，语文的独特之美

体裁样式，文本的自然属性

语文教学，为谁聪慧为谁甜

清简，语文教学的美丽诉求

实在，语文教学的应然境界

让学，语文教学的纯美状态

变“教”为“学”，语文教学的美丽转身

放飞个性，语文教学的应有之义

自主探究，阅读教学的新型范式

“悦”读，滋养心灵的“鸡汤”

从容而优雅地走在语文路上

——小学语文教学深度对话之一

策划：潘文彬

参与：高林生　著名特级教师

邢跃武　南京市建邺区教师进修学校语文教研员

南京市南湖第一小学语文“F6”团队：刘宁霞　周爱芳　陈峤赜

李　华　杨　婧　黄　卉

踏一路阳光，
撒一路欢笑，
合着课改的节拍，
走在语文的路上。
……

缘起：乱花渐欲迷人眼

潘文彬：语文已经行进在了课改的路上，回望10年来的语文课改之路，我们欣喜地看到语文在课改的路上所留下的足迹：课程的理念转变了，语文的领域拓展了，语文的结构综合了，实施的方式多样了，课堂的气氛活跃了……这些变化，弥足珍贵。但是，理论和实践告诫我们，凡事不是只变就好，有些变了其实并不好，反而会失去自我。审视当今的语文教学，我们的心情在兴奋之余又有些许沉重，语文怎么变得越来越有点不像语文了？

邢跃武：确实是这样，目前有些语文课已经偏离了语文自身的轨道。

前不久，我就听了一位年轻女教师上的二年级的《美丽的丹顶鹤》一课。上课伊始，老师和着优美的音乐朗读了课文，读后便问学生："丹顶鹤美吗？想画一画这美丽的丹顶鹤吗?""请你们拿出纸、彩笔来画一画这美丽的丹顶鹤，好吗?"于是乎，教室里热闹了起来。教师还借助实物投影仪，俨然一位美术老师，边画边指导。当大屏幕上呈现一只美丽的丹顶鹤时，我忍不住站起来就近看了看的几位学生，那原本用语言文字描写的丹顶鹤是多么的美丽呀，可是在孩子们的笔下就不敢恭维了。老师似乎也觉得孩子们画得效果不佳，于是又耐心、细致地指导了一番。总算折腾完了，我低头看了一下手表，20分钟已经过去了。更令听课老师感到意外的是，下课时老师对同学们说："同学们，咱们把这节课的读书收获——美丽的丹顶鹤画，送给听课的老师，请他们提提建议。"课后，我与这位教师进行了交谈。她说这节课让学生画丹顶鹤是她的创举，也是这节课的亮点，这是自己在认真解读了教材后精心设计出来的，目的是将语文同其他学科进行有机整合，学生在课堂上能画好丹顶鹤，就说明他们已经读懂了课文……听了老师的一番话，我惊愕了——我们的语文课怎么变成了美术课？

李　华：听了邢老师说的案例，我想到了一位教师教三年级的《石头书》这篇课文的情景：这位教师整节课都在引导学生交流搜集的有关"化石""矿物"的资料，研究"化石""矿物"的形成过程。课堂交流资料的气氛确实比较热烈，然而，整节课却难以见到让学生揣摩品味课文语言的场景。听后，我感觉这节课就像自然课一样。潘文彬老师经常告诫我们：语文要恪守姓"语"不动摇，咬定"语言"不放松，要着眼于从一个个标点、一个个词语、一个个句子开始构建或更新学生的语言世界和精神世界，使语文课堂充满着浓浓的"语文味"。其实，这篇课文的遣词造句是很有特色的，尤其是人物对话的提示语形式多样，很值得让学生来探究一番。

陈峤赜：目前的语文教学，教师比较注重人文感悟和情感体验，以读代讲，摈弃了烦琐分析，课堂气氛的确较过去活跃了许多。但只要一深入思考，我们便会发现有很多人只是追求一种形式上的喧哗与热闹，缺失了对语言文字的深刻理解和敏锐感悟，常常是浅尝辄止，难以透过语言文字窥见其思想、领悟其精髓。我听过《二泉映月》的教学，这篇课文通过隽永优美、跌宕起伏的文字叙述了阿炳创作二胡名曲《二泉映月》的艰辛历程。教师先让学生自由读课文；接着让大家再读一遍，一边读一边想象；然后请学生个别读，在读时老师注重纠正其语调和语速，从朗读技巧上加以辅导；之后让学生再来读。教师就这样引领学生一遍又一遍地读，但是学生只是为了读而读，浮于表面，不明白阿炳为什么叹息、哭泣，不明白他要倾诉什么，呐喊什么。所以，当老师请学生起来谈谈体会的时候，大多数学生都张口结舌，无以表达。我觉得，语文教学提高的不只是学生的朗读水平，更要提高的是学生对文本语言的深层次的理解力和感悟力。读，教师一定要加以引导，要让学生带着问题有目的地读，在此基础上再给学生充分的读书时间，这样的读才会更加有效。

黄　卉：的确，一味地强调读，课堂上书声琅琅，貌似很热闹。但是学生真的读懂课文了吗？据我观察，有些学生在读书时是滥竽充数，随大溜，有口无心地读，这样的读看起来很热闹，但是学生却没有真正地读进去。我觉得，读书是需要动脑思考的，只有潜心会文，才能真正走进文本的深处。

周爱芳：现在的语文教学，教师比较重视对文本资源的拓展与延伸，课堂变得更为开放而有活力了。教师如何挖掘和处理文本资源，还亟待我们去探究。前不久，我听了《灰椋鸟》的教学，课上老师对学生说："这篇课文表现了作者对灰椋鸟的爱，有关爱的文章还有很多，你们读过哪些呢？"有的学生说读过有关父母之爱的文章，有的学生说读过有关朋友之爱的文章，课堂上你说我说大家说，话题宽泛而开放。其实，这篇文章是写动物的，字里行间都流露出作者对灰椋鸟的喜爱之情，这位老师突然拓展到有关"爱"这么宽泛的话题，我作为听课的老师当时就觉得脑子转不过弯来。我认为，这个教学环节偏离了文本，这种无度的延展，非但不能加深对文本语言的感悟，反而会扰乱学生的思绪。所以，我们对文本资源的发掘一定要基于文本，适度延伸，这样才有利于让学生在感知、领悟、体验中获取新知。

高林生：这些年，我走过全国许多地方，听了一百多节语文课，给我听的课一般是经过县区教研员指导的课。这一百多节课听下来，我感觉到现在有些语文课还是在低层次上徘徊，用句玩笑话来说，你是拿着昨天那张旧船票登上了昨天的那条破船！所以，教来教去总不见学生进步。比如，一年级有一篇叫《雨点》的课文："雨点落进池塘里，在池塘里睡觉。雨点落进小溪里，在小溪里散步。雨点落进江河里，在江河里奔跑。雨点落进海洋里，在海洋里跳跃。"这么一篇富有诗情画意的课文，却被老师教成这样："小朋友，我们来看看第一句话，雨点落进哪儿啦？"生答："池塘里。"

"在池塘里干吗?""在池塘里睡觉。""什么叫睡觉?"小朋友做睡觉状说:"这样就叫睡觉。""好,同学们都来睡觉,体会体会这个词。你们懂了吗?""懂了!""再看第2句,雨点又落进哪儿啦?""落进小溪里。""在小溪里干什么?""散步。""谁会散步?""我会!""请小朋友们来散散步,好吗?全体起立,你们在教室里散步一下,找到你的好朋友。"一时间教室里沸腾了起来……课后,这位老师问我这节课上得怎么样?我说:"你怎么把比喻给当真事啦!'雨点落进池塘里,在池塘里睡觉。'睡觉在这里是什么意思啊?这是个比喻,是描摹雨点落进池塘里的那种安静的状态。散步是什么意思,是说水流潺潺,流的速度很慢,像散步一样悠闲。你教的都是表面意思,睡觉还要在你这儿看吗?其实,这样的课文要教的应该是它的深层语义:雨点是不变的,但雨点落进小溪、池塘、江河、海洋里,雨点又是变化的。这不也是一个哲学命题吗?"

潘文彬:语文确实是一门比较容易跟风的学科,语文教学常常受到来自各方面的干扰。坚守语文这块阵地,让语文教学始终围绕"语文"来展开,这是每一位语文教师的应尽之责。所以,在全面推进新课程的今天,我想有必要来提醒我们自己:语文教学要走在语文的路上!千万别被纷繁的现象晃花了眼睛!只有走在语文的路上,语文教学才会在实施素质教育的进程中发挥不可替代的重要作用,而不会"误尽苍生"!

那么,在大力推进素质教育的今天,语文教学到底要为学生的发展发挥怎样的作用呢?这应该是每一位语文教师都必须深入思考并努力探索的问题。理论的学习和实践的探索,让我越来越强烈地感受到,语文教育实质是文化教育,是习惯教学。文化自然是传统的、现代的文化与本土的、外来的文化;习惯自然是听、说、读、写的习惯以及关注和思考的习惯。语文教学应该努力使学生多点文化习惯,让他们通过几年的语文学习,能够"能说会道""出口成章""下笔成文",能够拥有一颗懂得关注的心和一个善于思考的脑。这个文化习惯,我觉得就是学生的语文素养,而它的养成必须落实在实实在在的语文实践之中。在实施以"人的发展为中心"的素质教育中,关注实在的语文课堂生活,呼唤学生生命的蓬勃成长,这应当是语文教学改革的必然要求。只有这样,语文教学才能走出荒芜的沙漠,真正成为学生言语世界的一方绿洲,精神世界的一片蓝天,心灵世界的一股甘泉!

反思：咬定青山不放松

潘文彬：现在，语文负载的任务真是太多了，难怪有人戏言："语文教学是个筐，什么都能往里面装。"所以，语文教学要真正走在语文的路上，就得削枝强干，就得毫不犹豫地摈弃那些不是语文抑或远离语文的东西。那么，语文到底是什么？语文究竟要教些什么？怎么来教？我觉得，这些应该是每一位语文教师都必须弄清楚的问题，否则，语文教学就会迷失方向，步入旁门左道。

语文是由语言文字组成的充满着生命活力的课程。语文给予人们的感受是丰富多彩的，人与人之间的沟通了解、友谊增进、情感交流，也都是以语言文字作为桥梁来实现的。所以，语文具有工具性和人文性相统一的特点。语文教学既要丰富和完善学生的语言世界，更要丰富和完善学生的精神世界。我们要把理解和运用祖国的语言文字作为丰富完善学生的语言世界和精神世界的主要机制，让学生把学习到的每一个标点、每一个词语、每一个句子都能够转化为他们生命中最富有活性的元素。

杨 婧：语文是"甜甜蜜蜜"的。在学生真实的语文学习中，在浓浓的语文味中，在诗意的情怀中，在丰富的想象中，在丰厚的人文底蕴中，在学生、文本、教师的相互交融的情境中……甜甜的语文，会让学生有着甜甜的喜悦——他们从语言文字中品到了语文的甜甜滋味；甜甜的语文，会让学生有着甜甜的自豪——他们学会了如何透过语言文字来品尝语文的甜甜滋味；甜甜的语文，会让学生有着甜甜的收获——他们学会了怎样运用语言文字来表达自己的甜甜滋味；甜甜的语文，也会让学生有着甜甜的回忆——充满韵味的语文会甜甜地回荡在他们的心灵里！

李 华：我感到，语文是歌，一曲礼赞生命的歌；语文是诗，一首韵味无穷的诗；语文是画，一幅五彩斑斓的画……语文学习需要倾注一种情感，语文教学需要倾注一种智慧。作为一位与新课程一同成长的年轻的语文老师，回顾自己的成长历程，我深深地感受到年轻人要寻找适合于自己走的语文教学之路。作为年轻人我们有自己的优势，接受新生事物的能力比较强。但这同时也是一个劣势，我们容易盲目地照搬别人的做法。我曾听过于永正老师的《小稻秧脱险记》，记得有这样一个教学环节：一位学生把"杂草有气无力地说：'完了，我们都……喘不过气来啦。'"读得铿锵有力。于是，于老师就风趣地说："看来，这个喷雾器喷洒的农药还不够多，我再给你喷喷吧。"说着还做了一个喷洒农药的动作，这个学生再读一遍时果然读得很好，把那有气无力的感觉读得很到位。这是一个充满机智的教学环节。后来，我在教学这课时也学着运用了这个手法，但是效果很不好。是什么原因呢？我思忖良久，终有所悟：于老师是一位经验丰富的老教师，他那幽默的语言风格是我不具备的。我没有于老师那种优势就全盘照搬了他的做法，教学效果怎么会好呢？所以，一味地拿来反而会丢掉课堂，丢掉自我，丢掉信心，学生也不会感兴趣。因此，作为新教师，我们应该在借鉴他人的基础上，再凭借自己的智慧，努力寻找既适合于自己，又适合于学生的教学方式，这样才能让学生享受到学习语文的快乐。

刘宁霞：现在有些语文教师对语文的认识确实还比较模糊，弄不明白自己在课堂上应该做些什么，教学缺乏明确的目标，也缺乏科学的方法，更缺乏反思的习惯，总是在稀里糊涂地教。比如，当有人提倡用多媒体授课时，就逢课必用，似乎不用多媒体就上不出好课来；当有人说要把讨论带入课堂时，就逢课必研，似乎不讨论就不是自主学习……这些教师总是这么东施效颦，全然不去思考人家这么说、这么做的意图，结果把语文课上得面目全非，学生也学得稀里糊涂。我觉得，语文教师真的要学会反思自己的教学行为，努力使自己成为一个合乎时代发展要求的反思型教师，在每教完一节课后，都能坐下来深刻反思自己教学过程中的得失，并多渠道地获取教学效果的反馈。这样实实在在地去做，可以明确方向，扬长避短，尽快把自己的教学提高到一个新的水平、新的境界。

潘文彬：其实，平平实实才是真。我想，我们应该努力去做学生们喜爱的语文教师，努力去追求语文教学的一种本真，一种平实，一种实效。这样的语文课可能不好看，但很实在；可能不时髦，但很有效；可能不大气，但很细腻。长期坚持这样做了，等我们回过头来看时，就会觉得我们所做的其实很好看，很时髦，很大气，也很精彩。记得有人说过这样一番话："一个近视的语文老师，只会死干，没有方向感；一个平视的语文老师，只会跟着别人干，没有创新感；只有站高了身子、能俯瞰语文教学的人，才是能干且永不会走错步子的语文教师。"我们不要做近视和平视的语文教师，因为"不知庐山真面目，只缘身在此山中"。我们只有敢于俯瞰语文教学，才能达到"会当凌绝顶，一览众山小"的境界。要想达到此番境界，我们必须要多读书，多读一些文学经典，用经典的东西来塑造我们，洗礼我们，提升我们，让我们的心灵变得更纯，语言变得更美。这样学生才能够从我们这里学习到最纯最美的语文！

语文就是语文，其本质特征是工具性与人文性的统一。我觉得，工具性与人文性应该寻求一种平衡，不能有失偏颇。注重了工具性，忽略了人文性，语文就会因失去灵魂而暗淡无光，从而步入文字游戏的尴尬境地；反之，注重了人文性，忽略了工具性，甚至丢掉字词句段篇、听说读写，人文性就会失去依傍，成为无源之水、无本之木，这也是对人文性的误解。我们中华民族的母语是不同于其他民族语言的，其工具性本身就蕴涵着丰富的人文意义。所以，语文教学切不可丢掉语言文字这个本体，对于文本中那些该抓的词句，还是要理直气壮地抓；该咀嚼的地方，还是要反复玩味、细嚼慢品。同时，我们也要在学生品味文本语言的过程中给他们以人文关照，让他们在获得言语智慧的同时，也得到人文精神的滋养，从而把人文性落实在工具性上面，使得两者相得益彰，共同促进学生语文素养的形成与发展。

高林生：我觉得，要想在语文路上走得更好，我们的语文教师一定要潜心研究课标，认真研究教材，把工夫花在挖掘文本的语文元素上，也就是要精心备课。说句不客气的话，现在咱们有些老师不重视备课了，因为他们觉得新课程倡导自主、合作、探究学习，什么都可以让学生自己去搞去悟，备不备课无关紧要。备课的唯一目的就是给校长检查，给领导参观。我去听过课，听完课之后就收老师的备课笔记，上课流程能和备课笔记对得上的，不超过30%，而且备课的内容都是从备课手册上抄下来的。试想，这样的备课又有什么用呢？所以，我觉得，不解决好备课钻研文本的问题，语文教学是难以走上正道的。凡是我这些年听到的好课，授课者都是钻研文本上的高手，孙双金、于永正等。我可以大胆地说他们在钻研教材上都高人一筹，发现了别人没有发现的东西。

邢跃武：谈到教师备课，我作为一位教研员感慨颇多。前不久，我随教育局领导视导一所学校，听了一节青年教师的语文课，课后我翻阅了这位老师的备课笔记，一看我就惊呆了，这节课的教案只有寥寥几十字。在与其交流中，得知该老师还是学校的教学骨干呢！说真的，现在不少教师根本不去用心备课，抄抄现成的教案，应付一下检查了事，上课是跟着感觉走，好似脚踩西瓜皮，滑到哪儿是哪儿。这样的课堂效率能高吗？备好课是上好课的前提，这点老师们都懂。我知道，一线老师确实很忙，可再忙也别忘记前期潜心解读文本，写出符合本班实情的教学设计。这是所有教师必须尽全力做、且应当不打折扣做好的事情啊。否则，我们将来拿什么奉献给学生呢？

高林生：关于备课问题，我想说一些想法。这里，我所说的备课与传统意义上的备课不是一个意思。我说的备课其实是教师与文本的先期对话。每节课之前，老师都要解读文本，这是先期的，是基本的。我觉得，提高教师与文本先期对话的质量，要在以下几方面下工夫。

第一，提高与文本先期对话的深度与广度，充分挖掘文本的教育资源。这就要求教师首先认真揣摩文本中字词句以及标点符号的读法、写法、用法，过好基础层面的认读关；其次从工具性和人文性融合统一的高度去研读课文，发掘与把握文本提供的教学资源。

第二，搞好课前的学情预测，为优化阅读教学过程做好准备。教师既要预测学生的已知，选准课堂教学的切入口，又要预测学生可能达到的未知，明确课堂教学的目标。

第三，科学预设阅读课上学生与文本对话的基本手段与流程。这里，要注意以下几点。

1. 突出学生与文本对话的位置，关注爱读书、会读书目标的达成。

2. 坚持以读为经，以字词句段以及结构、手法的理解为纬，读中感悟，以读见悟的基本策略。

3. 妥善处理预设与生成，读、识、写之间的关系。

我想，老师们能从这些方面去研读文本、设计教学，还愁上不好语文课吗？

周爱芳：潜心钻研文本确实是上好课的前提，是提高课堂教学质量的保障。备课首先要制定出科学合理的教学目标，当然，这个目标绝不是定格在教学参考书上的那些目标要求，而是建立在吃透文本、吃透学生基础之上的、能够促进学生发展的目标。教学目标过高会让学生望而却步，教学目标过低又会使学生感到“没劲”。我们应该根据教材的内容和特点，尽可能地使教学目标贴近不同层次学生的“最近发展区”。比如，苏教版国标本语文二年级下册“练习 2”的熟记成语是由“百花盛开、争奇斗艳、五彩缤纷、色色俱全”这 4 条描写春天景色的成语组成的，如同一首意境优美的小诗。如果按教参上的目标仅仅会背这 4 条成语，学生肯定就会感到学得“没劲”。因此，根据这组成语的特点和学生的实际情况，我确定了如下教学目标。

1. 正确、有感情地读背这组成语。

2. 在读中感悟这些成语的意思的同时，接触更多的描写春天景色的成语或古诗。

3. 运用其中的一个或几个成语说一句话或一段话。

“1”是保底目标，人人要达到；“2”是拓展目标，使不同层次的学生有不同收获；“3”是发展目标，对于学生来说，尽自己所能或说一句话或说一段，只要说得文从字顺，都应当给予肯定。这样对不同层次的学生有不同的目标达成度，既提高了学生的学习积极性，又促进了学生生动活泼的发展。我想，这样的备课才是有效的备课，才是着眼于学生发展的备课。

陈峤睛：我觉得，提高备课的效益，就是要进行精当的教学预设。这是教师走进课堂、走上讲台之前的必修课。我们在预设时不能只注重教学方式、方法，忽视对学习内容的再加工和学习方法的具体指导以及学习情感的诱发；也不能只是依据教材呈现的次序和方式“照本宣科”地展开学习内容。这样课堂就会缺失应有的生命活力。我们在课前要进行科学的预设，并留意文本的空白点和课堂上的闪光点，巧于生成，这样的教学一定会诱发出儿童的灵感，流淌着儿童的智慧！

黄　卉：钻研教材确实是个永远没有止境的永恒话题。作为一位语文教师，一定要深入地研读文本，走进文本，真正地成为文本的知音。比如，我在教学《夕阳真美》这课前，就费了一番心思研究教材。这课的关键词是课题“夕阳真美”这4个字，夕阳是主语，教学的重点应该是让学生懂得夕阳怎么美。那么，怎么来解读这篇课文呢？深入探究以后，我发现这几点很重要：第一，夕阳的行动路线美。文中的“西斜”“下沉”“走向”这3个词构成了夕阳的行动轨迹，这是一种动态的美。第二，夕阳的光芒和颜色美。首先，太阳收起了刺眼的光芒，不刺眼了，变得柔和了；其次，夕阳很红，由“涨红”到“更红”。这里既有静态之美，又有流动之美。这些都是从字面上能够看出来的。这里还有潜藏在文字背后的一些意思：连绵起伏的西山的壮丽，天上的云彩的缤纷以及老人的满面红光，这些都是夕阳给予的。所以，夕阳真美，美就美在它不仅自身美，而且照耀了别人，给予别人美。这样来解读教材，我觉得工具性和人文性都有了。那么，怎么能够让孩子读懂呢？在教学时，我采用了一唱三叹的方式，一步一步地引领学生走进文本。我在引导学生读悟夕阳行动的三个动词后，一读课题

"夕阳真美"；在引导学生读了颜色之美的词句后，二读课题"夕阳真美"；最后，在读了老人满面红光以后，三读课题"夕阳真美"。如此这般一唱三叹，"夕阳真美"就立体丰满起来了。

高林生：我曾经听黄卉老师教学《夕阳真美》这节课，感触很深，总体印象可以这样来概括：这是一节很成功的低年级的语文课。第一，她抓住了基础。我认为，没有识字、写字的课不是低年级的阅读课，因为在低年级识字、写字是重中之重，是钢性指标，必须完成的。现在低年级的阅读课都上成了"君子课"。什么叫君子课?《孔乙己》上有句话，"君子动口不动手"。我觉得，今天这节课给我的强烈印象是既动口又动手，而且动手动的比例相当高，非常扎实有效。第二，她注重了积累。小学语文其实就是读读背背，说说写写。就阅读教学来讲，其实就是让学生读读写写，写写读读，如此而已。黄老师在这节课上让学生读了 5 遍课文，而且每次读的目标都非常明确，效果也不错。我想，再加上第一节课的初读，对于学生来说，能将课文背下来已经是很自然的事了。第三，她抓住了关键。黄老师的这节课抓住了文章很关键的地方引导学生读中感悟，一唱三叹，悟出了真谛。我觉得，这节课的成功是黄老师潜心研究教材、精心设计教学的必然结果。

刘宁霞：我认为，提高备课的质量，我们还应该弄清楚教材编者的意图，编者的意图往往是通过课后的习题呈现出来的。比如，《郑成功》的课后有这样一道习题：学习第 5 自然段的写法，描绘一个你在电视（或电影）里看到的战斗场面。在备课的时候，我就注意到了这个问题，所以我在教学第 5 自然段的时候，在引导学生充分感悟这一自然段的表情达意方法的基础上，为学生播放了刘翔在 2004 年雅典奥运会上勇夺 110 米栏金牌的视频，让学生仔细观察，并尝试运用点面结合的方法来描写这个激动人心的夺冠场面。当时我在课堂上把这段视频连续播放了 3 次，学生观看完之后，无一不热血沸腾，文如泉涌，把比赛时的激烈场面刻画得栩栩如生。我之所以要安排这样一个教学环节，是因为我感到如今的学生对战争知之甚少，让学生活灵活现地刻画战争场景的确有些强人所难，基于此，我在备课时就打破了教材的要求，挖掘了这样一个教学资源，达到了预期的教学目标。所以，我们在研读文本的时候，要用开阔的教学视野来建构开放的教学体系，让学生在活跃的状态下自然地学习语文、享受语文，这样才能收到事半功倍的效果。

潘文彬："咬定青山不放松，立根原在破岩中。"我们的语文就应该要把根立在语文上，把工具性和人文性有机地统一起来，切实体现人文精神中的工具性，工具展示中的人文性。只有这样，才能真正实现新的课程标准指出的"遵循语文教育的规律，努力提高学生的语文素养，为弘扬民族精神、增强民族创造力和凝聚力，培养德智体美全面发展的社会主义建设者和接班人，发挥积极的作用，为学生的终身发展奠定基础"。这正是新课程对语文教育的召唤，也是新时代对语文教师的必然要求。所以，我们走在语文路上，就要立足语文，把握教材，用我们的智慧去发掘语文，用我们的创造去丰富语文，用我们的行动去实践语文，从而对学生实施实实在在的语文教育，让学生实实在在地获得言语智慧的滋养和人文精神的熏陶。这样，在语文的路上，我们才会步履稳健，大步朝前！

追寻：天光云影共徘徊

潘文彬：走在语文路上，昭示着我们在实施语文新课改的过程中，要守住一颗平常的心，冷静地审视和反思当前语文教学的现状，客观地传承和发展我们的语文教学经验，要能够在探索教学创新的过程中不失掉语文教学的传统和本真，这样我们才能求得语文教学的一种平衡，才能达到语文教学的理想境界。我想，这应该是每一位语文教师都在追寻着的目标。

杨　婧：语文教学要能够激活学生用已经积累的感觉、知觉、认识、情感等经验去触摸和拥抱言语，去对言语者的心声做出积极回应，这样才能产生共鸣和融通。比如，《欢乐的泼水节》中有这样一段描写："开始泼水了，大家互相追赶，你拿瓢往我衣领里灌，我端盆向你身子上泼。老人、孩子、姑娘、小伙儿，个个身上湿淋淋，人人脸上笑开了花。"初读时，学生对泼水节的热闹场面感受并不强烈，于是，我相机播放了一段泼水节的录像，让学生给这段录像配音。学生立刻就有了感觉，来了兴致，个个读得神采飞扬，好似身临其境，享受到了泼水节的欢乐。在语文教学中，我们就应该这样诗化学生的心灵，让书声成为学生精神律动的音符。在琅琅书声中，学生会用自己的心去拥抱语言，和作者进行心灵的对话；在琅琅书声中，学生会用自己的心去感悟人格的伟大、思想的深邃和情操的美好；在琅琅书声中，学生会用自己的心去体味语言文字的节奏美和音韵美。

潘文彬：语文课堂应该能够聆听到心灵成长的拔节声。《课程标准》指出："阅读教学是学生、教师、教科书编者、文本之间对话的过程。"我们在教学的过程中，应当尊重文本，让学生用心阅读文本。试想，如果学生没有潜心会文，何以谈自己的感受？其实，教师应该是学生与文本之间的"红娘"。一位教师在教学《黄鹤楼送别》的时候，提出了这样一个问题："请同学们认真读课文，想想你看到了什么样的画面？从课文的什么地方看到的？"接着，便让学生读书、圈画、批注。同学们以自己喜欢的方式进行阅读，与文本进行深入对话，教室里显现出"沉寂"的氛围，过了七八分钟，逐渐有同学抬起了头，举起了手。这时，老师才组织学生交流，学生结合文本的语言文字，谈出了自己的真知灼见，交流气氛热烈。正是有了充足的读书时间，才有了学生的这些"有感而发""灵感迸发"。所以，在课堂上，我们应该舍得花时间让学生自己读书感悟，然后再走进课文，引导学生原原本本地读，平心静气地读，整体联系地读，步步深入地读。只有这样，才能够在课堂上听到来自学生心灵的声音。

陈峤赜：确实，语文课在强调书声琅琅的同时，也不能忽视鸦雀无声，课堂上要留给学生充分的"沉浸浓郁，含英咀华"的静思默想的时间。我在教学《秦兵马俑》第一部分时，先让学生自读课文，感知兵马俑的规模宏大；接着播放了一段录像，让学生感受它的规模宏大；然后让学生放声朗读，把那令人震撼的场景用朗读表达出来；最后让学生潜心默读，看看课文采用了哪些方法来表达兵马俑的规模宏大。这样一步一步地触摸文本，品味语言，才能够达到真正意义上的读懂。语文课只有让学生对文本了然于胸，学生才能走进文本的语言深处，触及作者的心灵，体悟文本的情愫。

黄　卉：语文课应该是学生展示个性的舞台。课堂上，我们要让学生自主学习，亲身经历读书感悟的过程，并在这个过程中自己发现问题，选择问题，研究问题，解决问题，要尊重学生的独特体验，提高语文学习的整体效果。比如，在学习《小鹰学飞》这课的时候，我让学生谈谈感受，许多同学都说正因为老鹰对小鹰的严格要求，让它懂得了天外有天、人外有人的道理，小鹰才能不断努力，向更高的山峰攀登。而一位同学却认为，假如老鹰能在小鹰有所进步的时候，给予它肯定、表扬和鼓励，小鹰一定会更有信心，一定会飞得更高更远。这位同学的想法虽然与众不同，但却是他的独特感受，值得我们珍视。这就体现出语文学习是一种真实的生活，只有让学生亲身体验了，他们的情感、态度、价值观才能得到净化和提升。

刘宁霞：其实，多元化的认识就是学生个性的体现。我觉得，个性化阅读，是建立在自主阅读和平等对话的基础之上的。“水本无华，相荡乃成涟漪；石本无火，相击而生灵光。”思维，只有在碰撞中才会迸发出火花；认识，只有在碰撞中才会得到提升；情感，只有在碰撞中才会得到融合；智慧，也只有在碰撞才会得到生发。比如，在教学《黄河的主人》这课的时候，我抓住“艄公为什么是黄河的主人”这个中心话题，引导学生进行读文探究，从语言文字中来感受艄公的形象。学生通过自主阅读，各抒己见：有的说“艄公勇敢，因为他在惊涛骇浪的黄河上如履平地”；有的说“艄公沉着，因为他面对艰险，大胆而又小心”；有的说“艄公是个有智慧的人，因为他在困难面前知道如何掌舵”；有的说“环境造就人，因为艄公从小生活在黄河岸边，练就了高超的技术”；有的用乘客的悠闲自得来反衬艄公的凝神工作……艄公的形象就这样立体地呈现在学生面前了。

潘文彬：阅读是学生的个性化行为。个性化阅读包含以下三个要义。

其一，学生的自主阅读。

《义务教育语文课程标准》（以下简称《课程标准》）指出：“阅读教学应引导学生钻研文本，在主动积极的思维和情感活动中，加深理解和体验，有所感悟和思考，受到情感熏陶，获得思想启迪，享受审美乐趣。”阅读教学引导学生钻研文本，就是要学生通过自主阅读和交流对话，来展示见解和才情，生成言语智慧，提高交际能力，丰富人文精神，提升语文素养。可以这么说，没有学生的自主阅读，所谓的个性化阅读也就无从谈起。只有在充分地自主阅读的基础上，学生才能够悟出文本的精髓，产生独特的感受、体验和理解。因为自主阅读中就有着思维的培养，就有着情感的熏陶，就有着智慧的生成，就有着语感的积淀，就有着创新火花的迸发。

个性化阅读，不能沉湎于表面上的热闹，摆弄一些花哨的形式，而是要把功夫下在引导学生潜心琢磨语言文字上，要把课上得简简单单，实实在在，真正让学生在自主阅读的过程中，加深理解和体验，有所感悟和思考。比如，有位教师在教学《军神》时，设计了这样一个质疑环节：“如果你是一名记者，采访沃克医生会怎样提问?”教师允许学生下座位寻找一个合作伙伴进行表演，于是，教室里一下子活跃起来了，一番热闹之后，学生开始表演了。表演时，也许学生没有提出教师想要的问题，表演一下子僵持住了，最后教师不得不自己收场：“如果我是记者，我会问：‘沃克医生，你为什么称刘伯承是军神?’”学生恍然大悟，纷纷举手回答。这一环节浪费了学生多少宝贵的课堂时间呀！与其这样还不如教师直接把问题提出来或者引导学生围绕课题质疑，还可以省出时间来让学生读书感悟刘伯承的坚强。

其二，教师的启发引导。

教师是学生进行个性化阅读的导师。这就意味着教师要积极为学生营造一种宽松和谐的个性化阅读的氛围，激发学生阅读的兴趣，教给学生阅读的方法，把"阅读""理解""领会""体味""品味""感悟"的权利还给学生，把"启发""点拨""引导""激励"的智慧留给自己，切实地让学生展开阅读实践活动，让学生通过自己的"潜心会文""切己体察"把握文本的蕴蓄，得到思想的启迪，情感的熏陶和智慧的引领，从而有效地避免"以教师的分析来代替学生的阅读实践"，"以模式化的解读来代替学生的体验和思考"。

个性化阅读，《课程标准》还强调"要尊重学生独特的感受、体验和理解"，"在理解课文的基础上，提倡多角度、有创意的阅读，利用阅读期待、阅读反思和批判等环节，拓展思维空间，提高阅读质量"。可能有教师会问，这会不会有放任自流、远离文本的隐患？如果教师把握不好，可能会有。这就要求教师要在准确地理解和把握文本的基础上，精于预设，巧于生成，及时捕捉，巧妙引导，对学生正确而又独到的观点，能够恰如其分地给予肯定、褒奖，对那些有失偏颇的看法，能够适时巧妙地进行指点、修正。比如，一位教师在教学《彭德怀和他的大黑骡子》的时候，有位学生说："彭德怀在红军断粮的情况下，不应该把战功赫赫的大黑骡子与六匹牲口相提并论，一块儿杀掉。彭总杀掉他心爱的大黑骡子来给战士们充饥，是一种错误的举动，是忘恩负义，是对大黑骡子的不公平待遇。"这位教师听了之后，毫不犹豫地大加赞赏道："你的见解很有一番见地！"这种有悖于文本价值取向的观点居然得到了教师的肯定与赞扬，怎能不令人诧异和忧虑？其实，个性化阅读，应在尊重文本价值取向的基础上进行，在尊重学生独特的感受、体验和理解的同时，勿忘正确地理解课文是阅读教学之根本，只有在这个前提下的多角度、有创意的阅读，才是真正的个性化阅读，也才能真正培养学生感受、理解、欣赏、评价的能力。

其三，伙伴的沟通合作。

个性化阅读并不排斥合作学习。《课程标准》强调："要善于通过合作学习解决阅读中的问题，但也要防止用集体讨论来代替个人阅读。"其实，同学之间的相互切磋，沟通交流，会互相启发，形成一种"对话场效应"，有效地解决阅读中的问题，也有利于帮助学生转变学习的方式。因而，在教学中，教师要注意适时地为同学之间的对话提供便利条件，让学生能够敞开心扉地与伙伴交流、分享自己的阅读收获。但这种对话活动必须建立在学生自主阅读的基础之上，因为只有这样，学生才拥有了与伙伴进行充分对话的资本，也有效地避免了“用集体讨论来代替个人阅读”。

李　华：语文教学还应该让学生积累丰厚，文思勃发。人们常说“厚积而薄发”，因此，教师要注意激发和培养学生广泛的阅读兴趣，尽可能地让他们少做题，让他们多读书，好读书，读好书，读整本的书，从而扩大学生的阅读面，增加学生的阅读量。《课程标准》已经明确规定了不同年级的课外阅读量，我们必须重视，并确保落实到位。在这方面，我们学校做得就比较实在。我们欣喜地看到，学生在教师的引导下养成了爱读书的习惯，在阅读时能够做些摘抄，并配上赏心悦目的图画，读书已成为了学生的一种享受。每学期学校评选“读书小状元”，更是把读书活动推向了高潮。学生读的书多了，语言自然就丰富了，说话自然就精妙得体了，表情达意也自然就准确容易了，他们的语文素养也自然提高了。

周爱芳：关于少做题的问题，我想说说自己的一些看法。“课标”中提倡少做题，就是倡导我们给学生出些少而精当的题目，使之能够达到巩固学习效果、开阔学生视野、提高学生能力的目的。当然，学生是有差异的，所以我们在设计作业时要给学生以人文关怀，要在数量上、难度上留一些弹性，可以有针对性地为学生提供一个作业“自助餐”，让学生有一个较为宽松的选择范围，使不同发展水平的学生，都能较好地完成作业，都能获得发展。比如，教完《枫桥夜泊》和《山行》两首描写秋景的古诗后，我设计了以下两道拓展性作业供学生选择。

1. 读读背背《秋山》这首古诗，并展开想象把诗中所描写的秋山景象画出来。

2. 再查找一些写秋景的古诗读一读，背一背。

这两题学生可以全做，也可以选择最有把握做好的一题来做。结果学生的兴致很高，而且作业的效果也很好。

邢跃武：我认为，对于课文中要求学生掌握的东西，一定要不折不扣地完成。周老师设计的作业强化了课外的拓展与延伸，却忽视了课内双基的强化与巩固。现在的语文作业的确少了一些机械抄写，多了一份自主选择。可是，我发现学生的双基有所弱化了，错别字也越来越多，一篇要求背诵的课文，在默写时错别字连篇。所以，我们在设计作业的时候绝不能顾此失彼，应该顾及学生的发展水平，不搞一刀切，但每一课的基础底线必须要保住，该让学生抄写的还是要认真抄写的，该让学生组的词语还是要组的。基础的东西必须要保证人人过关，决不含糊！

刘宁霞：关于作业的问题，的确要引起我们的重视。现在有些课堂，为了追求师生和文本的对话，课堂上热闹，而忽略了学生动笔的机会，其实课堂是听说读写的主阵地。作业绝不是学生课后的事情，而应该与课堂教学内容有机地结合起来。由于时间紧，课堂练习应该紧扣课堂教学目标来进行。如我在教学《黄鹤楼送别》第一课时的时候，就出示《黄鹤楼送孟浩然之广陵》这首诗，让学生读读，抄抄。在学习完课文后，我当堂让学生用课堂上学到的联系上下文理解词意的方法写出诗中有关词语的意思，还让学生联系以前学习的《但愿人长久》，想象情景，改写古诗《赠汪伦》，要求尽量用到文中的语言。这样的当堂练习非常有效，学生的学习内容在课堂上得到了及时的巩固，教师也及时得到了学习情况的反馈。这不仅提高了课堂效率，减轻了学生的课业负担，也节省了学生的课后时间，使学生课后能走进生活，进行更丰富的语文学习。

陈峤赜：语文的外延与生活的外延相等。生活有多广阔，语文学习的天地就有多广阔。现实生活中到处都可以学习语文，运用语文。我认为，语文的课外作业，可以丰富多彩一些。我们可以让学生去收听、收看广播电视的新闻节目，记录自己最关注的动画片，学写短小的童话、科幻故事；去观察大自然，写观察日记；去了解某种产品的性能，写广告语；去阅读课外书籍，做读书笔记，办手抄报；去背诵诗文，在班级开展朗诵会；去排演课本剧，去收集名人名言、歇后语、谚语、春联、名间故事……这样的课外作业，既培养了学生的听说读写能力，让学生在实践中展示发挥自己的才干，又使学生感到学习语文是一件有用、有趣的事情。比如，教学了《林冲棒打洪教头》之后，学生对《水浒传》产生了浓厚的兴趣，就掀起了一股读《水浒传》的热潮，还有的学生把有关林冲的故事整理出来，写了人物简评。这样，学生就能在广阔的天地里学习语文，享用语文，巩固知识，拓宽视野，砥砺能力。

潘文彬：有这样一句歌词唱得很好："敢问路在何方？路在脚下！"如今，我们就行进在语文新课改的路上，我们在探索着，我们在实践着，我们也在反思着；我们注定要与新课改、与语文一路同行，共同成长！我们明确了语文课程的性质与任务，我们的前行就有了方向；我们知晓了研读教材的重要性，我们的前行就有了基石；我们关注了学生的发展，我们的前行就有了动力。让我们携起手来，共同努力，把语文教得实在一些，再实在一些；让我们语文课的语文味浓一些，再浓一些。这样，我们就能一路阳光，一路欢笑，从容、舒缓、优雅地走在语文的路上！

踏一路阳光，
撒一路欢笑，
合着课改的节拍，
走在语文的路上。
……

语文元素，语文的自身之魅

在一次语文教研活动中，我听了一位教师上的《司马光》一课。课堂上，教师通过提问讲解，让学生理解人的生命比缸更重要，在当时的情况下砸缸是救人的唯一之举，教育学生遇事要冷静，从而体会到司马光的机智与聪明。无独有偶，在一次低年级的“品德与生活”的教研活动中，一位教师在教学《遇到问题想办法》这课时，也带领学生学习了《司马光砸缸》这个故事。课堂上，老师通过阅读故事引导学生展开讨论，让学生明白遇事要冷静，遇到问题要像司马光那样积极动脑筋想办法，这样才能战胜困难，成为生活的强者。

听了这两堂课，我愕然了：语文课怎么和思想品德课一样了？是语文课迷失了自我，去种了别人的田，还是思想品德课抢占了语文的阵地呢？这两堂课，引发了我对语文教学的一些思考。

我不由想起了一段耐人寻味的对话。有人问一位著名的雕塑家：“你是怎样把石头雕成人像的？”雕塑家答道：“把石头上不是人像的地方去掉！”多么精妙的对话啊！什么是语文，把那些非语文抑或与语文无关的东西去掉便是语文了。语文课之所以上得与思想品德课没有什么区别，这与“语文元素”的缺失不无关系。其实，语文教学就是要在纯粹的“语文元素”中行进，要立足语文教语文，关注语文自身的特点，凸显语文自身的价值，彰显语文自身的魅力，让语文能够清爽起来，灵动起来，使其真正能够在素质教育中独当其任，建构和丰富学生的言语世界和精神世界，培养出具有丰厚语文素养的“语文人”。

一、关注“语文元素”，就是关注语文自身的特点

元素，是构成事物最本质的要素。语文元素，顾名思义，就是构成语文的最本质的要素。那么，什么是构成语文的最本质的要素呢？这里，不妨作一些探究。其实，在素质教育课程中，语文课程是唯一以言语作为主要教学内容的特殊学科。诚如王尚文先生所言：“语文之外的其他课程诚然不能越过形式而把握内容，但它们往往把形式当作掌握内容的跳板，可以得鱼忘筌，即便关注它的形式，目的也仅仅在于更好地理解它的内容；语文就不同了，虽然在品味形式的同时也在理解内容，但它的目的主要不在把握内容，而是学习特定的形式如何表达特定的内容。”所以，我们以为，语文课程要在素质教育中充分发挥其多重功能和奠基作用，就必须以工具性与人文性的统一为前提，关注“语文”的元素，体现出语文自身的规律和特点。

以“司马光砸缸”为例，品德课的《司马光砸缸》和语文课的《司马光》，教学重点是完全不一样的。品德课的重点就是文本的思想内容。我们可以引导学生读故事，思考司马光为什么敢砸缸。在讨论交流的过程中，我们要引导学生学习司马光那种遇事沉着、冷静的心态和妥善解决问题的机智，从而汲取这个故事的思想内涵和教育功能。而语文课的《司马光》，教学重点则是文本的形式，即文本的字词句篇和语修逻文。司马光砸缸这个故事，仅仅是引导学生进行语文实践活动的凭借，仅仅是一个例子而已。教学中，我们要关注文本中的“语文元素”，要引导学生识写生字，理解新词，了解课文内容，培养学生的阅读能力和阅读习惯；进一步说，我们还可以引导学生探究发现课文是怎样运用语言文字来表达这个故事的，哪些词语用得准确，哪些词句写得生动。至于对司马光那种遇事沉着、冷静的心态和妥善解决问题的机智的体会，则是在听说读写的语文实践当中自然而然生成的，是一种潜移默化的浸染，学生对此能领悟到多少就是多少，因为学生毕竟还是一年级的孩童。但最为重要的是，该认的字一定要会读，该写的字一定要写正确、写漂亮，课文一定要读正确、读通顺，因为读写生字、训练语感是低年级阅读教学的重点。

我们知道，语文课程是由一篇篇文本组成的，这一篇篇文本就构成了滋养学生生命成长的丛林，学生穿梭其间，在语言丛林中寻幽、探秘，从而觅得语言的真谛，汲取生命成长的能量。而就某一个文本而言，它是由

一个个标点、一个个词语、一个个句子、一个个段落连缀而成的，学生徜徉其间，在语言文字中驻足、寻芳，觅得语言文字的情感和智慧。所以，关注“语文元素”，就是要关注文本中文字的音、形、义，揣摩语言的色、香、味，这是其一。其二，就是要关注文本的用词造句、语言风格，探寻和发现语言的特点和规律。其三，要关注文本的“文质”“情采”，掂量和品味语言的质地、情味、分寸和美感。第四，要关注文本的篇章结构、布局谋篇，揣摩和发现作者是怎么写的和为什么这样写。第五，要关注文本的体裁样式、文体特征。如果我们能够从以上几个方面去对照和审视文本，那么，我们就抓住了语言这个语文最核心的要素。其实，只有触及语言这个语文最核心的要素的教学，才是真正意义上的语文教学。这样的语文教学，才能够体现“语文元素”，凸显出语文自身的特点，才能够使学生的言语世界和精神世界在听说读写的实践中，同生共构，和谐生长。

二、发掘“语文元素”，就是发掘语文自身的价值

语文课程自有其独当之任，这个独当之任就是“面向全体学生，使学生获得基本的语文素养”。“语文素养”是语文新课程的核心理念和创新之处。这是一个复合型概念，其内涵是极其丰富的。学生语文素养的形成和发展是在语文实践的过程中进行的，而这个过程则是凭借着一个个文本来实现的。其实，发掘文本中“语文元素”的过程，就是教师解读教材、提取教学内容的过程。这就意味着我们在研读文本的时候，要有一双慧眼，发掘出文本中的“语文元素”，能够用新课程的视野、语文的视野和儿童的视野来审视文本，从而把文本中那些既能凸显课程特点，又能体现语文规律，且易于让儿童理解和接受的“语文元素”发掘出来。我们以为，对文本中“语文元素”的发掘，既要精当，更要准确，从而体现语文自身的价值取向。

“语文元素”的发掘，首先要瞄准文本语言这一本体，把掌握“载体本身”作为核心内容，得意得言。比如，《小动物过冬》这篇课文，如果着眼于文本的内容，就会侧重于研究诸如“课文讲了哪几种小动物？它们分别是怎样过冬的?”这样的问题。而着眼于语言本身的学习，就会侧重于发掘与落实文本中鲜活的语言文字本身。在低年级更应突出字词掌握。基于此，这一课的“聚”“舞”“商量”等生字词，“饱饱的”“好好的”等叠词，均进入“语文元素”发掘的视野并成为核心学习内容，而故事内容则成为学

习这些“语文元素”的基本语境。于是，就有了这样的开发与课堂的呈现：“冬天到了，这些小动物来到一起，这就叫——聚在一起；它们聚在一起唱歌跳舞，非常开心，这叫——欢聚；它们商量好了，约定好了明年还在这里相见，就叫——再相聚。”如此发掘语文自身的价值，学生收获的不仅是对几种动物不同的过冬方式的了解，更理解、习得了语言本身。

“语文元素”的发掘，还得瞄准学生这一主体，把握学生身心发展的规律，贴近学生的最近发展区。这里，不妨看看《司马光》的教学片段。

师：小朋友已经知道了这篇课文写的是一个怎样的故事。在这个故事里，司马光与别的小朋友的表现有什么不一样呢？谁能从课文中找出一些词句来回答？

（学生读课文，用笔勾画相关词句）

生：司马光没有慌，别的小朋友都慌了。

师：课文是怎么写别的小朋友慌的？谁来读一读。

生（读）：有的哭，有的喊，还有的跑去找大人。

师：那司马光没有慌，课文又是怎么写的呢？

生（读）：他搬起一块大石头，使劲砸那口缸。

师：这里有两个动作，小朋友注意到了吗？把它们画出来，好吗？

（学生动笔画）

师：你们画的是哪两个词？

生：“搬”和“砸”。

师（板书：搬、砸）：这一“搬”，这一“砸”，就把司马光与别的小朋友不一样的表现写出来了。谁再来读读写司马光表现的这句话？

生（读）：司马光没有慌，他搬起一块大石头，使劲砸那口缸。

师：请小朋友联系生活实际想一想，司马光如果慌了，能这样做吗？

生：司马光如果慌了，那石头就搬不起来了。

生：司马光如果慌了，手就会抖个不停，就使不起来劲了。

生：司马光如果慌了，浑身就没有力气，用石头砸缸也砸不破。

师：说得都很对！轻声读读上一段课文，再想一想，司马光如果慌了，可能有什么表现？

生：可能像别的小朋友那样，哭呀，喊呀，急着跑回去找大人。

师：司马光就是司马光，跟别的小朋友就是不一样，一点儿都不慌。小朋友，你们怎么看司马光的这种表现？

生：司马光能想出这个好办法，真聪明！

师：你夸赞司马光比别的小朋友聪明。

生：司马光遇到事情一点都不慌张。

师：这就是司马光的沉着与冷静，这是司马光与别的小朋友最大的不同。

生：司马光要是跑去找大人，耽误时间，等大人过来，可能那个小朋友就会淹死了。

师：你的意思就是说，砸缸是当时最好的一个办法，司马光想到了，他真机智，真聪明！

从这个教学片段，我们可以真切地感受到教师能够从语文学科的特点和学生的实际出发，紧扣文本的语言，引导学生学语习文。我们欣喜地看到，在教师的启发点拨下，学生或凝神思考，或动笔勾画，或放声朗读，或自由言说，学得积极主动，尝到了成功的喜悦。这就是充分发掘语文自身价值所带来的一种浓浓的“语文味”。

三、彰显“语文元素”，就是彰显语文自身的魅力

语文是最具魅力的学科，语文的魅力就潜藏在生动形象的语言当中，就蕴涵在回味绵长的情意当中，就显现在见仁见智的个性化解读当中，就体现在读写听说的实践当中。语文的魅力，源自于语文的灵动，源自于文本的召唤，源自于师生的智慧，源自于课堂的创造。我们以为，彰显“语文元素”，就是彰显语文自身的魅力，就意味着我们的语文教学要立足文本，面向学生，用语文的方式教语文，要少一些生搬硬套，多一些灵动生成，少一些人为拔高，多一些务本求实，少一些浮光掠影，多一些驻足凝视；就意味着我们要最大限度地利用文本中的“语文元素”，为学生营造听说读写的语文实践“场”，让学生在情趣盎然的言语活动中，催生智慧，培植语感，建构知识；就意味着我们要充分发挥“语文元素”所具有的张力，用文本的语言触动学生，用文本的形象感染学生，用文本的情感熏陶学生，用文本的精神净化学生，让学生在心心相融的交流对话中，涵养身心，滋养性灵，澡雪精神，养成人格，塑造灵魂。唯有如此，语文的魅力才会得到彰显，语文才会成为滋养学生心灵的“鸡汤”。请看《已死的母熊》教学片段。

师：这篇文章虽然短小，但是描绘了极其感人的画面。用心读一读，

找出最能打动你的那个地方，简要地写写自己的感受。

（学生静心阅读、批注）

生：我从“熊死，足抱巨石，石下溪中有小熊三，戏于水”这句话中，看出母熊抱住巨石，为的是不让石下小溪中嬉戏的孩子受到伤害，可见，它对孩子有着深深的爱。

师：老师在读的时候，被母熊的一个动作深深地触动。你们注意到了吗？

生：就是“抱”字。我想巨石很大很重，母熊只有紧紧抱住巨石，才能保证孩子的安全。

师：好一个“紧紧地抱”。

生：我从“抱”字看出母熊在临死前用尽最后一丝力气，稳稳地抱住石头，只有“抱”，才更加稳当，孩子也就多了一份安全。我被这份沉甸甸的母爱感动了。

师：你读懂了母熊的心思。“抱”，一个简单的动作，一个简单的汉字，却让我们收获到不简单的感受。这就是细节描写的魅力，所以，我们读文章时要关注细节描写，揣摩语言文字。

《已死的母熊》是一篇语言精练的文言文。在这个教学片段中，我们看到教师引导学生关注以及揣摩文本的语言，感受母熊的形象，从而彰显了语言文字的魅力。“抱”，一个简单的动作，在教师的启发下，彰显出如此动人的魅力和无穷的张力；“抱”，一个简单的汉字，在学生的咀嚼下，流淌出如此浓浓的母爱和深深的感动。一个“抱”字，被师生在课堂上演绎得如此生动精彩，滋养着学生的言语智慧，触动着学生的心弦，震撼着学生的灵魂。这就是语言的魅力所在。

“语文元素”，是语文课程的独有的元素，关注“语文元素”，挖掘“语文元素”，彰显“语文元素”，这是语文老师的独当之任和神圣使命。

言意共生，语文的独特之美

在基础教育中，每门课程都有其独当之任。语文课程的独当之任就是“面向全体学生，使学生获得基本的语文素养”，从而培养具有良好语文素养的“语文人”。语文教学只有把握了语文课程的本质特点，明确了语文课程的独特任务，才能够让语文之美如潺潺溪水一样沁入学生的心田，滋润学生的心灵智慧。

语文姓“语”，语文素养的形成与发展，要通过语言，且只有通过语言，才能够得以实现。因此，语文教学要有强烈的语言意识，要抓住文本语言这个核心来展开教学对话。语言是“言”与“意”的统一体，换言之，文本总是采用一定的语言形式来表达特定的思想内容的，语言形式是语言内容的载体。语言之“意”，所有课程都要关注，即要正确地理解语言所表达的意思。而以语言学习为核心的语文课程不仅仅要理解语言所表达之“意”，更要关注语言表达的形式，揣摩品味这个“意”是如何通过语言表达出来的，让学生言意兼得，获得语言智慧的滋养。可以这么说，其他课程只要获取语言所表达的确切内容和准确含义即可，得“意”可以忘“言”。而语文课程则不行，必须让学生既得“意”，更得“言”。与此同时，还要让学生获得必要的语文学习的方法，掌握语文学习的能力和习惯，也就是让学生得“法”。言、意、法兼得，这是语文与其他课程的本质区别，是语文教学所散发出来的特有之美。我以为，要想彰显这种独特之美，在语文教学时至少要注意到以下几点。

一、关注文本语言的音、形、义

字词是课文最基本的构成元素。识字、写字、理解字词是语文教学最基本的任务。在语文教学中，我们首先要引导学生去关注文本语言的音、形、义，在揣摩语言的音、形、义，品味语言的色、香、味的过程中，感受语言的音韵之美、形体之美和意蕴之美，体会语言背后所蕴涵的情趣、意趣和理趣。

一位教师在教学《碧螺春》这课时，在引导学生读完课文之后，板书课题“碧螺春”，并问学生能从这3个字上想出什么来。有学生说，从“碧”字，想到茶园里碧螺春翠绿欲滴，想到碧螺春茶汤色碧绿清澈。还有学生说，从“螺”想到碧螺春茶叶“蜷曲成螺”，非常漂亮。这时教师说道：“在古代，人们把少女头上盘的高高的发髻叫‘螺髻’。碧螺春外形如螺，多么动人!”这是对“碧螺春”这个名字中的“碧”和“螺”两个字的揣摩和品味，师生的对话当中，充满了浓郁的文化色彩，给人一种文化的熏陶。

对“碧螺春”中“春”的咀嚼和品味，更是充满了诗意的浪漫色彩，给人一种美的享受。有学生说，碧螺春采于早春，因此名字中有个“春”字。还有学生说，古代常用“春”字来代称茶，在碧螺春的产地“碧螺峰”里有“碧螺”二字，所以就给这种茶取了这个雅致的名字。随后，教师给学生出示5000年前刻在龟甲上的“春”的字样，让学生根据“春”的字样去猜测每个部分所表示的意思。在学生充分交流的基础上，教师深情地说道：“是的，春来了，太阳出来了，一切都欣欣然张开了眼。人们把如此美好的‘春’赐予一种植物，再读‘碧螺春’，我们品味到‘碧螺春’这个名字仅仅是一种雅致吗?”

“碧螺春”名字所蕴涵的文化意蕴，就这样在教师的智慧引导下，在师生聊天式的对话中，鲜活了起来，流动了起来，丰盈了起来，它就像清香的碧螺春一样回味绵长，滋润着学生的心灵。如此教学，既彰显了汉字的独特之美，又给学生带来了醇厚而绵长的文化熏陶和审美体验。

二、关注文本的用词造句、语言风格

每篇课文都有其独特性，在用词造句、语言风格上都各具特色，都是独特的“这一个”。在语文教学中，我们应当引导学生去关注文本的用词造句、语言风格，在理解语义、揣摩语用的过程中，能够从语言表达的形式中领悟到语言的思想感情和精神情味，从而探寻和发现语言的特点和规律。比如，《赶海》这篇课文，语言活泼俏皮，尤其是语气词的妙用，使课文妙趣横生，情趣盎然。一位教师在教学《赶海》时，先引导学生抓住“嘿”“哎”“咦”“哦”等语气词，通过声情并茂的朗读来体会赶海的情趣，并且注意引导学生探究课文用词造句的特点，在教师的启发下，学生发现这篇课文之所以情趣盎然，就是因为作者在行文时用了大量的语气词，如果没有这些语气词，课文的情趣就会黯淡很多。如此教学，既让学生理解了课文的思想内容，也让学生揣摩了课文的语言特色，使学生在理解语言内容和揣摩语言形式的过程中，感受了语言的神奇魅力，此时，文本语言的和谐之美，也就会自然而然地流泻到学生心里。

三、关注文本的“文质”“情采”

任何一篇课文都是文质兼美的，语言精妙生动，意蕴丰盈深邃。在语文教学中，我们要有意识地引导学生去关注文本的“文质”“情采”，在掂量语言的轻重、触摸语言的刚柔的过程中，体味语言的质地、情味、分寸和美感。一字一句总关情，语言其实是作者真情实感的自然流露，是作者人生感悟的外在表现。比如，《珍珠鸟》的开篇：“真好！朋友送我一对珍珠鸟。”这里作者为什么要把“真好”前置，而不放在句后？这是需要细细琢磨，才能够感悟出其中情韵和作者匠心的。《在大海中永生》中有这么一句话：“飞机在高空盘旋，鲜花伴着骨灰，撒向无垠的大海。”这里为什么用这个“伴”而不用“拌”呢？“伴”与“拌”有什么区别？这个“伴”字到底蕴涵着怎样的情愫？这也是需要细细掂量，才能够品味出它的妥帖与精妙的。其实，通过这样的琢磨，这样的掂量，文本语言的张力之美，自然会在品味语言的过程中释放出来。

再如，《厄运打不垮的信念》中有这样一句话：“有一次，为了抄一点史料，竟带着干粮走了一百多里。”这句话看起来平淡无奇，但仔细琢磨却意味无穷。请看这样的教学片段：

师：同学们，你们发现了吗，这句话中，出现了三个“一”，这是简单的三个“一”吗？

（学生静思默想，继而三三两两地举起了小手）

生：这不是简单的“一”，“一点史料”说明谈迁此行所要寻找的资料并不多。

生："一百多里路"说明路途十分遥远。

师：是啊！这些都是我们能够从"一"中读懂的。还能读出别人读不出的东西吗？

生："一百多里路"不能只看作路途的遥远。谈迁家境贫寒，因此，这"一百多里路"，谈迁是"带着干粮"，而且一定是"徒步行走"的。

师：真好！你不仅能联系上文，还让自己的思维来到"谈迁的那个时代"。这是一种聪明的阅读！

生：我从"有一次"中读出，这是举例子。

师：这仅仅是在举例子吗？如果把"有一次"改为"只有一次"，效果如何呢？

生：我从"有一次"感受到，像这样的事情，谈迁在编写《国榷》的过程中还有很多很多。

生：这只是其中的一次而已。

师：真好！如果我们再把这三个"一"联系起来，你又会发现什么？

（学生争先恐后举手回答）

生：为了"一点史料"，谈迁带着干粮行走"一百多里路"，谈迁编写《国榷》十分认真。

生：《国榷》中的所有资料都是真实的，不是道听途说的，每一点史料都浸透着谈迁的汗水。

生：为了"一点史料"，谈迁走了"一百多里路"，"500多万字"的《国榷》，谈迁该走多少路啊！

生：谈迁编写《国榷》的20多年，就是在这样的一件件小事中度过的。

以上教学，没有翔实地引经据典，师生的对话活动始终锁定在文本之中，学生在揣摩和品味文本语言的情味感和分寸感的过程中，不断地向文本的纵深处行进。如此揣摩，如此品味，3个简单的"一"字彰显出丰富的意蕴和无穷的魅力，使学生对文本的感悟由"简单"走向"不简单"。

四、关注文本的布局谋篇

任何一篇课文都有其布局谋篇的章法特点。在语文教学中，我们还要引导学生关注文本的布局谋篇，在理解语言、感悟语言的过程中，揣摩文章的表达顺序，领悟文章的表达方法，体会作者的思想感情。比如，《水》这篇课文，作者以"有水之乐"反衬"缺水之苦"来构思谋篇。其实，作者身处一个极度缺水之地，饱尝了“缺水之苦”，然而，在文中，作者却不惜笔墨地描写了雨中洗澡之乐和一勺水为四兄弟解暑纳凉之乐，并且两次写到了母亲的“笑”。作者这样谋篇布局，“不仅是教育人们爱惜水资源，更是告诉人们无论在什么环境下都要乐观、向上”。（马朝虎语）可见，作者内心的这种情思，就是通过这样的言语形式，这样的布局谋篇，充分地表达出来的。在教学中，教师如果能有意识地关注这个特点，适时地启发、点拨，就能够有效地帮助学生在触摸语言、整体感悟的过程中，发现文章在表达上的奥妙。如此一来，文本的结构之美和作者的谋篇之智，就会在教学中自然而然地流淌出来。

五、关注文本的体裁样式

任何文章都有一定的体裁样式。其实，体裁样式不同，语言表达的形式就不同，学习要求与侧重点亦不同。“课标”对不同文体的学习目标作了明确要求。如，第三学段“阅读”目标：“阅读说明性文章，能抓住要点，了解文章的基本说明方法。”“阅读叙事性作品，了解事件梗概，能简单描述自己印象最深的场景、人物、细节，说出自己的喜欢、憎恶、崇敬、向往、同情等感受。”“阅读诗歌，大体把握诗意，想象诗歌描述的情境，体会诗人的情感。”关注文本的体裁样式，就是要针对文体的特点，挖掘出其中的“语文元素”，上出能够体现文体特征和“课标”要求的语文课来。唯有如此，才能够给语文课堂抹上一层美的色彩，才能够体现出语文味来。

一位教师在教学《螳螂捕蝉》这课时，采用了“讲故事”的方式进行教学。讲故事，对小学生来说是具有一定的吸引力的。这位教师用这样的形式来设计教学，能够引发学生的阅读兴趣，让学生兴致盎然地投入讲故事的活动中来。而且，采用“讲故事”的形式来进行教学也是合乎这篇课文的特点的，因为课文本身就具有很强的故事性，那位少年就是通过讲述《螳螂捕蝉》的故事来说服吴王的。所以，用这种方式来教学就产生了比较好的课堂效果，学生总是以积极的状态和饱满的情绪投入学习中来，把自己的心沉潜到课文之中。比如，在读课题的时候，教师引导学生一遍又一遍地读，直到学生读出了讲故事的味道为止。再如，在引导学生概括主要内容的时候，教师是这样引导的。先请学生浏览课文，想想故事的起因、发展、经过是什么，并用简要的话来概括。学生用自己的话概括了之后，教师又提出了新的要求：“谁能用上‘乘虚而入、不堪设想、螳螂捕蝉、恍然大悟’这4个词语，概括地说一下这个故事?”当学生用上这4个词语概括了这个故事之后，教师又评价道：“你看，用上了这4个词语，故事就有了故事的味道了。”又如，在学生明白了道理之后，教师这样对学生说：“光讲道理，我不听的！要讲故事给我听!”以此来引导学生讲好故事，用故事去感化和打动吴王。如此教学，把阅读、理解、感悟、朗读、复述等都寓于“讲故事”的过程之中，教出了这类文体独有的味道。

倘若我们在语文教学中能够关注到以上几个方面，那么，我们就抓住了语文最根本的东西。这样，我们在语文教学中就能够充分发挥文本的作用，科学有效地引导学生学语习文，体会意、言、法之美，从而使学生的语言智慧获得生动的发展。

第一，得意：理解文本的意蕴。

语言文字是传情达意的工具，任何一篇课文都是通过语言文字来表达一定的思想情感的。语文教学的第一要务就是引导学生阅读语言文字，把语言文字的意思弄清楚，把课文的主要内容弄清楚，从而体悟作者的思想感情。记得张志公先生就曾说过：“读一篇文章，首先把语言文字弄清楚，从而进入文章的思想内容，再从思想内容走出来，进一步理解语言文字是怎样运用的。”在初读的环节，我们要引导学生去理解生字新词的意思，读懂每一自然段的内容，理清课文的思路，概括课文的主要内容；在精读的环节，我们要引导学生抓住关键词句或者段落去品味课文的语言，体会字里行间所蕴涵着的意蕴和情感，进而让学生获得思想的熏陶和启迪。这些都属于理解文本意蕴的层面，旨在让学生“得意”。

第二，得言：汲取文本的奥妙。

语文是以语言作为主要教学内容的课程。学生在获取了文本的意蕴之后，还得学习和领悟文本的语言文字及其组合方式，揣摩和发现这样组合的功能和效果。换言之，就是要引导学生“从思想内容走出来，进一步理解语言文字是怎样运用的”。记得歌德曾经说过：“内容人人看得见，含义只有有心人得之，形式对于大多数人是一个秘密。”对文本语言形式进行探秘，让学生获得言语智慧的滋养，这是语文教学最为重要的任务。这就意味着我们必须用专业的、睿智的眼光去发现文本中对于大多数人来说是一个秘密的语言形式，并能够将其转化为学生易于理解和接受的教学内容。比如，《孔子游春》中“孔子论水”这一段写得极为精彩。一位教师是这样设计这一段落的。他先引导学生理解水的四个品性，并通过诵读来体会和感悟。接着，他提出了这样一个问题："同学们，孔子论水的话语方式很特别，小声读读，体会体会，看看有什么发现。"这是一个指向语言形式层面的问题。学生通过潜心会文，若有所悟。在交流讨论中，有学生说："孔子说话有智慧，他说话当中还有一种言外之意，很含蓄。"有学生说："孔子把水比做真君子，他善于用比喻说理，真是善施教化啊！"还有学生说："明明一句话就能够说明白的道理，孔子却运用了一连串的排比，先阐述水的特点，再概括水的品性，这样就把道理说得更加明了了，弟子们也就更容易理解了。"如此教学，引导学生探寻文本表达的奥妙，让学生在"得意"的基础上"得言"，体现一种强烈的语文意识。

第三，得法：历练语文的能力。

我们知道，教材只是个例子，我们只是通过这个例子来教学生学习语文的本领，这是语文教学最为根本的目的。这就诚如叶圣陶先生所云："教都是为了达到用不着教。"所以，我们要在学生"得意""得言"的基础上适时地点拨，适度地迁移，巩固强化，内化语言，练就本领，形成习惯，并让他们能够从中获取学习语文的方法和策略，从而达到"自能读书，自能作文"的境界。比如，《自然之道》这篇叙事性的课文，既没有明显的中心句或总结句，也没有提示性的过渡句。这样的课文该怎样引导学生来理解文章的脉络和线索呢？一位教师巧妙地利用了本文中的四字词语来引导学生理清课文的脉络，概括课文的主要内容。其教学步骤是：第一步，让学生把课文中的四字词语圈画出来，学生画出了这几个四字词语：争先恐后、鱼贯而出、愚不可及、气喘吁吁、后悔不已、饱餐一顿；第二步，根据解释理解这几个四字词语，并通过书写练习让学生理解和积累这些四字词语；第三步，让学生尝试着用上这几个四字词语来说说课文的主要内容。如此教学，步步深入，环环相扣，学生在提取关键词语、理解积累词语和重组运用词语的过程中，内化了课文的语言，获得了把握课文主要内容的新方法和新策略。如此教学，才是真正的言、意、法兼顾，体现了一种教育思想和智慧。

言、意、法兼顾，是语文课程的独特使命，是语文课程性质使然。用语文的这种独特之美，抹亮学生的生命底色，使每一位学生都能够幸福地成长为具有良好语文素养的"语文人"，这是时代赋予语文教师的神圣职责！

体裁样式，文本的自然属性

近日，我参加了一次大型的语文赛课活动。作为高年段的评委，3 天时间，我共听了 17 位语文教师的阅读教学课。这 17 堂课，从文本的体裁样式来看，有说明性文章，如《大自然的文字》；有叙事性作品，如《小草和大树》；有诗歌，如《闻官军收河南河北》。在教学过程中，大多数老师都能够关注文本的体裁特征，上出了比较精彩的语文课。但是也有部分老师在教学过程中忽视了文本的体裁特征，出现了不少问题。在如此大型的赛课活动中，竟然还存在着漠视文本体裁的现象。那么，在平时的阅读教学中，不关注文本体裁的现象就更不足为奇了。难怪有人说，现在的阅读教学出现了三个“一个样”：第一课时与第二课时的阅读教学一个样，低、中、高年段的阅读教学一个样，不同文体的阅读教学一个样。其实，文本的体裁样式是阅读教学中不可或缺的教学资源，不同的文体有着不同的特点，不同的文体有着不同的教学重点，不同文体也有着不同的教学方式。这里，我想就不同的文体如何开掘其阅读教学的资源，彰显其文体的特点，谈一些粗浅认识。

一、诗歌及其教学

诗歌，是语言艺术的精髓所在。在儿童的生命成长过程中，诗歌是开启语言之门、培养文字感悟能力和丰富情感的最好媒介。著名儿童文学理论家王泉根先生说过：“爱诗，懂诗，从诗美艺术中汲取精神素养，这对于儿童的‘精神成人’具有特殊的价值意义。”

诗歌教学要体现出诗歌的特点，要教出诗歌的味道来。因此，教师要注意引导学生通过诵读理解诗句，展开想象，将凝固的语言符号转化为具体可感的画面，还原或复现出诗歌所营造的意境，从而获取诗歌的意蕴，体味诗歌的情感。

对于诗歌的教学，《课程标准》在各学段的阅读目标中都有明确的要求：第一学段要求“诵读儿歌、儿童诗和浅近的古诗，展开想象，获得初步的情感体验，感受语言的优美”；第二学段要求“诵读优秀诗文，注意在诵读过程中体验情感，展开想象，领悟诗文大意”；第三学段要求“阅读诗歌，大体把握诗意，想象诗歌描述的情境，体会作品的情感”，“诵读优秀诗文，注意通过语调、韵律、节奏等体味作品的内容和情感”。从这些表述中不难看出，“课标”对于诗歌教学特别关注如下两点。

1. 诵读

诵读是诗歌教学的基本策略。这其实是由诗歌的基本特点决定的。因为诗歌的语言是凝练含蓄的，具有很强的韵律性和抒情性，读起来节奏明快，朗朗上口。所以，诗歌教学唯有引导学生反复诵读，才能让学生目视其文、口发其声、耳闻其音、心通其情，充分感受作品的韵律之美，从而增强语感，促进思维。这是其一。

其二，诗无达诂。有很多诗歌的意蕴只可意会，不可言传。所以，诗歌教学重要的不是老师的讲解如何精辟，教学技巧如何精湛，而是要舍得花时间让学生一遍又一遍地诵读，在诵读中明晓诗意，在诵读中复现画面，在诵读中体悟感情，让诗情画意通过声情并茂的诵读流淌出来，流淌到学生的心灵深处，陶冶学生的思想情操。比如，一位教师在教学《江雪》这首诗时，就十分注意引导学生反复诵读：初读古诗，读准字音，读出节奏；二读古诗，想象画面，读出意境；三读古诗，感悟情境，读出诗情；四读古诗，了解作者，读出诗志。每一次诵读，都有明确的目标，就这样引领学生在反复诵读中自然地走进诗人的心灵深处。

2. 想象

诗歌教学需要想象的介入，要引导学生开展想象，进入诗的“境”，还原诗歌描绘的场景画面。这样，诗歌中的文字才会活起来，学生的脑海中才会浮现出空灵高远的意境；诗歌中的情感才会流溢出来，学生的心灵才会与诗人的心灵相通相融。比如，一位教师教学《水乡歌》的时候，引导学生一边诵读，一边想象画面，体会江南水乡秀丽的风光和丰富的物产。学生从“千”“万”“一个连一个”“处处”“片片”“满”“一箩又一箩”等词语中，感受到水乡的水多，船多，歌多；从“荡清波”的“荡”字读出碧波荡漾的无尽余韵；更从“飘满湖面飘满河”的“飘”字读出船只往返的轻盈愉悦。如此，在诵读中想象，在想象中品味，自然就会把学生带入诗歌所描绘的优美意境之中，自然就会让学生体悟到诗歌的韵律之美和语言之美。也只有这样，诗歌的学习才会真正成为学生心灵的吟唱。

二、说明性文章及其教学

说明性文章，顾名思义，就是说明事物情况或道理的文章。在小学语文课本中，说明性文章主要有三类：一类是以介绍事物或景物特征为主的写景状物的文章，如《雅鲁藏布大峡谷》《变色龙》；一类是以介绍科普知识为主的科学小品文，如《恐龙》《黄河象》；还有一类是以学习、生活、做人等主题为主的简单议论文，如《说勤奋》《真理诞生于一百个问号之后》。

关于说明性文章的教学，《课程标准》在第三学段阅读目标中指出：“阅读说明性文章，能抓住要点，了解文章的基本说明方法。”由此可见，说明性文章的教学最为关键的是引导学生“抓住要点”“了解文章的基本说明方法”。

说明性文章的教学要体现语文自身的特点，应该充满“语文味”，切不能把它上成常识课。因此，对于此类课文教师要认真研读，反复琢磨，把握文本的特点，关注文本的语言，捕捉文本中的特殊的词句，以充分挖掘出文本中的语文元素。这就要求教师在解读文本的时候，要关注到以下几个方面：

1. 说明的顺序

文本的表达顺序，是作者叙述思路的表征，是作者独具匠心的体现，这同样需要读者去认真发现，并形成读者、作者间的认知共鸣。比如，《金华的双龙洞》的作者按游览先后顺序运思成文，说明双龙洞的秀丽神奇；《三亚落日》的作者按日落过程的时间顺序来布局谋篇，说明海南三亚夕阳滑落时的景象；《烟台的海》的作者按冬春夏秋的季节顺序构思行文，说明北面临海的烟台的海上景观。教学说明性文章的时候，教师要善于引导学生理清文章的表达顺序，把握作者的行文思路，体会事物的特点和知识的理趣。

2. 说明的要点

任何一篇说明性的文章都不可能是面面俱到的，作者总是从几个方面抓住几个要点来加以说明的。比如，《石头书》这篇课文，通过川川和磊磊两个孩子与勘探队员的交谈，介绍了有关岩石的知识。作者抓住了“石头书的样子”“石头书上的‘字’和‘画’”“石头书里的学问”这3个要点来展开人物对话，情趣盎然，寓科学知识于充满童真的对话之中。教学时，就可以抓住文中的6组对话，通过理解课文中的重点词句来把握课文的说明要点，并在此基础上读好人物的对话。再如，《藏戏》这篇课文，作者用生动的语言为我们打开了一扇窥探藏族风土人情的窗户。作者从“藏戏的传奇”“藏戏的特点”两个方面对藏族传统戏剧作了生动地阐述。整篇课文层次清晰，语言明快，富有韵味。教学时，可以通过自主阅读，让学生抓住课文中的重点词句，把握课文的说明要点，并尽可能多地了解相关资讯，让学生在相互交流、彼此沟通的过程中获得新知。

3. 说明的方法

说明事物有多种方法。教学说明性文章，除了引导学生弄清课文介绍说明的那种事物的特征、本质之外，还要注意引导学生学习作者说明事物的方法。比如，《航天飞机》的作者运用了童话的体裁，以人物对话的方式较为完整地说明了航天飞机的特点；《鲸》的作者为了说明鲸的大小、种类、生活习性，不仅用具体数字来说明，还运用了打比方、做比较和举例子的方法。《神奇的克隆》的作者在具体介绍“克隆”的时候，也采用了多种说明方法。一是把深奥的话通俗地说——“《西游记》里的孙大圣，紧急关头常常拔下一把毫毛，再吹一口气，毫毛立刻变成了一群和自己一模一样的孙悟空。这当然是神话，不过用今天的科学名词来讲，孙悟空可以快速克隆自己。”二是把深奥的话对比着说——“动物一般要通过雄性和雌性生殖细胞的结合，才能繁殖后代，人们把这种繁殖叫做有性繁殖。如果不经过两性结合而直接繁衍后代，就叫无性繁殖，也称克隆。”三是把深奥的话举例子说——“例如，从一棵大柳树上剪下几根枝条插进土里，枝条就会长成一株株活泼可爱的小柳树；把马铃薯……凡此种种都是植物的克隆。”这些形式多样的说明方法，把“神奇的克隆”说得通俗易懂，妙趣横生。说明性文章的教学中，对这些说明方法的渗透是很重要的。所以，教学时，要引导学生明白课文运用了哪些说明方法，用这些方法来说明什么，使用这些说明方法好在哪里等。

4. 词句的运用

说明性文章的语言确切、简洁、通俗，具有很强的逻辑性，句子与句子之间都有着密切的联系。比如，《火星——地球的“孪生兄弟”》中有这样的句子：“科学家推测，火星地表下面仍然可能有水，只要有适当的温度，就可能孕育出生命来。如果地表下真的有生命，它们是什么模样，是怎样生存的，这仍然是一个谜。”这种带有推测性质的问题，作者锤词炼句，非常考究，运用了“推测”“可能”“只要……就……”“如果”等词语，体现出一种缜密、严谨的科学态度。该文中还有“家常便饭”“集体大逃亡”等形象鲜活的词语，这些词句准确、形象、生动地说明了火星上关于“水”的来源和消失的推测。这些词语的运用精准妥帖，使得原本深奥难懂的科学语言变得通俗化、趣味化了。教学中，就要紧扣这些语言，引导学生品味词句，体会作者用词造句的匠心。

把握顺序，抓住要点，了解方法，品味语言，这是说明性文章的主要知识点和训练点。其实，只要有了这些方面的发掘与解读，学生自然就会对此类课文产生兴趣，文本中的知识理趣和语文味道，也就会自然而然地生发出来。

把握了这些知识点和训练点之后，教师该如何在课堂上进行实施呢？下面试以《为人民服务》为例来阐释说明性文章的教学。

《为人民服务》是毛主席在张思德同志的追悼会上所作的著名演讲。这篇传统而经典的议论文，从“死的意义”“不怕批评”“团结友爱”三个方面来阐述全心全意为人民服务的道理。一位教师在教学这篇课文时，是这样来安排教学流程的。

1. 播放视频，引入新课

让学生观看天安门广场那雄壮的阅兵式，一遍又一遍地聆听那震撼人心的口号——为人民服务。由此而自然地导入课文。

2. 聚焦文体，提纲挈领

让学生在读正确、读通顺的基础上，通过比较发现这篇课文的特别之处：没有精彩曲折的故事情节，没有生动细致的描写。它是一篇议论文，它给你讲述道理，分析问题；它也是一篇演讲词，在半个小时的演讲中，毛主席没有看稿子，但字字珠玑、慷慨激昂、一气呵成。

这篇课文的每一个自然段都有要说的重点，要说的要点，这些重点、要点大多含在每一段话的开头或结尾。让学生自由读文，画出每段的重点语句，并提取出关键词。

3. 紧扣重点，感悟写法

引导学生重点阅读第 2 自然段“死的意义”这个部分，通过圈点批注、比较揣摩、品读感悟、交流讨论等方式来体会引用、对比、举例的论证方法，感悟毛主席提出自己的观点之后，是用什么办法来证明自己的观点和看法的。

4. 举一反三，畅写感言

张思德是为人民服务的一个代表，生死问题也是“为人民服务”中的一个内涵。其实，在《为人民服务》中有毛主席的许多意蕴丰富的经典名言。

让学生仔细阅读课文，把自己最喜欢的语句画下来作为座右铭，然后联系生活实际，写一写自己的理解和感受，试着用上“引用、对比、举例”这些方法。

5. 网络链接，拓展语境

在网络上，人们为张思德建立了许许多多的纪念馆，成千上万的人被张思德的精神所感染，写下了自己的感动。

让学生上网浏览人们在张思德网上纪念馆所写下的那些感动的话语，然后让学生也在张思德网上纪念馆的留言簿上写下一两句自己的心里话。

如此教学把握住了议论文的本质，使课堂氤氲着浓浓的语文味。

首先，以读书为主线，在阅读中感悟文体的特质。

教师在教学过程中设计了富有层次的读书训练，让学生充分接触文本，以达到整体感知、领悟方法、明白事理、积累语言的目的。初读时，通过指名读、小组读、比赛读等形式，指导学生把课文读正确，读通顺；自读时，让学生默读找出每段的中心句，提取出关键词；精读时，引导学生入情入境地读，在读中品味作者如何运用“引用、对比、举例”等巧妙的方法来阐明观点，表达思想情感，在读中感悟议论文的特质。

其次，以语言为凭借，在品味中体会语言的精妙。

教师能够紧扣文本的语言，引导学生在揣摩品味重点词句的过程中，感悟、体验、理解文本思想的“高处”，用词造句的“妙处”，领悟、欣赏“每句每段或全文的好处所在”（夏丏尊语）。

再次，以表达为核心，在说写中演绎迁移的精彩。

《课程标准》指出“语文课程致力于培养学生的语言文字运用能力，提升学生的综合素养”，议论文教学也应以“表达”为核心，致力于培养学生的语言文字运用能力。教师能够关注表达，善于挖掘和发挥文本的“例子”作用，既让学生在品味语言的过程中学习表达，揣摩形式，又让学生在“仿写”的实践中学习表达，举一反三。

从上述这个课例可以看出，说明性文章的教学要想彰显其个性特征，教师在教学时应该注意以下几点。

（1）要引导学生在获得科学真知的过程中得到一种乐趣，激发学生学习说明性课文的积极性。

（2）要引导学生在抓住要点、了解方法的过程中揣摩、品味语言，感受说明性文章的理趣和情趣。

（3）要注意课堂教学的生发，能够有效地拓展与课文有密切联系的知识，开拓学生的视野。

（4）要能够充分发挥教材的例子作用，注重读写迁移，学以致用，努力做到让学生把学到的知识运用到实践中去，让读与写有机地结合起来。

三、叙事性作品及其教学

叙事性作品，顾名思义就是一种以叙事为主的文学作品。小学语文教材中的童话、寓言、小说、散文、故事等都属于叙事性作品。阅读叙事性作品，可以培养学生对文学作品的鉴赏能力，提高学生感受形象、体验情感、品味语言的水平。

叙事性作品主要是通过对生活事件的叙述和对具体环境的描绘来塑造人物形象的。它最突出的特点就是“以事感人，以情动人”。所以情节是叙事性作品内容的主要构成要素。它是指叙事性作品中表现人物之间相互关系的一系列生活事件的发展过程。当然，这个发展过程离不开场景、人物和细节。

所谓场景，就是叙事作品中具体描写的人物活动的场所。我们知道，作品中的人物总要生活在一定的社会环境和自然环境当中，同时也生活在具体的生活场景当中。因此，任何一部叙事性作品在叙述故事时必须有场景，有了场景，人物才有活动的空间，故事才能得以向前发展。如《把我的心脏带回祖国》就描述了这样四个场景：“被迫离开”“师友送别”“忘我创作”“临终请求”。课文用爱国之情这条主线将这些场景串联起来，巧妙地构成了错落跌宕的叙事结构，自然地展开了曲折动人的故事情节，集中地反映了肖邦身处异乡、眷爱祖国的强烈心声，产生了“红线串珠，历历在目”的艺术效果，有力地拨动着人们的心弦。

人物是情节得以发生发展的动力。同场景相比，人物在作品中的作用是第一位的。因为社会历史本由人的活动构成，人在现实生活中的地位决定了他在叙事性作品中的地位。所以，叙事性作品总是把人物形象的刻画摆在中心位置，使事件的叙述和场景的描写为塑造人物形象服务。比如《钱学森》叙述了我国著名的科学家钱学森在美国时，一刻也没有忘记祖国，以及他回国后为我国运载火箭和导弹的研制、发射作出了卓越贡献。所有的这些内容都是为塑造钱学森的爱国形象服务的，尤其是文章中那些描写人物的精彩语言，感情炽烈，对比强烈，生动形象，让人真切地感受到了钱学森那颗火热的拳拳报国之心。

细节是指叙事性作品中的那些细微而又具体的典型情节。细节具体渗透在对人物、事件或场景的描写之中，它往往是用极其精彩、细腻的笔墨将人物的真善美和假丑恶和盘托出。如《一夜的工作》中有这样一段描写：

他一句一句地审阅，看完一句就用铅笔在那一句后面画一个小圆圈。他不是普通的浏览，而是一边看一边在思索，有时停笔想一想，有时还问我一两句。

细微之处见真情。这段细节描写生动传神，“审阅、画、看、思索、停、想、问”这些看似很普通的字眼儿，却非常准确地表现了周总理深夜审阅文件时认真、仔细、重视、谦恭的态度。可以说，这些细节描写凸显了周总理与众不同的品格，缺少了它们，文章自然就会变得暗淡无光，周总理的形象也就难以鲜活起来。难怪作家李准会说：“没有细节就不可能有艺术作品。真实的细节描写是塑造人物、达到典型化的重要手段。”

《课程标准》对叙事性作品的教学提出了具体而明确的要求。在第一学段的阅读目标中提出：“阅读浅近的童话、寓言、故事，向往美好的情境，关心自然和生命，对感兴趣的人物和事件有自己的感受和想法，并乐于与人交流。”在第二学段的阅读目标中指出：“能复述叙事性作品的大意，初步感受作品中生动的形象和优美的语言，关心作品中人物的命运和喜怒哀乐，与他人交流自己的阅读感受。”在第三学段的阅读目标中指出：“阅读叙事性作品，了解事件梗概，能简单描述自己印象最深的场景、人物、细节，说出自己的喜欢、憎恶、崇敬、向往、同情等感受。”因此，教学时，教师需要引导学生经历以下的阅读过程。

1. 观其貌

刘勰在《文心雕龙》中提出了“观文入情”“瞻言见貌”的观点。这里的“观”“瞻”，表示的是在文本读解的初始阶段读者对文本进行审美感知的心理活动。在阅读时，读者只有首先接触文本的语言文字，感知文本的外观形式，才能由“观文”而“入情”，因“瞻言”而“见貌”，最终把握文本外观形式所蕴涵的内在情趣和韵致。这里化用先贤的观点，姑且把阅读叙事性作品的第一个过程称为“观其貌”。所谓的“观其貌”，就是让学生直面文本，与文本进行对话，凭借自己的心智和阅读经验对文本中的主要人物、故事情节、叙事结构等进行审美感知和初步把握。由于叙事性作品是以语言作为媒介来塑造形象的，因此在感知文本的时候，还得依靠学生发挥想象和联想的心理功能，将文本的语言符号转化为内心的视觉形象，从而对文本进行间接的审美感知。请看《郑成功》教学片段。

师：说说你们自己通过阅读课文，对郑成功这个人有了哪些了解？

生：我知道郑成功是民族英雄，他收复了宝岛台湾。

生：我知道郑成功有一颗强烈的爱国、爱民之心，他不仅收复了台湾，还建设了台湾，受到台湾人民的拥戴。

（师相机板书：民族英雄、收复台湾、建设台湾）

师：这节课，我们将阅读课文的前半部分，一同走进郑成功收复台湾的历史画卷中。请同学们自由朗读3～6自然段，想象郑成功收复台湾前后的画面。

（生读文、圈画）

师：你们看到了哪几幅画面？

生：我的眼前出现了郑成功眺望宝岛的画面和郑成功率兵浩浩荡荡出征的画面。

生：我的眼前还出现了郑军官兵勇猛杀敌的战斗场面。

生：我还看到了台湾人民热烈欢迎郑成功军队的画面。

（师相机板书：眺望、出征、战斗、欢迎）

从这个教学片段中不难发现，由于教师把握住了叙事性作品的特点，精心设问，巧妙引导，调动学生运用多种感官积极主动地去触摸文本的语言，与文本进行广泛的对话，从而把文本中的那些凝固的文字转化成了生动鲜活的画面复现在学生的脑海之中。

2. 寻其味

任何一篇叙事性作品在语言文字的背后都会蕴藏着深远悠长的情趣和意蕴。所以，在阅读时绝不能只在文本的表层徜徉，而要把审美的触角进一步向文本的深处延伸。这就要进入阅读叙事性作品的第二个过程——我们把它称之为“寻其味”阶段。所谓的“寻其味”，就是让学生潜心会文，自然涵咏于文本语言所描述的情境之中，用心体味、捕捉和追寻文本的情趣和意蕴。这是一个学生与文本反复耦合的心理过程。在这个过程中，需要学生调动和发挥自己那稳定的注意力、丰富的想象力和敏锐的洞察力，咀嚼玩味，反复吟咏文本的语言，以求得对文本深层意蕴的把握。这里，不妨看看《郑成功》教学片段。

师（出示幻灯）：请同学们看图画，郑成功眺望到了什么？

生1：郑成功眺望到了大海。

生2：郑成功眺望到了宝岛台湾。

师：同学们，厦门和台湾之间隔着一百多公里的台湾海峡，郑成功虽然看不见台湾，但他的心一直牵挂着台湾。我们来读读他说的话。

（出示句子：郑成功慷慨激昂地说：“台湾自古以来就是中国的领土，绝不允许侵略者横行霸道。我们一定要收复祖国的宝岛台湾！”）

师：谁来读郑成功说的话？

（一生读郑成功说的话）

师：再用心读读郑成功说的这番话，想想你们从中体会到了什么。

生1：我从“绝不允许”这个词语当中体会到郑成功痛恨荷兰侵略者，热爱宝岛台湾。

师：说体会就应该这样，抓住关键词语来说！

生2：我从“一定要”这个词语当中感受到郑成功收复台湾的决心很大，信心很足。

生3：从“慷慨激昂”这个词语中，我体会到郑成功充满强烈的爱祖国、爱宝岛的激情。

师：请你们联系上下文想一想，郑成功为什么会这样呢？

生：因为荷兰侵略者强占了台湾，残酷地奴役台湾同胞。

师：是呀，荷兰侵略者强占了台湾，实行强制统治，把大批中国人抓到南洋当苦力，把土地占为己有，强迫人民缴纳各种租税，还大肆掠夺台湾的大米、甘蔗等物产。台湾各族人民每年的辛苦所得，都变成了白花花的银子，一船船地运往荷兰。同学们，这些就是文中“残酷奴役”的具体含义啊！想到台湾人民深受着的残酷奴役，郑成功是怎么说的，谁来朗读？

（生声情并茂地朗读）

从这个寻“味”的教学片段中，我们可以感受到教师对文本的理解是深刻的，教学设计是充满睿智的。我们欣喜地看到学生在老师的引领下，触摸到了文本的脉搏，寻求到了文本的意味，尤其是教师那适时精当的背景资料的引入，更激起了学生对荷兰侵略者的痛恨，使学生的心与郑成功的心交融在了一起。如此引导学生“寻其味”，富有追问和探寻的情趣和韵味，也是对“观其貌”的发展和深化。

3. 悟其道

这是阅读叙事性作品的第三个过程。所谓的“悟其道”，就是学生在揣摩体会文本的过程中，自己的心灵与文本所传达的内在生命结构之间产生了深层次的契合，从而进入了一种豁然开朗、心领神会、赏心怡情的境界。它是一种瞬间的顿悟，学生在这一瞬间不仅体味、捕捉到了文本微妙至深的情趣和意蕴，而且实现了对文本“最高灵境”即“道”的把握。这个“道”既包含人文性层面的东西，又包含工具性层面的东西。从人文性的层面来看，这个“道”是指文章所要传达的一种生命意义，这种生命意义的获得，可以使学生的精神得到陶冶，灵魂得到净化；从工具性的层面来看，这个“道”是指文章基本的表达方法，这些表达方法的获得，可以使学生的语感经验变得丰富，言语智慧变得灵动。下面，再来欣赏《郑成功》的教学片段。

师：刚才我们走进了课文，品味了语言，对民族英雄郑成功有了深刻的认识，现在我们再来读读文章的课题，深情地呼唤“郑成功”这个名字。

生（读）：郑成功！

师：再次朗读这个课题，你们的心中涌起了怎样的情感？

生1：我心中涌起的是一种自豪，因为民族英雄郑成功太伟大了，我为我们中华民族有这样的爱国、爱民的民族英雄而感到自豪！

生2：我心中涌起的是一种激动，因为我再次朗读这个课题，强烈地感受到“郑成功”已经变成了我们中华民族不屈精神的化身，他像一尊雕塑矗立在我的眼前，怎能不让我激动呢！

生3：此时此刻我心中有许多感情交织在一起，既骄傲，又激动，但更多的是一种责任，因为郑成功收复的台湾目前还没有回到祖国的怀抱！

师：是的，郑成功的高大形象已经变成了一座丰碑留在了我们的脑海里。那么，郑成功的形象为什么能如此清晰地展现在我们的面前呢？这得要感谢作者，因为是作者用语言文字栩栩如生地刻画了郑成功的形象。请大家再浏览一下课文，体会作者怎样来写郑成功的。

（生答略）

从这个教学片段中，我们可以看出教师在引导学生“悟其道”的时候，方法巧妙，由于这是在学生潜心会文基础上设置的环节，所以学生就能水到渠成地悟出“道”。学生悟出的这个“道”，好似醍醐灌顶，滋润着学生的言语世界和心灵世界。

“观其貌”“寻其味”“悟其道”这三个阶段是一个引领学生走进文本、探寻文本真谛的过程，是一个由文本外部向文本内部、由浅层感知向深层领悟逐步深入的递进过程。

语文教学，为谁聪慧为谁甜

最近，在一次语文教研活动中，我听了一位青年教师执教的李清照的《如梦令·常记溪亭日暮》。针对这首只有 33 个字的词，教师在课堂上依次给学生讲解了“词与词牌名”“李清照与如梦令”“词的意思与意境”“历代文人评价”，还拓展阅读了李清照的另一首词《如梦令·昨夜雨疏风骤》。课堂上，教师引经据典，纵横捭阖，上牵下联，一个劲儿地把学生往文本深处拽，向文本之外漫溯，展现出教师较为深厚的文化底蕴。课堂容量相当“饱满”，然而，效果却是“剃头挑子——一头热”：学生一脸茫然，如坠云雾之中。

在接下来的研讨当中，教师说了自己的教学构想。他说，他试图把这节课上成有密度、深度与广度的阅读课，以体现当前小学语文教学改革的趋势。为了体现这一理念，他对文本作了深入研读。从这首 33 字的《如梦令》中，他读出了一种独具特色的文学体裁——词；读出了一位才华横溢的旷世奇女——婉约词人李清照；读出了少女时代充满美好记忆的一段人生际遇；也读出了一条闪烁着熠熠波光的文学评价长河。他觉得，只有如此解读文本，才能充实丰富文本的文化内涵，提升文本的“含金量”。在这个基础上开展的教学活动，就不单纯是一首词的教学，而是一次氤氲着文化气息的洗礼。

教师的这番构想，乍听起来似乎不无道理，但仔细斟酌，便会发现这些构想有失偏颇。其实，这样的构想忽略了语文教学最基本的一些要素，致使语文教学主体缺席。这样的语文课也引发了我对当下小学语文教学若干问题的些许思考。

一、语文教学的起点在哪里

从上述案例中，不难看出，教师是以成人的眼光对文本进行深挖细掘的，缺乏用儿童的视角和眼光来审视文本。如此挖掘，使得文本饱胀起来，教学内容臃肿起来。殊不知，如此教学，恰恰忽略了一个最本质的问题，这就是语文到底是为谁而教？它的起点到底在哪里？难道这样有密度、深度与广度的阅读课，是合乎学生的认知规律，学生能够承受得了的吗？难道为了追求所谓的有密度、深度与广度，教学就可以脱离儿童的思想实际，天马行空，生拉硬拽吗？试想，“词”有千余年的历史，它博大精深，一堂课岂能讲得清楚？小学生毕竟还是孩童，知识储备有限，在一堂课中，关于“词”该说什么，不该说什么，这是需要教师站在学生的角度、站在课程的角度进行有效选择的。因为这堂课毕竟是引领学生来读词，是让学生用自己的心智感悟这首词的精妙，而不是教师读词，显示自己的才智。李清照，一代才女，婉约词风的杰出代表，《如梦令》的教学中关于她的人与词，该说多少，说到什么程度，同样也是要站在学生的角度、站在教学的角度加以取舍的。因为这堂课毕竟是阅读这一首词，而不是认识李清照这个人以及她的全部的词。语文课，尤其是高年级的语文课当然需要有密度、深度和广度，但这必须基于学生的实际，让学生易于接受，且能又快又好地促进学生语文素养的形成与发展。

总之，学生是语文学习的主人，研究学生，及时了解学生的心理需求才是教学工作的起点。这就意味着语文教学应从学生的实际出发，以学生的发展为本，科学地进行学情分析，然后在此基础上处理教材，整合资源，切实地把教材中的那些能够让学生理解和接受的语文元素挖掘出来，如，需要理解的词句，需要积累的语言，需要揣摩的写法，等等，力求使课堂教学能够深入浅出、简洁高效，符合儿童的认识规律，调动每一位学生学习语文的兴趣，让有效的语文学习能够发生在每一位学生的身上。

1. 把握规律，施力本原

学习语文要合乎语文自身的规律，在本原上施力，这样才能使学生在学习语文的过程中获得言语智慧的滋养和人文精神的熏陶。为此，教师应在充分把握母语学习规律的基础上，用儿童的视角对教学内容进行合理的取舍和科学的预测：语言文字学习的核心点在哪里？学生的兴趣点在哪里？学习的重点是什么？难点会在哪里？疑点或盲点又会在哪里？学生会喜欢怎么学？怎样为学生营造自由而宽松的学习氛围？……教学前，教师如果能够针对这些问题展开思考，就可以增强教学的针对性和科学性，提高教学的有效性。

2. 关注基础，定准基点

语文学习是一个不断累积、循序渐进的过程。事实上，在学习一篇课文之前，学生对课文的内容并非是一无所知的，其中的一些知识点，有些学生可能已经掌握了。如果教师在教学中忽略了这一点，不仅会浪费学生的宝贵时间，还会使学生丧失学习的兴趣。故而，教师在学情分析的时候，要注意关注学生已有的基础，找准起跳的基点，切实地让学生能够从这个基点跃到一个新的台阶和层次。换言之，就是教师要弄清楚课文中哪些东西学生已经会了，已经会的，课堂上就不要去教了；哪些东西学生自己能够学得会，自己能学会的，课堂上就放手让学生自己去学；哪些东西教了学生也学不会，课堂上也就不必去教了。这样，教师就能够找准教学的基点，定准教学的生长点，最大限度地调动学生的学习兴趣，促进学生更好地发展，而不至于去做些低估学生、浪费资源抑或“揠苗助长”的蠢事。

3. 正视差异，因材施教

课堂教学应该在面向全体的基础上关注个体，因材施教，让每位学生都能够获得生动活泼的发展。因而，在学情分析的时候，教师还要注意思量：如何针对不同层次的学生提出不同的学习要求？不同的要求是什么？在这些要求中，哪些是基础性的要求？哪些是发展性的要求？达到这些要求需要采取哪些有效的教学策略？在实施的过程中，有哪些学生需要特别关注？这些问题能够帮助教师去研究学生，正视差异，关注发展，确保不让一个学生掉队。

4. 放眼未来，授之以渔

教育不只是着眼于学生的现在，更要着眼于学生的未来，让学生拥有自能学习的本领和终身学习的习惯。这就意味着教师要站在育人的高度来关注学生的未来发展，为学生的后续学习创造条件，积累经验。因此，在学情分析的时候，教师还得考虑为学生的后续学习准备些什么，怎样才能确保让学生能够“得法于课内，得益于课外”，蓄积终身发展的能量。

二、语文教学的生长点如何找寻

课堂是学生的知识和灵性生长的地方，课堂教学当然需要有精当而明确的目标来引领。课堂只有有了具体而明确的教学目标，才能够克服教学的盲目性和随意性，确保让学生在课堂上都能有所收获，有所长进。这恰如布卢姆所言："有效的教学始于准确地知道希望达到的目标。"从上述案例可以发现，教者在确立教学目标的时候忽略了《课程标准》的规定性，不顾学生的实际，人为拔高，无度延展，以所谓的"个性化"理解和有密度、深度以及广度的阅读为追求目标，冲击和替代了基础性目标的落实，这无疑是有失偏颇的。

其实，教学目标的制定，应该建立在对课程目标、教材价值和学生实际的整体研究与综合把握的基础之上。我以为，只有这样，制定出来的语文教学目标，才是属于课程的语文，而非个人的语文，也只有这样去设定语文教学的目标，才能旨归于"人的发展"这个教育的终极目标。

1. 课程目标：教学目标制定之"法"

《课程标准》是国家颁布的，体现出国家对语文这门学科的最基本的教学要求和价值取向，拥有"法"的地位。语文课程目标从语文学科的角度规定了人才培养的具体规格和质量要求，分为总目标和阶段目标，并从"知识与能力、过程与方法、情感态度和价值观"3个维度及"识字与写字、阅读、写作、口语交际、综合性学习"5个方面将课程目标体系化、具体化。这是语文教学长远的方向性目标，是教师依法施教的准则，也是教师制定具体教学目标的凭借与依据。因此，教师首先要潜心研究《课程标准》，切实把握"课标"中相关的目标和要求，并能够有效地落实在一篇篇课文教学过程当中；其次，要统筹考虑、有效整合制定的目标，不能只局限于学生认知方面的发展，更要考虑学生的情感需要、个性发展，把三维目标有机地统一起来，促进学生语文素养的全面提升。当然，语文课程总目标与阶段目标中的关键概念的内涵、外延，需要教师作深入的研究，使之成为可以把握与测评的教学目标。

2. 教材价值：教学目标制定之"核"

教材价值从实质上规定了一篇课文的教学内容与教学目标。它是教师在深入研读课文的基础上，对课文的阅读价值和教学价值的一种发掘。阅读价值，是指课文的思想内容对读者产生的精神影响、价值引导等，体现语文的人文性。教学价值，则是指课文的言语表达形式对学生积累语言材料、习得言语规律、发展语文能力、获得言语智慧等方面的促进作用，体现语文的工具性。阅读价值与教学价值的发掘应该寻求一种平衡，不能顾此失彼，过于挖掘课文的人文内涵，而忽略言语表达形式，就会使课堂教学“掉入内容的窠臼”，从而失去语文的本真；过于关注课文的言语表达形式，而忽略其蕴涵的人文精神，就会使课堂教学步入文字游戏的尴尬境地，语文就会因失去灵魂而暗淡无光。当然，发掘教材的价值，需要教师具备相关的学科知识及语文教学的智慧，需要教师能够从思想内容、言语形式、学习方法等角度来审视教材，处理教材，科学合理地设置教学目标。

3. 学生发展：教学目标制定之“本”

促进学生的和谐发展，全面提升学生的语文素养，是语文教学的价值追寻，也是教学目标的根本旨归。事实上，只有契合学生的“最近发展区”的教学目标，才能够最大限度地促进学生的发展。如果教学目标过高，就会造成教学中的“越位”，强人所难，让学生望而生畏；假如教学目标过低，便会造成教学中的“滞后”，简单重复，浪费时间。这就要求教师在设置教学目标的时候，应该目中有人，让教学目标能够切近学生的实际，使得课堂教学能够最大限度地促进每一位学生的发展。这里，需要强调的是，教学目标的制定，要能够体现“下要保底，上不封顶”的原则，做到既要保住基础知识和基本能力得以落实的底线，又要考虑在落实“双基”的过程中有所提高，真正做到使每位学生通过学习都能有所收获，有所发展。

如果从以上几个方面来考虑，我们便会发现，对于六年级的学生来说，学习《如梦令》这首词的主要目标应该是如下三条：

（1）正确、流利、有感情地朗读课文，背诵课文，并通过诵读，体会词的节奏特点；

（2）参考文中注释、插图以及课外补充资料，正确理解词的大概意思；

（3）凭借词中描写的景物，想象美好的画面，初步体会词的意境之美，能把自己想象的景象写出来。

这几条教学目标，既合乎课标的要求，又体现文本的特点；既有学生在课堂学习中的行为目标，又有学生在课堂学习后的发展目标；既可以把握与检测，也可以组织和实施。学生在这样明确而又集中的教学目标的引领下，能够轻松愉悦地学习语文，享受语文，收获成功。

在制定教学目标的时候，只要我们心中有“课标”，脑中有课文，眼中有学生，我们就能找准语文教学的生长点，设置精当的目标，引领学生到课文中寻幽探秘，习得语言，滋生智慧。这样的语文课堂，才会具有强烈的课程意识、语文意识和服务意识。

三、语文的核心价值如何彰显

从上述案例，不难看出，教师对“语文是什么?”“语文教学干什么?”这些本原性问题认识不够清晰，导致了语文核心价值的偏离和游走。“语文是什么?”就小学而言，我们可以回答说：语文就是语言文字的理解、积累与运用。听说读写是语文，字词句篇是语文，思悟辨赏是语文。“语文教学干什么?”就小学而言，我们可以回答说：语文教学就是以课文为例子，创设一定的情境，引导学生正确地理解、积累与运用语言文字，全面提升学生的言语智慧。俗话说，大道至简。语文教学亦应如此！语文教学理应在纯粹的语文元素中行进，要立足语文教语文。只有这样的课堂，才是“基于语文，更为了语文”的语文教学。

其实，在基础教育中，语文课程区别于其他所有课程的特质就在于它以培养学生正确理解和运用祖国语言文字为根本宗旨。诚如《课程标准》中所强调的那样：“语文课程是一门学习语言文字运用的综合性、实践性课程。义务教育阶段的语文课程，应使学生初步学会运用祖国语言文字进行交流沟通，吸收古今中外优秀文化，提高思想文化修养，促进自身精神成长。”

彰显语文的核心价值，就意味着语文教学要关注语言文字本身的物质存在，要着眼于从一个个标点、一个个词语、一个个句子开始构建或更新学生的语言世界和精神世界。这也就意味着教师在教学前要对文本的内容进行合理的优化处理。我认为，对教学内容的优化组合，以下两点显得尤为重要。

1. 精当取舍：提取文本的语文元素

课文是教学内容的载体，教学内容隐藏在课文之中。因此，对课本中语言信息的取舍一定要精当，既要体现语文自身的特点，又要保证语言文字训练的科学有效性。具体地说，就是要依据课标的要求，结合课文的特点及课后的思考提示，并站在学生的角度，对文本的语言来一番“虚心涵泳、切己体察”，找准本课的语言文字训练的重点。如果教学内容比较精当，瞄准了课文的重点、训练的难点、学生的疑点、语言发展的生长点，就可以在一定程度上避免教学内容的“泛化”和“不确定化”，做到“该教该学的，就教就学；不该教不该学的，就不教不学”。比如，教学《如梦令》这篇课文，就应该把理解词的大概意思及通过诵读来体会词的美好意境和节奏特点作为本课的主要教学内容。

2. 适度延伸：拓展学生的语文视野

我觉得，对教材中语言信息的拓展，应以学生的认知需求和原有认知结构为出发点，以课文为信息之源，恰当地引入与课文相关联的信息，从而为学生学习知识、培养能力、体验情感架设桥梁，使他们的认知结构得以发展和完善。如《如梦令》这首词，课前可以让学生去了解李清照并搜集李清照的词。教学时，让学生通过反复诵读来充分体会这首词的意境和情愫，走进词人的心灵世界。在此基础上，再拓展阅读李清照的另一首词《如梦令·昨夜雨疏风骤》，让学生在诵读、比较中进一步感悟婉约词的特点。这样的拓展，学一篇带一篇，使得语文课由平面走向立体，由封闭走向开放，从而激发了学生学习语文的浓厚兴趣，拓展了学生的视野，其间充盈着浓浓语文味。

彰显语文的核心价值，意味着语文教学要化繁就简，以简驭繁，切实地把语文植入语文的土壤之中，真正地让学生在语文实践中正确地理解、积累和运用祖国的语言文字。

1. 融会贯通：在语文实践中理解语言

语言的学习与掌握，应该从对语言的理解开始。就某一词句而言，学生只有准确地理解了它所表达的意思及表达的方式，才能在头脑中留下深刻的印象。所以，理解是语言内化的前提和基础。因此，教师要能够抓住语言文字这个核心点，为学生营造触摸语言、感悟语言的语文实践场，授之以渔，着力培养学生用多种方法理解语言的能力。比如，教给学生理解词语的一些最基本的方法，让学生在实践中尝试运用这些方法来理解词语的意思，感悟词语的生动性、形象性和准确性，避免望文生义。

通常情况下，对文本语言的理解有两个层面：其一，是对语义的理解，即对语言文字所表达的思想内容的理解；其二，是对语用的理解，即对语言文字表达形式的理解。这就意味着教师在教学生理解文本语言的时候，既要注意引导学生去理解文章的思想内容，又要注意引导学生去揣摩文章的表达方式，切实地让学生在理解思想内容和揣摩表达形式的过程中，感受语言的魅力，把握母语的规律，提高理解祖国语言文字的能力。

2. 胸藏万汇：在语文实践中积累语言

语言训练的主要目的在于用有效的方法将课文中丰富的语言材料内化、贮存于学生的语言仓库里，这样一旦有了需要，学生就能够随时从自己的语言仓库中调取出所需的语言信息。学生语言仓库中的语言材料越丰厚，调取就会越方便和迅速。因此，丰富学生的语言积累，培植学生的语感是语文教学的重要任务。王尚文先生说过："语文教学要提高学生的语感素质，使之不断广化、深化、美化、敏化，就必须通过规范的美的课文言语形式，不断修正、丰富学生的语感图式，锲而不舍地去雕琢学生的语感。"这就意味着教师在语文教学的时候，要能够立足文本，让学生多读多背规范的美的语言，从读背中扩大识字量，从读背中品味词语的语境义，从读背中体悟句子的意外意，从读背中揣摩和掂量语言的情味感和分寸感，从读背中体会选材的匠心，从读背中领悟行文的真谛，从读背中汲取人文的养料。

3. 学以致用：在语文实践中运用语言

《课程标准》指出："语文课程致力于培养学生的语言文字运用能力，提升学生的综合素养。"事实上，教师帮助学生理解语言、积累语言的最终目的是让学生学以致用，能够把积累的语言转化为自己的语言，表达自己的真情实感。试想，一个小学生如果学习了 6 年的母语，最终还是话说不明，文写不通，那就是语文教学的失败和悲哀。故而，语文教学要站在写作的角度来指导学生阅读，关注文本的言语形式，让学生在阅读中学会写作。具体地说，教师要善于从文本中精选那些能够促进读写迁移的训练点，让学生把在课文中习得的表情达意的方法与技巧，迁移运用到写作当中，切实地训练和提高学生的表达能力。

彰显语文的核心价值，这是语文学科的性质使然，是语文本质的一种回归，也是素质教育的一种召唤。我以为，语文教学只有彰显了语文的核心价值，语文才能真正地成为学生生命世界的一方绿洲，言语世界的一片蓝天，心灵世界的一股甘泉。

四、有效的语文学习经历如何创设

我总觉得，语文课上教师应站在学生那一边，把课堂留给学生，最大限度地调动学生的主动性和创造性，展示学生的才情和智慧，决不能站在自己这一边，把课堂当成秀自己的一个舞台。上述案例，教者就是站在了自己这一边，尽情地展示自己的风采，而把学生推向了边缘。这种喧宾夺主的做法，导致教与学的失衡，教师激情飞扬，学生却是一头雾水。其实，课堂是学生学习的主阵地，更是他们生长灵性的地方。课堂教学需要寻求一种平衡，这种平衡应该是以学生为本体的，是以教材为凭借的，是一种能够使课堂和谐而有序地流动起来的平衡。有了这种平衡，教师的“教”与学生的“学”才能够有效地互动起来；有了这种平衡，教师才会在课堂上致力于为学生创设一种有效的学习语文的情境，引领学生亲历言语实践的过程，学语习文，得言得意。

窃以为，对于学生来说，有效的学习经历应该具有以下一些要义。

1. 自由：给心灵松绑

自由是一种无拘无束，是一种酣畅淋漓，是一种心灵的放飞，是一种思想的漫步。有效的学习经历需要在一种自由的氛围中进行，这种氛围的营造，需要教师在课堂上对学生少一些规矩的约束，多一些心灵的放飞；少一些强制的指令，多一些自主的选择；少一些知识的灌输，多一些方法的引导。要尊重和信任学生的精神世界，更要善待学生的张扬个性，容许学生“插嘴”，呵护他们稚嫩的思想，宽容他们的错误。课堂上，学生一旦拥有了这种心灵的情态自由，他们就会轻松愉悦地投入语文学习的过程当中来，他们的情感和智慧也就会在文本的天地里翱翔起来，他们也会给教师带来一种意想不到的惊喜。当然，这种自由是学生思想和想象的活跃，而不是身体的乱动和注意力的游走。

2. 思想：给思维施压

思想是过程，是文本向学生发出邀约后的一种思维的过程；思想是方法，是学生摆脱文本邀约给自己带来压力的一种思维的方法；思想是见解，是学生运用自己的心力去思考后的一种思维的结果。有效的学习经历需要思想的积极参与。有了思想参与的语文课，才能够开启学生的心智，才能使学生通过自己的思考，潜心会文，熟读精思，产生思想。课堂上，要想让学生有思想、会思想，首先，要给学生以充分的“沉浸浓郁，含英咀华”的静思默想的时间，让学生自主阅读，自主探究，自主发现；其次，要为学生创设一个开放的且能自由表达的空间，让学生大胆地把自己的思想倾吐出来，要鼓励学生“争论”，更要鼓励学生有创意地表达自己的思想。

3. 成长：给生命给养

有效的语文学习经历应该关注学生的生命成长，积极地为他们语文素养的提升创造条件，使得他们的语言在读书的过程中变得丰厚起来，情感在探究的过程中变得丰富起来，思想在碰撞的过程中变得深邃起来，智慧在对话的过程中变得灵动起来。

对于课堂状态来说，有效的语文学习经历，呈现出来的应该是一种“简约而不简单”的教学境界。首先，教学过程应是实在的。课堂所展现的是一种真真实实地引导学生学习母语的过程，一种朴朴实实地引领学生潜心会文的过程，一种平平实实地启发学生对话交流的过程，一种扎扎实实地进行双基训练的过程。其次，教学内容应是有深度的。学生对文本语言的学习不是走马观花，浅尝辄止，而是要驻足凝视，探秘寻幽，既要理解文本的表现内容，又要揣摩文本的表达形式。第三，课堂气氛应是有温度的。学生兴致盎然地读书交流，教师满腔热情地启发点拨，师生关系融洽，教学互动和谐，思想火花迸发。

对于教学方式来说，有效的语文学习经历，需要关注语文自身的特点，采用语文的方式来教学生学习语文。采用语文的方式教语文，是语文自身的一种召唤，是语文本体的一种回归。语文的方式是什么？简单地说，就是“读”“思”“品”“悟”“议”“说”“写”。这些方式虽然古朴，但依然鲜活而不过时。关键是教师能否合理有效地运用这些方式来帮助学生“潜心会文”，进行扎实的语文学习。比如，教学《如梦令》时，就可以采用诵读的方式，通过多种形式的读，让学生在读中理解，在读中想象，在读中感悟，感受词的优美意境，体会词的美好韵致，感悟词人的生活情趣。这样的教学，手段简便，但语文味道十足，听说读写都得到了有效的训练。

我觉得，为学生创设有效的语文学习经历，教师还得关注以下一些问题。

1. 自主探究：有效学习经历的核心

语文学习的过程是一个习得的过程，是学生通过自己的虚心涵泳、切己体察而获得言语智慧的过程。这个过程是教师无法替代的，也不是只通过教师的教授就能达到的。有效的语文学习经历不是教师故作玄虚的卖弄抑或滔滔不绝的讲述，而是强调以学生为主体，强调尊重学生学习的自主权和选择权，强调让学生在语文实践活动中，依据文本，并凭借自己已有的生活阅历和知识经验，去自读自悟，去探索发现文本的蕴蓄，从而实现与文本的深度对话。所以，自主探究是有效的语文学习经历的核心环节，因为自主探究中就有着思维的培育、语感的积淀、发现的顿悟、创新的火花和智慧的滋长。

2. 话题感召：有效学习经历的关键

语文学习要从驱动学生学习需要、激发学生学习兴趣出发，而话题感召就是一个切实可行、扎实有效的办法。它对于学生而言，不仅有助于他们形成学习期待，激发和保持对文本的直接动机和兴趣，还为自己树立起了具体的学习路标；对于教师而言，能够在教师教与学生学之间架起一条绿色通道并由此展开教学流程。为学生创设有效的语文学习经历，教师要善于将课文内容转化为话题，即结合文本内容和现实生活为学生创设一个开放的、富有意义的问题情境，把无休止的课堂提问转变为在话题驱动下的适度追问。因为学生深入地读书、深入地理解课文是从问题开始的，创设有效的问题情境能够调动学生的积极性，而适度追问则有利于把学生的思维引向文本的深处。这里需要强调的是，在教学时，教师要善于抓住思想内容与语言表达的结合点，建构出能够"牵一发而动全身"的话题，切实地让话题召唤着学生到文本中走个来回，理解语言，揣摩表达，迁移运用。

3. 启发引导：有效学习经历的保证

语文教学既要重视学生的主体地位，又要注意发挥教师的主导作用，更要注重教法与学法的最优结合和无缝对接，保证教与学的有效转换。这样才能在传授知识的同时，把学习的方法教给学生，最大限度地提高学生的语文能力，从而走向"教是为了达到不需要教"的境界。有效学习的经历需要一种充满睿智的引导。引导是一种真诚的帮助：学生学习目标的确立，学习资源的开发，学习方式的选择，学习氛围的营造，学习结果的评价以及自我潜能的发现，都需要教师的真诚帮助。引导是一种精当的启迪：学生学习遇到困惑之时，给予适切的点拨，让学生自己去感悟以化解困惑；学生学习浮于表面之时，给予适当的提示，让学生自己去思考以提升认识。引导还是一种热情的激励：激发学生的学习热情，唤起学生的精神动力，诱发学生的生命活力。可以说，小学语文教学，须臾离不可教师的指导。

把课堂还给学生，为学生创设有效的语文学习经历，促进学生生动活泼的成长，这是语文教学的当然境界，更是语文教学的必然追求。

清简，语文教学的美丽诉求

有这样一个故事：一位哲人把小孩、物理学家、数学家同时请到一个密闭的房间里。昏暗中，哲人吩咐他们："请你们用最廉价又最能使自己快乐的方法，尽快把这房间装满东西。"物理学家马上伏在桌上开始画这个房间的结构图，然后埋头分析这个季节哪里是光照最佳的方位，在哪堵墙哪个位置开扇窗最合适。草图画了一大堆，绞尽脑汁的物理学家还是不能确定在哪堵墙上开窗，他陷入了深深的苦恼中。而数学家连忙找来卷尺丈量墙的长度和高度，之后伏案计算这间房的面积，又在苦苦思索能用什么最廉价的东西恰到好处地把房间迅速填满。只有那个小孩不慌不忙，他找来一根蜡烛，从口袋里掏出火柴点亮它——昏暗的房间一下子明亮了。在物理学家和数学家还皱着眉头设计种种方案时，小孩已经在屋里围着摇曳的烛光幸福地跳舞和歌唱了。物理学家和数学家看着盛满烛光的小屋，看着那个不费吹灰之力就简简单单获胜的小男孩，不禁面面相觑……

多么睿智的孩子啊！他竟然不费吹灰之力就获得了胜利，这使得物理学家和数学家感到汗颜。小孩所采用的这种方法是简单的，廉价的。然而，这种简单的方法带来的结果却是不简单的——烛光摇曳，满屋光辉，既显温馨，又很浪漫，让人感到无比快乐……这个耐人寻味的故事不禁引发了我对当前语文教学的些许思考。

这些年，在新课程理念的引领下，语文教学有了不少可喜的变化，学生学习主动了，课堂气氛活跃了，语文课已不再是单调乏味的字、词、句、段的训练，而是给予了学生丰富多彩的人文关怀。但是，静心思忖，我们又发现原本比较简单，能使学生感到快乐的语文教学，现在似乎变得越来越花哨，越来越复杂了，而学生那种单纯的快乐却没因为形式的花哨而有所增加。有些语文教师就像故事中的物理学家和数学家那样，认为具有工具性和人文性相统一的语文，教起来并不是那么简单的，应该教得美轮美奂，应该教得诗情画意，这样才能让学生真正感受到语文的魅力。于是，在语文课堂上，我们时常看到那种游离文本、天马行空的花拳绣腿或众声喧哗、异口同声的热闹场面，却难见学生潜心揣摩文本的静思默想，更难见教师扎扎实实地对学生进行语言文字的训练。这些表面的繁杂与忙乱，遮蔽了语文的本质，虚化了语文的学习，也掩饰了语文教学理念的苍白。人们常说："大道至简，大巧似拙。"其实，我们的语文教学就应该如同故事中的哲人说的那样，应努力去寻求一种最廉价又最能使人快乐的方法，让学生通过语文的学习，尽快地使自己的言语世界和心灵世界变得丰富起来。我们应该像故事中的小孩那样对待语文教学，能够运用简单的方法来获得不简单的结果。唯有如此，我们才能够引领学生幸福地行走在"简单"与"不简单"之间，触摸语文，品味语言，滋生智慧，提升素养，快乐成长。

一、教学目标简明

老子说过："少则得，多则惑。"课堂40分钟是一个常数，如果目标太多，那么每个目标所分配的时间就少，结果是那个目标也实现不了。长此以往，就会影响学生言语智慧的生成和人文素养的提升。相反，如果目标简明，课堂上就能够集中兵力，打歼灭战，学生就能在反复触摸文本的过程中获得丰富的感受。比如，在教学《第一次抱母亲》这课时，我根据第二学段的教学要求和文本的特点把课文划分为两课时来进行教学，第一课时的教学目标设定为：初读课文，感知文本，认读生字，理解新词，描红临字；第二课时的教学目标是：围绕课后问题，抓住关键语句，精读课文，品味语言，揣摩表达，感悟作者用平实的语言和生动的细节来表达母爱的无私和母子之间浓浓的亲情。这两课时的教学立足了语文，紧扣了文本，促进了三维目标的有效达成。这样的教学目标既简明，又切近学生的实际，因而每个学生通过文本的学习都能有所收获，有所发展。长期这样，日积月累，学生的语文素养怎能够不提升呢？

二、教学内容简约

我们知道，一篇课文所提供的语言信息并非是全盘教给学生的。记得吕叔湘先生说过："其实，课文有什么可磨的呢？在课堂上老师念一念，挑几处讲讲就行了。"吕叔湘先生讲的"挑几处"应该就是每篇课文语言最精妙之处。那么，"如何挑""挑什么"，这就需要我们在备课的时候，能够从文本所提供的语言信息中发现并提取出为语文学科的性质和任务所规定的那些最具语文价值的部分，并且能够积极主动地提取自己的经验库存，用儿童的视角解读它，以体会其所表现的理智、情感和价值取向，并最终形成自己的教学设想。譬如，在教学《特殊的葬礼》时，我不是从头讲到尾，而是选择了第 2 自然段和第 4 自然段来重点解析。因为这两个段落是包含课文全部信息的全息元。通过对两段的比对揣摩，想象品味，学生是可以感悟塞特凯达斯瀑布昔日的雄伟和今朝的垂危的，进而可以感受到这场葬礼的特殊意义。选择这两个最能拨动学生心弦的段落来组织教学，可以达到"一叶知秋"的教学效果。

三、教学过程简化

有诗云："删繁就简三秋树，领异标新二月花。"语文教学呈现的应该是一个思路明晰、重点突出、环节简单的读书思考的过程。在这个过程中，教师为学生触摸语言、探究文本铺路架桥，指引方向。学生在教师的引领下始终处在一种主动思考、积极探究、对话分享的课堂情境当中，学习着语文，享受着语文。我以为，简化教学过程绝不是把语文教学简单化，而是追寻语文教学的真实，一种真真实实地引导学生学习母语的过程；寻求语文教学的朴实，一种朴朴实实地引领学生潜心会文的过程；展现语文教学的平实，一种平平实实地启发学生对话交流的过程；体现语文教学的扎实，一种扎扎实实地进行双基训练的过程。这样的语文课可能不好看，但很实在；可能不时髦，但很有效；可能不大气，但很细腻。长期坚持这样做了，等我们回过头来看时，就会觉得我们所做的其实很好看，很时髦，很大气，也很智慧。

四、教学手段简便

语文教学应该运用语文的方法和手段来引导学生进行语文的学习。学习语文的最基本方法和手段就是"读""思""品""议""说""写"。一支粉笔一本书，同样能把语文上得精彩纷呈。比如，在教学《鼎湖山听泉》时，我通过多种形式的读来让学生在读中理解，在读中想象，在读中感悟，感悟鼎湖山听泉的美妙情趣。我只是在学生有感情地朗读课文时配上了一段美妙的音乐，学生和着音乐的旋律动情地朗读，完全沉浸在课文的情境之中。这堂课教学手段虽然简便，但语文味道十足，学生的语文能力都得到了有效的训练。所以说，语文教学手段的选择和应用要以简单方便、实用有效为原则，突出语文的自身特点。

五、教学评价简洁

课堂教学中，评价的最终目的是激发和调动学生学习语文的积极性和创造性，让学生在充满对智慧的挑战和好奇心的刺激的过程中，不断体验成功，使语文课堂充满生命的活力。请看《第一次抱母亲》教学片段。

师：此时此刻，你们的心里一定很不平静，有很多话要说吧？请拿出作业本，把你最想说的话写下来。

（生聚精会神地写）

师：谁来读读自己写的心里话？

生：母爱是人世间最伟大的爱。而我们只懂得享受爱，而不知珍惜爱。现在我懂了，也要珍惜爱，我也要爱爸爸妈妈。

生：母爱如大海，如小溪，母爱是我们无法感受到的爱，也是我们无法回报的爱。今天我有点感觉到了这如大海、如小溪般的母爱。

师：只是有点感觉到吗？

生：是的！

师：真的是有点感觉吗？

生：真的！

师（笑着说）：你今天感觉到一点，明天再感觉到一点，这样日积月累，你一定会完全感受到博大深沉的母爱的，而且也会有自己的行动的。

在教学中，这位教师能够立足学生的发展，心中装着学生，时刻想着学生，尊重学生的感受，为学生的进步而喜。她的评价语言虽然简单，但很得体，没有故弄玄虚，没有刻意拔高，简洁的话语之中包含着真挚的情感和热切的期待。学生聆听着这样的话语，心中怎能不涌动着纯真美好的感情！

我们追寻语文课堂教学的简单，就是要以最简明的教学目标引领语文课堂，以最简约的教学内容演绎语文课堂，以最简化的教学过程充实语文课堂，以最简便的教学手段丰富语文课堂，以最简洁的教学评价调控语文课堂，让学生更自主、更轻松地用自己的心智直面文本，感悟文本，从最接近自己的起点走向离他们最远的终点。

然而，令我非常遗憾的是我们有些教师并未领会简单的内在含义，往往为了简单而“简单”，让我们的语文教学也失去了生命的光彩。

苏教版国标本一年级下册语文《识字5》：夏天　台风　雷雨/桃子　梅子　西瓜/蝈蝈　青蛙　知了/葵花　茉莉　荷花。这是一篇采用“词串”形式识字的课文。课文围绕“夏天”，将12个词语按照一定的联系排成4行，押韵合辙，易于诵读。对于这样一篇充满生活气息和儿童情趣的课文，有的老师竟然这样设计：第一课时教学前两排词语，重点教学生认读、书写“夏、台、雷、梅”4个生字；第二课时教学后两排词语，重点教学生认读、书写“瓜、蛙、荷”3个生字。两节课教学方法简单，课堂气氛沉闷，听到的是教师的唠叨，看到的是学生的痛苦。两节课下来，在教师的反复灌输之下，本课的7个生字，学生基本上会认、会写了。课后，我与这位教师进行了交谈，当我问及对这篇课文认识时，她回答说：“这篇课文的任务就是识字。为了追求课堂教学的简洁高效，我主要采用了认认、写写的方法来展开这篇课文的教学。”听了她这番颇有“见地”的话，我哑然了……这种忽略整体，只停留在对文本浅层次理解基础上的教学，其实是对文本的漠视，这样“简洁高效”的教学到底能使学生获得些什么呢？我简直不敢去想。

简单不是单独乏味，不是机械刻板。简单是一种美丽，更是一种境界。简单的背后实际上蕴涵着最深刻的东西，它是对课标深入学习之后的准确把握，是对文本深刻解读之后的深入浅出，是对学生充分了解之后的精心安排，是对精巧预设之后随机生成的正确引导。语文教学追寻简单，就是要去掉一些本不属于语文的东西，把语文课上得精练一些，实在一些，灵动一些，让学生学习得更快乐一些，理解得更深刻一些，感受得更丰富一些。

“教育不是灌输，而是点燃火焰。”（苏格拉底语）语文教学追寻的简单，不是对课文内容平庸的图解，不是贴标签，不是喊口号，而是点燃学生的情智，焕发语文的魅力，让学生走进文本，得意得文。譬如，在教学《水》时，在学生初步感知“水，成了村子里最珍贵的东西”的基础上，用这样一个问题来拉动第二课时的整体教学：“默读全文，看看文章哪些地方触动了你的心弦，和你的经历对照，想一想，并把你的感想，关键词写在书上。”这个问题看似简单，但它能引发学生阅读的热望，拨动学生探究的情思，能很自然地把学生引入一个自主、合作、探究的学习氛围当中，开始自己的精神之旅。课堂上，学生时而静默沉思，时而圈点批注，时而议论纷纷，时而书声琅琅。从他们的精彩发言和动情朗读中，我们看到了思维火花的迸发、智慧灵感的闪现，他们真的成了课堂的主人、学习的主人。要不怎么会有“我对‘先是像我们这样的孩子，全身脱得光溜溜的，在雨中奔跑跳跃，大呼小叫，尽情地享受水带给我们的抚摸与清凉，还仰起头，张大嘴巴，去吃来自天空的水。’感受最深，我们城市的孩子，还嫌雨水脏，雨水落到自己的身上就连忙把它擦掉，而这里的孩子却张大嘴巴吃，这更加衬托出了这里的孩子对水的强烈渴望”这样精彩的言论呢！

“敢为常语谈何易，百炼功纯始自然。”语文教学追寻的简单，不是对课文内容平板的解说，不是机械训练，不是死记硬背，而是激发学生的情趣，生发言语的智慧，让学生在实践中感悟语言，积累语言，运用语言，滋生灵性。我们知道，学生语文素养的形成离不开反复而严格的训练，但怎么训练还是大有学问的。请看《最佳路径》的教学片段。

师：课文预习了吧？那我选几个生字来考考你们，怎么样？（多媒体出示：踩、窄）谁来读？

生（字正腔圆地读）：cǎi，zhǎi。

师：平舌音、翘舌音，读得真准！奖励你当回小老师，来带大家读一读。

生（兴致勃勃地带领同学读）：cǎi，zhǎi。

师：（多媒体出示：滨）怎么读？

生（十分自信地读）：bīn。

师：这个字在读音方面，你有什么要提醒大家注意的？

生：我要提醒大家注意的是，这是一个前鼻音的字，不要读成后鼻音。

师：你们能猜想出这个字的意思吗？

生：这个字可能是海边的村庄的意思。

师（笑着说）：猜错了，继续猜，注意它的偏旁。

生：“滨”是指有水的地方。

师：恭喜你，猜对了！你是凭什么来猜想的呢？

生：因为“滨”是一个三点水的字，所以，我从它左边的三点水猜想它的意思与水有关。

师：你真棒！“滨”就是水边，近水的地方。

师：（多媒体出示：拐）会组词吗？

生：拐杖，拐卖。

师：你一口气组了两个词，但要知道“拐卖”可是一种不道德的、犯罪的行为哟！

生：拐弯抹角。

师：你说了一个成语，真好！

这个识字教学环节可谓是匠心独运：“踩”和“窄”这组重点区分平翘舌，是从读音入手的；“滨”让学生看字形，猜字义，这是从字形入手，联想字义；“拐”让学生组词，积累词汇。几个生字用了不同的教学方式，既抓住了汉字的特点，又避免了机械式的死记硬背，使学生学起来轻松有趣，记忆也会很深刻。

“博观而约取，厚积而薄发。”语文教学追寻的简单，不是对课文内容平淡的解悟，不是照本宣科，不是局限于课堂，而是洞开学生的心门，抹亮学生的底色，让学生从文本、从课堂的小天地走向书籍及生活的大世界，博览广取，丰富心灵，增长才智。比如，教学了《林冲棒打洪教头》之后，学生对《水浒传》产生了浓厚兴趣，就可以确立“走进《水浒传》”的读书活动。首先，让学生静心阅读《水浒传》，摘录一百单八将的名字、绰号，书中的故事、成语、精彩片段等；接着，让学生复述自己最喜欢的故事或精彩片段；然后，自由组合，分小组讨论自己最欣赏的一位梁山好汉，并写出书面稿，在班级开展“我心目中的梁山好汉”主题演讲会；最后，以自己喜欢的方式写阅读《水浒传》后的感受和收获。这样使学生徜徉在经典名著的世界里学习语文，享用语文，丰富知识，拓宽视野，砥砺能力。

“看似寻常最奇崛，成如容易却艰辛。”语文教学追寻的简单，其实就是一种更高层次的返璞归真，这种“简单”是对冗繁的语文课堂的一种“清洗”，是对语文学习本质的一种回归，是学生自身的主动意识和进取精神的一种彰显。这种“简单”的旨归是一种“不简单”，它关注于学生在语文学习过程中的个性差异和实际需求，着眼于学生语文素养的形成和发展，立足于学生的全面发展和终身发展。

实在，语文教学的应然境界

这些年语文教学改革轰轰烈烈，名目繁多的教学模式或教学方法在这场改革的浪潮中层出不穷地涌现出来，呈现出“你方唱罢我登场”的态势。然而，静心思忖，便会发现浮华背后是浅薄，热闹背后是躁动。现今语文教学的现状仍是不尽如人意的，语文教学仍被授予各种各样的其他任务，有太多的任务需要语文教师去完成了，越教越复杂，越教越迷惘。语文已经丧失了它的本真和个性，语文教学也缺失了自身应有的情趣、意趣和理趣。面对语文教学的现状，我们语文教育工作者不能不对此进行一番深层次的反思了。语文教学真的再也容不得花样翻新和技巧演绎式的折腾了，必须正本清源，返璞归真，把它教得实实在在一些，以还语文的本来面目。

一、何为“实在”

“实在”在《现代汉语词典》中有两个义项：一曰真实，不虚假；二曰扎实，很地道。由此可见，实在，就是实事求是，合乎规律；实在，就是扎扎实实，地地道道。把语文课教得实在一些，就是在语文教学过程中，以共生互学的师生关系为前提，通过情感激发和语言品味等手段，引导学生多角度、多层面与文本进行充分而又真切的对话，对文本的语言美、情感美和结构美产生认同与赞赏，从而让学生在长期的濡染中习得语言，培植语感，滋生美感，触发灵感，丰富精神世界，润泽心灵世界，涵养优美的文明气质和优雅的文化风度。把语文教得实在一些，就是让语文返璞归真，让语文教学更合乎语文自身的规律，更贴近儿童生命的世界，让教师教出、学生学出实实在在的“语文味”来。我认为，语文教学的实在至少应该包含以下一些意蕴。

1. 致力于学生语文素养的形成与发展

语文教学应该回归到培养学生的语文素养这一本质上来。《课程标准》明确指出："九年义务教育阶段的语文课程，必须面向全体学生，使学生获得基本的语文素养。"我认为，培养学生的语文素养才是语文教学返璞归真的"真"。学生的语文素养，主要包括两大方面：一是听说读写的基本能力，此为智力因素的素养；二是学习语文的兴趣和良好的习惯，此为非智力因素的素养。《课程标准》还指出："语文素养是学生学好其他课程的基础，也是学生全面发展和终身发展的基础。"因此，语文教学必须以人为本，以学生的发展为中心，心无旁骛地为学生语文素养的形成与提升打下坚实的基础。这种基础应该具有迁移作用或长期发挥作用的基本成分，是未来发展的必备要素，是潜藏着巨大势能的基础。我以为，这个"基础"就是识字写字、阅读、写作、口语交际等基本能力和习惯。小学语文教学应该回到"语文"的本义上来，读读背背、说说写写，强基固本，夯实基础。夯实这个"基础"还要在培养学生语文学习的兴趣和良好的习惯上下苦功夫，使他们拥有受益终身的良好习惯。歌德说过这样的一句名言："哪里没有兴趣，哪里就没有记忆。"兴趣是最好的老师。激发兴趣也是语文教学的一大要务。学生一旦有了学习兴趣和学习习惯，就会自能学习、自主探究，在吸收人类进步文化成果的过程中，受到感染和熏陶。久而久之，学生的身上就会散发出浓郁的"语文味"，他们的语文能力、文化品位和健全人格都会得到提升与发展。

2. 着力于学生的语感培育和语言积累

"书读百遍，其义自见。""读书破万卷，下笔如有神。"这是古圣先贤们早已总结出来的语文学习之道。自古以来，许多有识之人循就此道，博览群书，获得成功。像宋代的大文豪苏东坡，他的读书方法就是一遍又一遍地念诵。据说他夜读《阿房宫赋》时，由于反反复复地朗读，以至于守夜的更夫都能记住这篇文章里的句子。明代大学者张溥的读书方法似乎更显得笨拙，每一篇文章他总是先抄一遍，抄完了朗读一遍，朗读完了再抄一遍……至七个轮回才算完毕。为了勉励自己下这样的"笨"功夫，他把自己的书斋叫做"七录斋"。茅盾先生能将《红楼梦》倒背如流，钱钟书先生也能任人随便从书中抽出一段来，不假思索、流畅无碍地背出来。可见，读背是语文学习之精髓，是摄取语文素养之捷径。我们绝不能把它束之高阁，而去另辟蹊径，搞花样翻新。

好茶不品不知其味，好文不读不知其妙。好书自应琅声读。琅琅的读书声是语文学习的不可或缺的绿色通道，也是语文课堂中最美妙的声音。曾国藩在《家训·字谕纪泽》中说："李、杜、韩、苏之诗，韩、欧、曾、王之文，非高声朗诵则不能得其雄伟之概，非密咏恬吟则不能探其深远之趣。二者并进，使古人之声调拂拂然若与我之喉舌相习，则下笔时必有句调凑赴腕下，自觉琅琅可诵矣。"所以，实在的语文教学就应该抓住读书这个根本，舍得花时间让学生反复去读、去背，口诵心惟，从读中扩大识字量，从读中品味词语的语境义，从读中发掘句子的言外意，从读中体会选材的匠心，从读中积累规范的语言，从读中发展思维能力，从读中领悟行文的真谛，从读中汲取人文的养料。读是一种复杂的心理过程，是把一个个文字符号瞬间变成具有一定的情感状态、有声或无声的语言的过程。读既是实践，又是濡染；既有理解，又有体验；既有语感的培植，又有情感的陶冶；既是规范语言的内化过程，又是心灵世界净化的过程。一个人语文素养的高低是与他所背诵文章的数量及质量成正比关系的。背诵除有"读"的所有功能外，还有着更多的益处：它既是涵泳，也是习染；既有积累，又有"反刍"；既是积淀文化底蕴的过程，又是提升文化品位的过程；既是学生记忆力、领悟力不断提高的过程，又是学生个性潜能不断开发的过程。语文唯有实实在在地读、背，才能"使其言若出吾之口，使其意若出吾之心"；字词句章，兼收并蓄，积少成多，潜滋暗长，才能由感到悟，融会贯通，化为己有，从而产生质的飞跃。

读背无疑是提升语文素养的好方法。不让学生读背，对语文学习来说就是釜底抽薪！

3. 给力于学生的自主感悟和智慧生成

前文我提过，语文学习的过程是一个习得的过程，是学生通过诵读、涵泳、体验、感悟而获得语文素养的过程，这个过程教师是无法代替的，也不是通过教师的讲授就能达的。教师要做的就是充分尊重学生的主体地位，引导学生凭借自己已有的生活阅历和知识经验，通过自读自悟，去发现、探索、感受、体验文本的蕴蓄，实现与文本的有效对话，以求得自我发展。苏霍姆林斯基说得好："只有能够去激发学生进行自我教育的教育，才是真正的教育。""自主感悟"便是学生形成自我教育的途径。学生在充分"读"的基础上，能够"悟"出精髓。因"文"悟"道"，因"道"学

"文"；以"读"见"悟"，以"悟"促"读"，"读""悟"相得益彰。自悟中就有思维的培养，自悟中就有语感的积淀，自悟中就有创新的火花，自悟中就有智慧的生成。实在的语文教学就应该通过自主感悟和交流对话，来展示学生的见解和才情，提高学生的交际能力，丰富学生的人文精神，进而提升学生的语文素养。

二、为何"实在"

把语文教得实在一些，让语文洋溢着生命的光彩，这是新课程、新时代对语文教学的呼唤。

1. 实在：语文学科性质之使然

《课程标准》指出："工具性与人文性的统一，是语文课程的基本特点。"语文的"工具性"和"人文性"是相辅相成、交融统一的。工具性是人文性的载体，"皮之不存，毛将焉附"，没有了工具性又哪来的人文性？而人文性又是工具性的升华，没有了人文性，工具性就会因失去灵魂而暗淡无光。语文的工具性不是一般的工具，而是融合了人文性的工具；语文的人文性也不是一般的人文性，它是负载在语文的工具性之上的。所以，语文教学要咬定"语言"不放松，切实地从语言文字入手，寻求一种最佳的策略，引领学生向语言的更深处漫溯，让学生能够在咂摸语言的过程中觅得语言的滋味，寻得语言的规律，生成言语的智慧。

语文要恪守姓"语"不动摇，语文对人的关注与培养不是空洞的，而是通过听、说、读、写这些具体而又实在的语文实践活动来实现的。语文能力属于智力技能，根据心理学家的研究，智力技能和动作技能在获得的途径上是一致的，具有"习得性"或者说"实践性"。学听、说、读、写这些基本的语文技能就像学游泳一样，单靠教师烦琐分析、精细讲解是难以奏效的，得靠学习者自身反复的练习才能获得。

语文的这种工具性和人文性相统一的基本性质、特点，昭示着语文教学应该追求语文的文化品位和简洁高效，把语文课上得实实在在一些，切忌浮华和躁动，多给学生创设触摸语文、感悟语文的实践机会，让学生在大量的语文实践活动中尽情地学习语文、享用语文，使语文真正成为学生的心灵鸡汤，滋养生命的成长。

2. 实在：语文教学本质之回归

语文是唯一以言语形式为教学内容的特殊学科，而其他学科都是以言语内容为教学目的。换言之，其他学科学习的不是文本本身，而是文本所负载的内容；唯有语文课，它主要不是学习文本内容，而是文本本身所具有的言语形式。认清这一点至关重要。语文课必须把掌握民族的语言文字放在首位，否则就会越位，就会失去语文教学的本真。当前，我们的语文教学在种种非语文手段的架控之下，“种了别人的田，荒了自己的园”的虚化语言文字学习的现象，在语文教学实践中还是屡见不鲜的。比如，教《司马光》，就着力于引导学生想出更多更好的救人办法，且美其名曰让学生多向思维，培养学生的创新能力；学《动物的互惠互助》，就致力于弄清蜜獾和导蜜鸟、海葵虾和红海葵、鳄鱼和千鸟是如何互惠互助的，且振振有词云让学生关注自然，提高学生的科学素养……试问，这样的语文课还有什么“语文味”可言呢？语文就是语文，它绝不是其他学科知识的拼盘，更不是其他学科的“保姆”，语文课必须把那些不属于语文的东西拒之于门外。唯有如此，方显语文的正宗本色。当然，我们不能否认语文课对学生的精神世界、审美情趣、创造力、道德情操等的影响力和感染力。但是，这一切都应该在学生实实在在地掌握和提高了运用语言文字能力的基础上完成，当学生阅读、品味那些文笔优美、富有思想情感的文章时，他们就会自然而然地受到感染和熏陶，获得潜移默化的教益。

浮华褪尽显本真。把语文课教得实在一些，就是让语文回归本质，让语文教学富有浓郁的“语文味”，让学生在与文本对话的过程中，能够把文本的语言、知识、情感内化为语文能力，积淀为语文素养，融入自我生命之中。

3. 实在：实施素质教育之必然

在大力倡导素质教育的今天，语文教学到底要教给学生些什么？这是每一位语文教育工作者都必须思考和探索的问题。《课程标准》是把语文教育的终极目标定位于“人”和“人的发展”的层面上，明确指出：“语文课程致力于培养学生的语言文字运用能力，提升学生的综合素养，为学好其他课程打下基础；为学生形成正确的世界观、人生观、价值观，形成良好个性和健全人格打下基础；为学生的全面发展和终身发展打下基础。”理论的学习和实践的探索让我们越来越深刻地感受到，语文教育实质是文化教育；语文教学，应该是习惯教学。文化自然是传统的、现代的文化与本土的、外来的文化；习惯自然是听、说、读、写的习惯以及关注和思考的习惯。语文教育应该把育人作为第一要务，努力使学生多点文化习惯，让他们在经过几年的语文学习之后，能够“能说会道”“出口成章”“下笔成文”，能够拥有一颗懂得关注的心和一个善于思考的脑。而这个文化习惯的养成必须落实在实实在在的语文教学实践之中。这个文化习惯，其实就是语文素养。在以“人的发展为中心”的素质教育中，关注实在的语文课堂生活，呼唤学生生命的蓬勃成长，这应当是语文教学改革的必然要求。只有这样，语文才会走出荒芜的沙漠，成为学生言语世界的一方绿洲，精神世界的一片蓝天，心灵世界的一股甘泉！也只有这样，语文教学才会在实施素质教育的进程中发挥不可替代的作用，而不会“误尽苍生”！

三、如何“实在”

如何把语文教得实在一些呢？下面我就从构成课堂的教学要素这一维度来谈一些基本做法和体会。

1. 教学目标要实

《课程标准》强调，语文课程教学目标应是知识与能力、过程与方法、情感态度与价值观三个维度的有机结合。这就要求我们在确立学生的语文课堂学习目标的时候，不能局限于学生认知方面的发展，更要考虑学生的情感需要、个性发展，把三维目标有机统一起来，促进学生语文素养的全面提升，此其一。其二是，既要顾及全体，又要关注个别，让目标能够切近学生的实际，使每个学生通过学习都能有所收获，有所发展。

同时，语文教学目标是一个动态生成的系统，不是静止不变的。所以，在目标实施的过程中要灵活应变，把握好计划和变化、预设与生成的关系。以让学生初读课文为例，就可以根据学生的实际水平提出分级目标：（1）读正确；（2）读流利；（3）读出感情。由学生根据自身实际，自行选择学习目标，练习朗读。不能读正确的，就努力读正确；能读正确的，就试着读流利；能读流利的，就努力读出感情来。这样既活化了教学目标，又调动了全体学生的读书兴趣，从而把朗读的目标落到实处，让每个学生都能够尝到进步所带来的快乐。

2. 教学内容要实

学习语文的直接目的是要求学生能正确地理解和熟练地运用祖国的语言文字，能正确地运用语言文字这个信息载体，吸收各种信息，能准确而通顺地把自己的想法表达出来。这个目的就决定了语文学习的内容应该关注的是语言本身的物质存在，着眼于从一个个标点、一个个词语、一个个句子开始构建或更新学生的语言世界，与此同时构建或更新学生的精神世界。那些舍本逐末、喧宾夺主的做法都是虚化语文学习的表现，都应当予以摒弃。

我们必须清楚地认识到，一篇课文的内容，绝不等同于课文的教学内容，教什么是需要我们用课程的视野和站在儿童的立场进行合理开发的。具体说来，我们首先要依据课标的要求和课文的特点合理开发语文教学内容。一篇课文到底教什么，我们必须十分明晰。现在一篇课文的教学内容除了生字新词，其他该教什么，是不够清晰的。难怪有人会说，语文教学模模糊糊一大片。比如，《诺贝尔》这篇课文，品味语言、体会诺贝尔为科学勇于献身的精神，这显然不是语文课程的教学内容；揣摩品味诺贝尔为科学勇于献身的精神是怎样用语言文字表达出来，这才是语文课程的教学内容。如此开发教学内容，才能够引导学生关注文本语言，体悟到作者谋篇布局和遣词造句的奥妙。这样的教学，才是瞄准语言知识、语文方法的教学，才能最大限度地发挥教材的例子作用，教出独特的“这一个”。

其次，我们要根据学生的特点合理选择语文教学内容。一篇课文可以选择的语文教学内容很多，这就需要我们立足儿童的实际去精心选择。现在的课堂，语文教学内容往往太多、太散，教师在解读文本时认为有价值的都要教，结果课堂冗繁庞杂，浮光掠影，什么都教不会。其实，一篇课文的教学内容，如果从学生的角度来看，我们要教的：一是学生不喜欢的地方，使他们喜欢；二是学生读不懂的地方，使他们读懂；三是学生读不好的地方，使他们读好。当我们把目光聚焦到学生身上的时候，语文课堂的教学内容就会简单起来、清爽起来，语文课堂自然就会贴着儿童的最近发展区飞翔。

3. 教学过程要实

语文教学一直存在着重结论、轻过程的问题，其主要表现是教师用自己精心细致的教代替学生的学，学生缺乏对文本的充分感知和深切体验，整个课堂充满着一种声音，沉闷而压抑。这种缺乏过程的教学，排斥了学生的情感体验，使学生缺失了意义建构的过程，扼杀了学生的个性，失去了对学生生命的存在及其发展的整体关怀。

《课程标准》指出：“语文教学应在师生平等对话的过程中进行。”“阅读教学是学生、教师、教科书编者、文本之间的对话过程。”对话是人格对等基础上的心灵相约，对话是相互信赖氛围中的精神交融，对话也是教学相长情境下的切磋探讨。因此，语文课堂要精心设计并组织好不同对象，开展各种形式的对话活动，让学生实实在在地经历对话的过程，让学生在对话的场景中，展开思与思的碰撞，心与心的接纳，情与情的交融。

课堂教学中的对话是多元而又开放的。

首先，教师与学生之间的对话。

在语文教学过程中，教师与学生的对话主要是以文本为中介进行的平等的精神交流。教师作为师生平等对话中的“首席”，在对话的过程中，要注意把握住教学目标和学生的阅读心理过程，或激发兴趣，或启迪思维，或引导点拨，给学生倾注浓浓的人文关怀。具体说来，上课伊始，教师可以设计简短而又富有情趣的导语，导入新课，也可以让学生围绕课题质疑，诱发学生的阅读期待；初读阶段，教师可以运用各种方法，激发学生的读书兴趣，使他们初步感知文本；精读阶段，教师在引导学生充分读书的基础上，运用多种方法启发学生进行情感体验，让他们走进文本，交流感受。

其次，学生与学生之间的对话。

在这个对话过程中，学生可以交流自己的见解或提出自己的疑问，可以评价别人的意见或与别人进行争辩，在这样的对话过程中，学生互通有无，联手合作，共享成果，实现了真正意义上的自主与合作。

再次，学生与文本之间的对话。

学生与文本之间的对话是多重对话关系中的核心。在学生与文本对话的过程中，学生应该敞开自己的心扉，将自身的体验和理解融注到文本的表达中，进入到文本作者的内心世界，与文本作者进行心与心的交流和融通。初读课文时，应当给予学生一定的时间进行自主阅读，切不可只叫一两位好学生来读一下走过场。初读课文需要学生全身心地投入，因为文本是先于阅读而存在的一种凝固的物质形态，这种物质形态只是一些线性排列、静止不动的文字符号。阅读主体必须积极主动地去辨认这些文字符号，再按语义单位对它们进行分割组合并用发音器官顺畅地读出来，这才是初步完成了阅读。在精读课文阶段，必须要设法激活文本的全部话语因子，让它们代表作者与学生对话，进行心灵沟通。在这个过程中，要引导学生站在自己的生活世界，采用读、背、说、写、画、演、做等形式与文本对话，与作者对话，让每一个学生都能感受到生命存在的价值，感受到精神相遇的愉悦，感受到心灵成长的幸福。

最后，学生与教科书编者的对话。

教材的结构，课文的选择，课后的设练，无不体现着教科书编者的眼力和智慧。学生和教科书编者进行对话，其目的是让学生扩大阅读范围，能够从课文前后获取相关信息，把握单元主题，关注导读提示和课后习题等，使语文学习更有针对性，从而把课文的例子作用最大限度地发挥出来。刚开始引导学生做这件事的时候，教师要有耐心，从点滴做起，让学生在和文本对话的过程中能够逐步学会关注单元主题、前后课文的联系、导读提示、课后习题等方面的因素，实现与教科书编者的对话，从而不断提高对话的质量和阅读的效果。

4. 教学手段要实

随着教育现代化的不断推进，现代教育技术已经走进了我们的语文课堂，这对优化语文教学无疑会起促进的作用。语文课堂引进录音、投影、电视、计算机及互联网在内的现代教育手段，能使学生从单一的学习环境中解脱出来，让他们领略到课堂里的精彩世界。但现代教育技术对语文教学来说是把双刃剑，多媒体无法代替我们对语言文字的感悟已经成为共识。文字与多媒体是认识世界和人生的两种不同形式。文字是抽象的符号组合，需要学生凭借自己的知识和经验读出形象，读出意义；而多媒体既有生动形象的画面，又有悦耳动听的音乐，往往一目了然，不大需要个人想象的介入。因此，在很多时候，多媒体会阻碍学生对文本语言的独特的体验与美妙的想象，使他们对语言文字的个性化解读大打折扣。所以，我们在语文教学的过程中对于教学手段的选择和应用要以实用性、有效性为原则，要慎用多媒体，对于那些无需使用多媒体来教学的课文，坚决不用，对于那些需要通过多媒体来辅助教学的课文，我们要认真研究它的运用时机，切实发挥先进工具的作用。手段是为目的服务的，我们切不能为了搞花样，图热闹，就牺牲学生的自主感悟，尤其是富有浓郁人文情怀的语文教学。

5. 教学组织形式要实

这里的“实”是指要突破传统语文教学组织形式单一的弊端，追求语文课堂教学组织形式的灵活性与多样化。我们知道，学生不是接受知识的容器，学生学习语文的过程是他们自主建构知识的过程；学生不仅是受教育者，而且是教学活动的参与者；每个学生都是一个独特的生命，他们之间是有差异的，他们个人的突出特性就是他的个性，在特有的生命阶段中，每个学生都是按照自己特有的方式进行活动的，如果让他们过着范围广阔、内容丰富、少受限制的生活，他们就富有创造性，就能在复杂的情境中自由生长，自主发展。因此，在语文教学中要想方设法组织学生运用自主、合作、探究的学习方式，实现学生学习活动的多样化、活动角色的多样化。在活动主体上，既有教师讲，学生听，也有学生讲，教师听；既有小组合作探究，也有组间讨论争辩。在学习的时间和空间上，既有室内封闭式课堂，也有室外开放式课堂。一切教学组织形式都要根据教学目标、教学内容以及学生身心特点灵活而定，最大限度地改良传统语文课堂教学形式的弊端，实现课堂教学中物理时空的不断拓展和心理时空的无限贴近，从而切实提高课堂教学效益。

6. 教学评价要实

课堂教学中，评价的最终目标是激发和调动学生学习语文的积极性和创造性，让学生带着对智慧的好奇心，不断体验成功。课堂教学评价要具备多元性和灵活性，要关注学生生命的个性化，让学生尽情享受学习的愉悦感。

评价的多元性。一是学习评价的目标是多元的，它包括对认知的发展、学习活动的内容、语言形式、思维品质、非智力因素等方面的评价。二是学习评价的主体是多元的，它应当是教师的评价、学生的相互评价和自我评价的有机结合。如一名学生朗读课文之后，可以先让学生进行自我评价，再让其余学生进行评价，其间也穿插教师的见解，通过这样的多元评价，不但让朗读者知晓得失，还能使其余的学生得到启发，获得教益。

评价的灵活性。一是评价的形式是灵活的，要针对不同学生的不同表现采取相应的评价形式，既可以用有声的口头语言来评价，又可以用无声的体态语言来评价，还可以用热情的掌声来鼓励，无论采用什么评价形式，都要注意自然得体，充分发挥它的激励作用。二是评价的内容是灵活的，对教材中的课文，尤其是文学作品的阅读固然有一个相对确定、相对客观的理解，但“阅读是学生的个性化行为”，由于不同的家庭背景、知识储备、兴趣爱好所带来的学生个性之间的差异，必然对学生的阅读活动产生影响，导致即使对同一文本也会得出不同的感受或结论，对此，要消除非对即错的绝对化评价，尊重学生的个别差异，珍视学生的独特感受，采取灵活的评价方式，给学生充分的心灵自由，以展示他们学习的原生态。课堂教学评价是一门科学，也是一门艺术，它是教师用智慧创造出的一种无法预约的精彩。

把语文教得实在一些，让每一个学生的生命潜能都得到最大限度的开发，这就是我们所追求的真正意义上的语文教学！

让学，语文教学的纯美状态

《国家中长期教育改革和发展规划纲要（2010～2020 年）》指出：“尊重教育规律和学生身心发展规律，为每个学生提供适合的教育。”语文，作为素质教育的一门重要课程，该如何落实这样的理念和要求呢？这引发了我对当前语文教学的些许思考。应该说，经过近 10 年来的课程改革，语文教学发生了许多可喜的变化。但是，我们应当清醒地看到，目前的语文教学，语文的本体性凸显得还不够充分，内容分析式的教学还相当普遍，学生学习语文的热情还不是很高，高耗低效的现象并没有从根本上得到改观。难怪至今还有人说：“现在的语文教学，是用过去的方法，教现在的学生，去适应未来的社会。”审思过去，展望未来，我以为，当下的语文教学要“为每个学生提供适合的教育”，必须“要更新观念，心甘情愿地‘让学’，让教师的‘教’为学生更好地‘学’服务”。（崔峦语）这里，我想就“让学”作一番思考和探索。

一、何为“让学”

先来探究教学的本质。在公元前 20 世纪左右的商代，甲骨文中就已经出现了“教”字，也出现了“学”字。通过分析，人们发现“教”字是由“学”字发展而来的。战国时期的《学记》里提出了“教学相长”。宋人蔡沈的批注是：“学，教也……始之自学，学也；终之教人，亦学也。”可见，“教学相长”的实质就是——“教即学”。古圣先贤对教学的阐释可谓鞭辟入里。到了现代，学者更是认为“教育的核心是学习”。海德格尔甚至认为，教学的本质就是——“让学”。

再来考量“让学”的内涵。《现代汉语词典》中，“让”有这样一个义项：把方便或好处给别人；《说文解字》中对“学”的解释是：“觉悟也。从教从冂（jiōng）。冂，尚蒙也。”由此可见，让学，就是把学习的方便或好处给学生，使尚蒙的学生觉悟、聪慧。“让”者，“使”也。让，可以采用“强制”“逼使”的手段来“让”。如此之“让”，学生其实是处在消极被动的地位，处在一种应付的状态，是一种无奈的接受，一种痛苦的折磨。让，也可以采用“诱导”“唤醒”的方式来“让”。如此之“让”，学生则是处在积极主动的地位，处在一种愤悱的状态，是一种自觉的行动，一种快乐的体验。“让学”之“让”，当属“诱导”“唤醒”之“让”也。雅斯贝尔斯说得好：“教育的本质意味着：一棵树摇动一棵树，一朵云推动一朵云，一个灵魂唤醒一个灵魂。”可见，教育的本质就是一种唤醒，一种诱导，就是唤醒学生生命的自觉，诱导学生用自己的心智去学习。语文教学之“让学”，就是唤醒学生的语文意识，诱导学生用心、用情、用智去触摸语言，揣摩语言的音、形、义，品味语言的言、意、法，体悟语言的分寸、质地和美感，提升言语智慧，培育热爱祖国语言文字的思想感情。换言之，就是以教材作为例子，为学生创设一种无拘无束地学习祖国语言文字的氛围，让学生能够把心沉潜到文字世界之中，自由呼吸，正确地理解、积累和运用祖国的语言文字，享受语文学习的愉悦，幸福地成长为具有良好语文素养的“语文人”。

王尚文先生认为，“让学”可以分为两个层次：一个是“让热爱”，一个是“让实践”。前者是基础，后者是基础之上的上层建筑。

所谓的“让热爱”，就是让学生爱上祖国的语言文字，觉得它可爱，最起码要对学习祖国的语言文字感兴趣。古人云：“知之者不如好之者，好之者不如乐之者。”我以为，让学生学习祖国的语言文字，得让学生对语文“知之”——走进语文，认识语文，不抵触，不反感；对语文“好之”——亲近语文，日日操习，不懈怠，不放弃；更要对语文“乐之”——乐此不疲，处处留心，形成习惯，一言一行，一颦一笑，皆为语文。倘若学生对语文能够“知之”“好之”“乐之”，他们自然就会爱上语文，觉得语文学习好玩，有意思；有了这样的感情基础，学生自然就会心甘情愿地去学习语文，享用语文了。

“让实践”，就是让学生亲历听说读写的实践，使学生在具体的语文实践中，理解语言，积累语言，运用语言，培养语文能力，提高语文素养。

俗话说，在游泳中学会游泳。同样，语文素养的形成与发展，必须依仗于学生听说读写的实践。学生只有在听话当中才能学会听话，在说话当中才能学会说话，在阅读当中才能学会阅读，在写作当中才能学会写作。而这，《课程标准》已说得很清楚了："语文课程是实践性课程，应着重培养学生的语文实践能力，而培养这种能力的主要途径也应是语文实践。语文课程是学生学习运用祖国语言文字的课程，学习资源和实践机会无处不在，无时不有。因而，应该让学生多读多写，日积月累，在大量的语文实践中体会、把握运用语文的规律。"

从根本上来说，"让热爱"和"让实践"是一对彼此交融、同生共构的有机整体。如果说"让热爱"属于情感态度价值观的范畴，那么，"让实践"则是属于过程与方法的范畴了。事实上，"让学"的过程，就是"让热爱"与"让实践"和谐互动的过程。学生对祖国语文的热爱之情，往往来自于听说读写的实践，他们在听说读写的实践中可以体悟到语文学习的情趣，感受到语文的可爱，进而就会增强他们学习语文的动力；而学生对语文的热爱之情往往又体现在听说读写的语文实践之中。

二、为何"让学"

这是对"让学"目的和意义的探寻和追问。我以为，当下语文教学只有从深层次进行变革，真正"让学"，才能实现由"教会知识"向"教会学习"的美丽转身，才能更好地为学生的发展服务。

1. 让学，素质教育的必然要求

在《学会生存——教育世界的今天与明天》中有这样的话："教育的目的在于使人成为他自己，'变成他自己'。"其实，素质教育就是一种面向所有学生，让每个学生都"成为他自己""变成他自己"的教育。它的核心价值取向是关注每一个，发展每一个。要实现这种价值，最关键的是为每个学生创造适合的教育。因为只有适合的教育，才能关注每一个，发展每一个；也只有适合每一个，发展每一个，才能体现教育的公平。而"让学"，是把学习的主动权交还给学生，让学生在宽松自由的情境中愉快地学习，幸福地成长。"让学"的根本旨归是关注每一个学生的幸福体验，关注每一个学生的协调发展，关注每一个学生的生命成长。这与素质教育所追寻的目标是一脉相承的。由此看来，"让学"，是素质教育在语文教学中的一种最为有效的实施策略，一种最为美丽的行进姿态，更是一种"育人为本"

的实践智慧。

2. 让学，语文课程的自然选择

在素质教育中，语文课程有其“独当之任”，这个“独当之任”就是“致力于学生语文素养的形成和发展”。语文教学要完成这个“独当之任”，就必须让学生自己积极主动地学习语文，享用语文，在广泛的语文实践中，获得言语智慧的滋养和人文精神的熏陶。《课程标准》指出：“学生是学习的主体。语文课程必须根据学生身心发展和语文学习的特点，爱护学生的好奇心、求知欲，鼓励自主阅读、自由表达，充分激发他们的问题意识和进取精神，关注个体差异和不同的学习需求，积极倡导自主、合作、探究的学习方式。”可见，语文教学之“让学”是达成语文课程目标的一种自然选择。“让学”，让学生成为语文学习的主人，使课堂成为学生学习语文的乐园。所以，从语文课程自身的特点来看，“让学”，是语文教学本质的一种回归，是彰显语文自身魅力的一种召唤，更是帮助学生转变学习方式的一种诉求。

3. 让学，学生发展的有效保障

每个学生都是独特的“这一个”。他们的天赋和秉性、兴趣和爱好，各不相同。即使是同一个学生，在不同的成长阶段，其认知能力、兴趣和关注点也是不相同的。因此，每个学生在课堂上会有不同的需求。教育哲学指出：学生的最伟大之处就是他们有一种可能性，或者说学生就是一种可能性。“让学”，则为满足学生各自发展的可能性提供了有利的条件。所以，从学生发展的角度来看，“让学”，是实施因材施教、彰显学生个性的一种需要，更为学生的自主发展和快乐成长提供了一种广阔的空间和无限的可能。

三、如何“让学”

（一）教师如何“让学”

这是从“教”的层面来探寻“让学”的实施策略。语文教学要真正实现“让学”，教师是关键。我以为，对于教师来说，以下几点至关重要。

1. 转变观念：用思想驱动教学

新课程倡导“以学生发展为本”，要在语文课堂教学中落实学生的自主学习，让学生真听、真读、真说、真写、真思、真悟。可是，由于传统思想的惯性作用，现今的语文课堂“涛声依旧”，教师依然主宰着课堂，总是在喋喋不休地讲，滔滔不绝地说，不厌其烦地分析，而学生自主阅读的活动少，静思默想的时机少。有句话说得好，思想决定行为。目前的语文教学之所以没有摆脱费时多、收效微的尴尬局面，主要原因是“灵魂没有跟上脚步”。看来，不转变教师的思想观念，就堵不死“内容分析”的路；堵不死“内容分析”的路，就难以迈开“让学”的步。我以为，教师只有善于学习和思考，善于捕捉和发现，才能够让自己的灵魂跟上时代的脚步。比如，2010年10月，在银川举行的第八届青年教师教学观摩活动中，全国小学语文教学研究会就理直气壮地提出了“吃准目标，夯实基础，指导学习，鼓励创新”4个关键词，以表明这次活动要与内容分析式的阅读教学说“再见”的决心。来自全国各地的语文教师用精彩的课堂教学诠释了这4个关键词的丰富意蕴，演绎了一节节与众不同的“让学”课堂，给当下的小学语文教学吹来了一股清新之风。作为语文教师，应该关注这样的大型活动，并且对活动中体现出来的教学理念有一种敏感性，能吐故纳新，用全新的思想武装自己的头脑，驱动自己的教学行为。倘若这样，我们就能把握住语文教学的脉搏，让语文教学回归到“让学”的轨道上来。

2. 把握规律：用智慧激活课堂

把握规律，按规律办事，才能办成事，办好事。同样，语文教学只有把握住其规律，才能使“让学”更有效果。我以为，把握语文教学的规律，至少要从以下几个方面着力。

其一，研究学生：把握儿童的发展规律。

“一切教育都是从我们对儿童天性的理解开始的。”（泰戈尔语）我以为，学生的语文素养要在语文课堂得到最大限度的提升，必须要研究学生，把握儿童身心发展的规律，为每个学生提供合适的教育。心理学家维果茨基认为，儿童的发展有两种水平：第一种是已经达到的水平，另一种是可能达到的水平，两种水平之间的区域就是最近发展区。赞可夫对此作了如下诠释：“教学与其说是依靠已经成熟的机能，不如说是依靠那些正在成熟中的机能，才能推动发展前进。教学创造最近发展区，然后最近发展区则转化到现有发展水平的范围之中。”所以，“让学”应该把握住这个促进学生发展的规律，所创设的学习情境应该能够激发学生的学习兴趣，培养学生自主学习的意识和习惯，方便学生选择适合自己的学习方式，从而使得每一个学生都能跳一跳摘到果子。我觉得，“让学”的课堂只有走在学生发展的前头，才能促进学生身心健康的发展。

其二，研究语文：把握语文的自身规律。

语文是以言语形式为主要学习内容的学科。这是语文与其他学科的本质区别。工具性和人文性的统一，是语文课程的基本特点；致力于学生语文素养的形成与发展，是语文课程的价值追寻；指导学生正确地理解和运用祖国的语言文字，丰富语言的积累，培养语感，发展思维，是语文课程的核心任务。厘清了语文课程的本质内涵，我们就能够走在语文的路上，做语文自己该做的事情，让语文彰显出自身的魅力。这样，在解读教材的时候，我们就会用语文的眼睛去审视，去发现，关注文本的语言，把文本当中的那些最具张力的“语文元素”发掘出来。这样，在教学的时候，我们就会以语言学习为中心，关注语言文字本身的物质存在，追寻一种言意共生的教学境界：要正确地理解语言文字蕴涵的思想感情，更要准确地理解语言文字的表达形式及其内在规律。这样，语文教学就能够如特级教师薛法根所说的那样：变“讲课文”为“学语言”，变“读课文”为“学阅读”，变“悟课文”为“学表达”。这样，我们就能够最大限度地发挥教材的例子作用，心无旁骛地让学生写好字，读好书，会倾听，乐表达，打好听说读写的基础，养成良好的语文学习习惯，提高品德修养和审美情趣，形成良好的个性和健全的人格，为学生的生命奠基。而这，才是语文教学的本质追寻。

其三，研究课堂：把握教学的基本规律。

课堂是培养学生语文素养的主阵地。新课程，改变了传统的师授生受的课堂形态，使课堂呈现出一种融自主性、开放性、活动性、创造性和快乐性于一体的全新形态。研究课堂，就意味着我们要把握好学生、教师、文本三者之间所形成的那种动态平衡关系。这种平衡，是以学生为主体、教师为主导、文本为凭借的，是能够使课堂和谐而有序流动起来的一种平衡；这种平衡，是教师根据文本的内容为学生营造的一种双基训练的“场”，是听说读写实践和谐互动的一种平衡。有了这种平衡，教师的“教”与学生的“学”才能够有效互动起来，学生才能够亲历言语实践的过程，学语习文，得意得言。研究课堂，就意味着我们要把持住教学目标、教学内容、教学过程、教学手段、教学评价这些课堂构成的要素，尤其要注意清晰目标——为什么教，精选内容——教什么，有效设问——怎么教，以让清晰的目标指引学生的学习航向，让精选的内容滋润学生的学习生活，让有效的设问驱动学生的探究欲望。研究课堂，还意味着我们要求真务实，祛除那些“乱花渐欲迷人眼”的花哨形式，简简单单教语文，真正把课堂还给学生，让学生在课堂上摸爬滚打，探索实践，让课堂真正成为学生快乐学习、幸福体验的场所。而这，才是“让学”所要追寻的应然境界。

3. 率先垂范：用行动影响学生

语文教师要对语文充满热爱之情。因为只有对祖国的语言文字充满着热爱，教师才会用自己的一腔热情去唤醒、培育学生热爱语文的情感。有人说，语文教师本身就是一本丰厚的语文书。这话是有道理的。因为只有教师自身的语文功底丰厚了，才会拥有一种教学的底气和才情。这样，学生才会对老师产生一种仰慕之情，才会心甘情愿地接受老师的教育，所谓“亲其师，信其道”说的就是这个道理。

语文教师应该是一个阅读者，要饱读诗书，让自己拥有“腹有诗书气自华”的底蕴。我觉得，读书应该是语文教师的一种最为美丽的姿态，教师的阅读不只是美丽自己，更是为了影响学生，追寻一种智慧的教育。有一位语文教师时常拿着一本书在学生面前忘情地阅读，时而会心一笑，时而凝神思考，时而动笔圈画……学生看到老师如此痴情地阅读，也来了兴趣，纷纷买来书籍，学着老师的样子津津有味地读了起来。渐渐地，读书的风气就在班级蔓延开来。

语文教师还应该是一个写作者，要舞文弄墨，让自己拥有“笔有千钧任翕张”的雅致。我以为，写作应该成为语文教师的一种最平常的行走方式，教师的写作不只是砥砺自己的思想，抒发自己的情感，更是为了影响学生，追寻一种本真的教育。有一位语文老师经常在报刊上发表文章，他每次都会把自己发表的文章读给学生。学生读到老师写的文章，内心会升腾起一种别样的情感，这种情感催生了学生的写作兴趣。渐渐地，学生就喜欢上了习作，也学着老师的样子给报刊投稿。

“让学”，呼唤着语文教师做阅读和写作的践行者。

（二）课堂如何“让学”

这是从“学”的层面来探寻“让学”的实施策略。“让学”的语文课堂，学生始终处在主体的地位。所以，对于教师来说，要相信学生的无限潜能，积极地为学生营造一种宽松的学习氛围，适时给力，促进发展；对于学生来说，要积极主动地去阅读，去探究，去发现，把自己的心沉潜到文本当中去，揣摩文字，体悟情感，学习表达。我以为，“让学”的语文课堂至少应该呈现出以下一些状态。

1. 自由的呼吸

“让学”的语文课堂应呈现出一种像呼吸一样自由的状态。因为自由的状态能够放松学生的心灵，让学生拥有一种良好的心境。加缪说得好：“自由应是一个能使自己变得更好的机会。”确实，相信学生，给他们以自由，他们会给课堂带来无限的精彩。请看《钱学森》的教学片段。

师：课文共有7个自然段，你最有把握读好的是哪一段，或者你最想把哪一段读给大家听？请你们先选择一下，等会儿来读。

（生自由读课文）

生：我想读第1自然段。

（生读第1自然段）

师：请说说你为什么要把这一自然段读给大家听？

生：因为这一自然段写出了钱学森归心似箭的心情。

师：哦，你被钱学森迫切的归国之情所感动，所以要读。你自己觉得读得怎么样？

生：我觉得我读得很好。

师：就要这么自信！你读得字正腔圆，声情并茂，的确很好！

生：我想读第5自然段。

（生读第5自然段）

师：你读了之后，有什么要说的吗？

生：我觉得，这一段体现了钱学森非常有才华，美国非常想要他，不让他回国。

师：读得好，说得也好！

生：我想读第2自然段。

（生读第2自然段）

师：大家猜猜看，她为什么要把第2自然段读给我们听？

生：因为钱学森尽管在美国享受着优厚的待遇，可他还是想回国，说明他有着强烈的爱国情怀。

师：她猜出了你的心思了吗？

生：猜出来了。钱学森的爱国之心，让我非常感动。

师：你被钱学森强烈的爱国情怀所打动，所以，把第2自然段声情并茂地读给我们听。谢谢你！

如此教学，把读书的主动权交还给学生，给其自由，任其选择，演绎了课堂的精彩。我们欣喜地看到，课堂上学生动情地朗读，自由地言说，积极主动地把自己最得意的东西展示给大家，与人分享。如此教学，是把朗读和理解融为一体，巧妙地让学生在自主阅读、展示自我、评价自我、交流对话的情境中，享受着语文学习的愉悦。

自由，真的能够创造美好的境界！

2. 丰富的安静

“最好的境界是丰富的安静。”（周国平语）“让学”的语文课堂应该给学生营造一种丰富的安静。在这种安静的氛围当中，学生可以静下心来，一笔一画地临摹汉字，尽情享受书写汉字所带来的审美体验；可以潜心会文，静心思考，穿行在文本的世界之中，尽情享受着静悄悄的丰富；可以圈点批注，写下感受，尽情享受文本所营造的丰富多彩的世界。当然，洗耳恭听，也是一种安静。课堂上，让学生静下心来，或倾听老师的讲解，或聆听同学的对话，或欣赏同学的朗读，尽情享受洗耳恭听所带来的丰富的感受。这里，不妨来看看《诺贝尔》的教学片段：

师：为了发明炸药，诺贝尔投入了他的整个生命。下面，请同学们默读课文的第3～9自然段，用心揣摩文章的语言，把最能触动你心灵的那些语句画出来，并且联系上下文想一想，是什么触动了你的心灵？

（生默读课文，师巡视，并时常弯下腰和学生交流）

学生在默读勾画的过程中，老师说：“我们班同学的读书习惯很好，能够一边读一边在旁边简要地写下自己的阅读感受。”

过了一会儿，老师又说：“我发现大家勾画得非常好，跟我课前勾画得差不多，有的同学写的感受比我还深刻呢！”

（学生潜心会文的时间达6分多钟）

师：刚才，大家都在认真地与课文对话，在文章中留下了自己阅读时的思想的痕迹。现在我们来交流分享，好吗？

如此教学，把安静交给了学生，给学生带来的是内心的丰富。“此时无声胜有声”，可以想见，在这短短的6分多钟，学生的思维是活跃的，内心是涌动的。他们用自己的心智去触摸文本的语言，感受着语言的张力，体悟着语言的温度，体会着语言的情愫，积累着对话的资本。试想，如果没有这短短的6分钟的安静，就不可能有交流对话时的精彩纷呈。

安静，真的能够创造丰富的精彩！

3. 美丽的发现

学习是一个探索未知的过程。“让学”的语文课堂应该成为学生的探索发现之旅，让学生在经历一种“踏破铁鞋无觅处”的崎岖和曲折之后，有一种“众里寻他千百度，蓦然回首，那人却在灯火阑珊处”的顿悟和豁然。

譬如，在教学《孔子游春》时，在听写词语的时候，有些学生把“飘逸”中“逸”字里的“兔”写成了“免”。老师发现了这个问题后，就把“逸”写在了黑板上，对学生说：“同学们，这是半包围结构的字，它的上面是什么字?”学生答道：“是‘兔’字。”老师追问道：“‘逸’字很有意思，你们发现了吗?”学生说：“‘飘逸’的‘逸’上面是‘兔’，不是‘免’，可能是兔子跑得比较快，再加上‘走之底’，我猜想‘逸’字是跑得比兔子还要快的意思。”听了这位学生的发言，一位学生说道：“难怪‘逃逸’的‘逸’是这个‘逸’呢，原来是逃跑得比兔子还要快呀。”老师笑着说：“咱们中国的汉字就是这么有意境，见其形就能知其意。今后写‘逸’字的时候，你们只要想到‘逸’与‘兔’字有关，是逃跑的意思，就不会丢掉一点，把‘兔’写成‘免’了。”这个教学环节，教师能够巧妙地把纠错的过程转化成一种引导学生发现的过程，让学生发现汉字的结构意义和文化底蕴。用此方法帮助学生识错纠偏，使课堂氤氲着浓浓的文化气味，给学生留下了难以磨灭的印象，体现了一种教学的智慧。

再如，在教学《秋游》中“农田里，稻子黄了，高粱红了，棉花白了。”这个自然段时，老师先对学生说：“你们发现了吗，这段话写得很有意思。读一读，看看哪儿有意思?”学生有的说，这段话色彩写得美，有黄，有红，有白；有的说，这段话中“稻子黄了”“高粱红了”“棉花白了”都是4个字，而且每个里面都有一个表示颜色的字，都有“了”；还有的说，这段话读起来很顺口，很好听。接着，让学生朗读，把这种独特的美通过解读表达出来。最后，让学生迁移模仿，问学生：“假如同学们看到的不是农田，而是果园，你们也能像课文这样来写一写吗?”学生思考片刻，有的写道：“果园里，梨子黄了，苹果红了，葡萄紫了。”有的写道：“果园里，橘子黄了，柿子红了，石榴笑了。”如此教学，让学生经历了自主发现的过程，而在这一过程中，学生既体会到了农田里丰收之后所呈现出来的颜色之美，也体会到了语言形式之美，还适时地进行了迁移模仿，以内化文本的语言形式，可谓匠心独运。

发现，真的能给学生带来一种美丽的收获！

4. 亲密的合作

合作学习，是新课程倡导的学习方式。“让学”的语文课堂应该引领学生进行“切磋”“推敲”和“商榷”等合作活动，让发现的花儿在合作的土壤里盛开，让成功的清泉在合作的泉眼中喷涌，让快乐的雏鹰在合作的蓝天中翱翔。这里，我们来看一看台湾林伯仪老师《寻找诗人的灵魂碎片》的教学流程。

阅读前：老师以说故事的方式揭示任务。

故事大意是：伯仪老师在图书馆梦见李白，李白因为喝了酒，忘了自己是何许人也，所以必须从他的作品当中帮他找出灵魂碎片（灵魂碎片包括诗人的性格、想法或是当下的感受），帮助李白恢复记忆。

阅读中：寻找诗人的灵魂碎片（全班分为5组）。

(1) 示范共读：教师挑选《渡荆门送别》这篇诗作，利用放声朗读、思考与提问的方式，从中推论出对作品的感受，并以文字表达。

(2) 独立阅读：学生进行个别阅读，并进行阅读理解与阅读回应。

〇原文阅读：发下诗作请学生阅读，并请他们将阅读时遇到的困难的句子或字词画线做记号，并试着推测诗意。

〇资料阅读：发下语译及补充资料，让学生再次阅读，并透过补充资料对诗作有更完整的理解。

〇阅读回应：根据问题，进行个人想法的回应与记录。

提问1：在诗里面，你读出了李白当时什么样的感受？你从哪句看出来的，请你说说它的意思。

提问2：从李白当时的感受中，你推论他是个什么样的人？并说说你的想法或原因。

(3) 小组讨论：请学生就自己的记录于小组中进行讨论，并在海报纸上写下小组分享的成果。

阅读后师生总结归纳：

(1) 小组发表观点：请学生轮流上台报告小组对于李白的认识。

(2) 教师归纳：通过小组分享的内容，教师引导学生透过不同的作品去建构出对诗人的了解；也从不同的诗作中，整合出更全面的认识；同时鼓励学生，勇于尝试做一位有想法的读者。

如此教学，把课堂让给了学生，学生在老师示范的引领下，在自主阅读的基础上，进行小组讨论，分享成果。虽然课堂的容量比较大，一共学了5首李白的诗作，但是，学生在林老师的启发引导下，学习热情极其高涨，他们时而静思阅读，时而动笔圈画，时而翻阅资料，时而讨论交流，总是在乐此不疲地探究、合作和交流。课堂上，思维的火花不断迸发，学生对诗作的理解也越发深刻，学生真正地成为了课堂学习的主人。如此教学，学生通过与同伴的合作、交流与分享，就能很自然地建构出对诗人的认识，找到作品中的灵魂，并可以从中培养阅读的兴趣，树立阅读的信心。

合作，真的能够生成更多的智慧！

5. 快乐的分享

萧伯纳说过："你有一个苹果，我有一个苹果，我们彼此交换，每人还是一个苹果；你有一种思想，我有一种思想，我们彼此交换，每人可拥有两种思想。""让学"的语文课堂应该成为学生交流思想、分享智慧的天地。这个天地是自由的，开放的。学生在这里能够知无不言，言无不尽，通过与同伴、老师的交流，分享收获，丰富认识，提升智慧，获得更大的发展。这里，不妨撷取《哲学家的最后一课》的教学情景来看看。

师：刚才我们的教室虽然是静悄悄的，但每一位同学都在专心读书，静心思考，并且用笔写下了自己的阅读收获。能把你们的阅读收获拿出来与大家一道分享吗？

生：我读懂了"惊愕"这个词语的意思，"惊"和"愕"这两个字都是竖心旁，所以，"惊愕"的意思是与心情有关系的，惊愕，就是惊讶、惊奇的意思。

师："惊愕"的"愕"虽然是个生字，但你能从它的字形推测出它的意思，非常好。

生：我想来补充一下弟子们为什么会感到惊愕，因为他们没有想到，一直在探讨人生奥妙的哲学家，最后一课问的竟是这么简单的问题。

师：补充得非常好！这样通过联系上下文，我们对"惊愕"的理解就更加全面、深刻了。

生：我在读到"用火烧也是一种很好的办法"这句话的时候，联想到了白居易的《赋得古原草送别》中的"野火烧不尽，春风吹又生"。从这两句诗中，可以看出，野草的生命力很强，火是烧不尽的，所以，我认为用火烧的办法除草是治标不治本。

师：说得太好了！我们阅读文章的时候，就应该学会这样旁征博引，表达出自己的真切感受。

生：通过阅读文章的第 4 自然段，我知道了哲学家是探讨人生奥妙的人。从这篇文章中，我还看出哲学家很有智慧，他能通过一些看似简单的问题，让学生去领会深奥的人生道理。所以，我很佩服哲学家。

师：谁不佩服有智慧的人呢？

生：我也佩服这位哲学家，我觉得他教育学生的方法很独特。他不是把道理死教硬灌给学生，而是把他们带到现实生活中去，让他们自己去体验，这样学到的是鲜活的知识，掌握得就牢固。学生跟他游历十年，个个都成为了饱学之士，如今，他又把学生带到旷野里，为他们上最后一课，教他们怎样做人。

师：你的这番话触动了我的心弦，我也要向这位哲学家学习，应该不失时机地把你们带到生活中去获得一些鲜活的知识。

生：当我读到文章的最后一个自然段时，可以说是心潮澎湃，我把这一自然段读了又读，感到这几句话的分量很重，值得我一辈子去玩味。人应该追求知识和美德，但美德远比知识重要。

生：读了这篇文章，我想到了"美德是一个人的守护神！"这句名言。

师：是呀，一个人如果失去做人应该具有的美德，即便是学富五车，又有什么价值呢？

从这个对话场景中，我们不难看出，学生的生命已经在教师精心营造的教学情境中被唤醒、被激活，他们的心智从各种束缚、禁锢、定势和依附中解放了出来。教师首先给了学生充足的时间进行自主阅读，圈点批注，披文入境，然后师生各自在与文本充分对话的基础上，敞开心扉，放飞思想，进行着"视界融合"的对话，所以，师生双方奏出了一曲最为壮美的和声，演绎了一台最为灵动的话剧。这样的场景中，展开着的是思与思的碰撞，心与心的接纳，情与情的交融；这样的场景中，实现着的是感悟与理解的整合，人心与文心的契合，观点与精神的共享；这样的场景中，创生着的是一种自主阅读和独立思考的新方式，一种自由表达和合作分享的新平台，一种自然与开放的新课堂；这样的场景中，每一个人都能感受到自主的尊严，生命存在的价值，心灵成长的幸福。

分享，真的能够滋养学生的心灵！

"让学"，是时代对语文教学的一种呼唤，是为学生提供合适教育的必然选择。"让学"，尚需要我们倾注更多的智慧！

变"教"为"学"，语文教学的美丽转身

近年来，在报刊上看到比较多的字眼是：语文课的美丽转身——从"教课文"到"教语文"。在语文教研活动中听到比较多的声音也是：语文课从"教课文"到"教语文"的美丽转身。美丽转身，一时间就成了语文教学中最为热议的话题。乍看起来，这些字眼似乎很能抓人眼球；乍听起来，这些话语似乎讲得很有道理。然而，静心沉思和细细揣摩之后，就会发现此种说法经不起推敲，未能真正触及语文学习的本质内涵，以及语文课堂的纯美状态。

思考1：从"教课文"到"教语文"，这是语文课的美丽转身吗

当下，对于什么叫"教课文"，什么叫"教语文"，有论者做了这样的诠释："教课文，是把课文的内容当做教学的主要目标；教语文，是指以课文为'例子'，指导学生掌握语文知识和语文方法。'教课文'是就课文而课文，不是语文教学的目标，'教语文'才是语文教学的本质追寻。"由此可以得出的结论是："教课文"不属于"教语文"的范畴，抑或说，"教语文"不需要"教课文"，因为"教课文"不是语文教学的目标，所以，"教课文"就是一种无效的劳作，而"教语文"才是语文教学的本质追寻。这着实让人感到迷惑和费解！

"教课文"果真就不是"教语文"了吗？这里，不妨先来探究"课文"的意蕴。《现代汉语词典》对"课文"的解释是：教科书中的正文（区别于注释和习题等）。而教科书则是一个课程的核心教学材料。语文教科书主要

是由一篇篇课文构成的。这一篇篇课文是教科书编者依据国家颁布的课程标准的要求精心遴选、编写而成的，具有典范性，富有文化内涵和时代气息，具备很强的教学价值。这一篇篇课文文质兼美，从内容上看，都是启迪心智、催人奋进的，读之，能够促进学生精神生命的成长；从语言上来看，都是字字珠玑、富有道理的，学之，能够促进学生言语智慧的生成。在学习这一篇篇课文的进程中，学生的语言和精神都能够滋养共生。这一篇篇课文其实就是达成语文课程目标、提升学生语文素养的最核心的教学材料。所以，教好这一篇篇课文，乃是语文教师义不容辞的责任。这是一个最基本的常识。

再来探究语文教学的本质追寻是什么。《课程标准》指出："语文课程是一门学习语言文字运用的综合性、实践性课程。""语文课程致力于培养学生的语言文字运用能力，提升学生的综合素养。""语文课程，必须面向全体学生，使学生获得基本的语文素养。"可见，让学生获得基本的语文素养，具备一定的理解与运用祖国语言文字的能力，乃是语文课程的"独当之任"。语文课要培养学生具备这一能力，要通过语言文字且只有通过语言文字，才能实现。这就意味着语文课必须要着力于教好一篇篇课文，用课文的语言文字去拨动学生的心弦，把课文的言语智慧植入学生的心田。所以，教好课文，其实就是教好语文的具体表现，这是语文教师的独当之任。要不然，教科书的编者煞费苦心选编这些课文，又有何作用呢？这是一个基本的常识。从这个角度来看，"教课文"就是在"教语文"，并非是语文课的美丽转身。

说"教课文"也好，讲"教语文"也罢，就其本质而言，并无多大差异，都是站在教者的角度来说的，强调的是教师的"教"，行为主体并未发生变化。说"教课文"不是"教语文"，这或许是对课文的"例子"作用没有理解到位所致。诚如叶圣陶先生所言："课文无非是个例子。"关键是在语文课中如何发挥好课文这个"例子"的作用，抑或说用课文这个"例子"来干什么。语文是唯一以言语形式作为主要教学内容的特殊课程。客观而言，学生阅读一篇课文，最先接触到的总是由笔画组成的一个个汉字，它们按照一定的序列组合起来以表达情意，这种作为文字的物质存在就是所谓的形式，任谁都不可能逾越这种形式直接获取内容。语文课要关注形式，但在关注形式的同时不可能也不应该把内容撇在一边不闻不问；更不能只关注内容，而把形式搁在一旁不管不顾。其实，任何一篇课文都是内容和形式的完美统一，都是独特的“这一个”，其中也不乏遣词造句的精当妥帖之处。语文课，就是要让学生能够拥有一双善于发现语言独特之处的慧眼，驻足凝视那些精当妥帖的语言文字，品悟其色香味，体悟其分寸和情味，感悟其质感和美感。发挥课文的“例子”作用，就是要回归到“正确理解与运用祖国的语言文字”这一正道上来，聚焦课文的语言文字，做到既要引导学生理解课文的表达内容，更要领会课文的表达形式，让语言文字能够在学生的心中落地生根。“教语文”，就是要把课文这个“例子”教好，合理有效地利用课文来教学生学会正确理解和运用祖国的语言文字。唯有如此，才会把课文的“例子”作用发挥到极致，才会让学生在学习课文的过程中体悟到理解和运用语言文字之“道”。这个“道”，既包含工具性层面的东西，又包含人文性层面的东西。从工具性的层面来看，这个“道”就是运用语言文字的基本方法，这些表达方法的获得，能够丰厚学生的言语智慧；从人文性的层面来看，这个“道”就是语言文字传达的思想意蕴，这种思想意蕴的汲取，能够陶冶学生的道德情操。老子说得好：“道生一，一生二，二生三，三生万物。”学生明白了这个“道”，就能够举一反三。如此，日日操习，篇篇训练，就能形成能力，养成习惯，提升素养。从这个方面来看，“教语文”就是在“教课文”，也非是语文课的美丽转身。

思考 2：从“教语文”到“学语文”，这才是语文课的美丽转身

“转身”在词典中有这样一个义项：转动身体，改变面对着的方向。既然转身，就得改变面对着的方向。这是常识。我以为，当下语文课的主要症结是过度地着力于教师的“教”，而忽略学生的“学”，课堂上教师能够心甘情愿“让学”的还很鲜见。在家常课上，抑或公开课上，我们看到比较多的是教师在唱主角，总是不停地在忙活着、折腾着，讲究着“教”的一招一式，主宰着课堂的话语权，然而，作为课堂主体的学生却被弃之一旁，沦为看客。这样施教，本末倒置，得不偿失。我们知道，课堂是一个有边界的师生互动的时空，在这个时空中，师生的活动此长彼消。倘若教师过度施教，繁琐分析，就必然会挤占掉学生本来可以自主阅读、实践探索的时空。这样，自然就会削弱学生的主体地位，消磨学生的学习兴趣和学习能力，减损课堂的教学效果。心理学家罗杰斯认为：没有任何人能教

会任何人任何东西。“教会”从根本上说都是学生通过自己的内化而学会的。从这个意义上看，学生学习所得最终不是依靠教，而是依靠自己主动地学。所以，这种过度施教，从一定意义上说，做的是一种无用之功。这或许就是造成语文教学高耗低效的根源所在，这也是当下语文教学所面临的一种尴尬。语文教学要摆脱这种尴尬局面，就得在课堂上真正地确立学生的主体地位，把课堂还给学生，把学习语文的主动权还给学生，把学习语文的乐趣还给学生。只有这样，才能把课堂所面对着的方向由以教师的“教”为主转向以学生的“学”为主，让教师的“教”为学生更好地“学”服务。也只有这样，才能真正实现语文课的美丽转身。

从“教语文”到“学语文”，不仅是语文课堂主体的一种转变，一种回归，还是语文课程特点的一种召唤，一种彰显。《课程标准》指出：“语文课程是实践性课程，应着重培养学生的语文实践能力，而培养这种能力的主要途径也应是语文实践。”“语文课程应注重引导学生多读书、多积累，重视语言文字运用的实践，在实践中领悟文化内涵和语文应用规律。”这就意味着学生听说读写的能力不是靠老师喋喋不休地讲析就能培育出来的，而是要依赖于且只有依赖于学生自己的语文实践，才能得到形成和提高。这就如叶圣陶先生所言：“语文方面许多项目都要经过不断练习，锲而不舍，养成习惯，才能变成他们自己的东西。”所以，语文课程自身的特点就决定了语文教学的着力点应该由以教师“教”为主，转向以学生“学”为主。只有这样，学生在课堂上才会拥有更多的属于自己的语文实践的机会，才会在实践中把握住语言文字的特点和运用方法，不断地形成和提高语文素养。而这，需要教师科学合理地利用文本资源，努力地为学生营造一种有利于培养学生听说读写能力的语文实践的“场”，让学生以身体之，以心验之，亲历学语习文的实践过程，在倾听的过程学会倾听，在说话的过程中学会说话，在阅读的过程中学会阅读，在写作的过程中学会写作，切实提高学生学习语文的文化品位。这才是语文教学的一种最为美丽的诉求。

语文课要实现从“教语文”到“学语文”的转身，对于语文教师来说，必须要转变教学观念，心甘情愿地“让学”。我以为，以下几点甚为重要。

其一，眼中有学生。

学生是语文学习的主体。语文教学要突出学生的主体地位，教师就得站在学生的角度，更多地去思考学生如何“学”，及时了解学生的求知需求，以学定教，从而使教师的“教”和学生的“学”能够和谐统一，相得益彰。教师的眼中有了学生，才会在课堂上关注学生的学习状态，适时有效地调动学生的学习情趣，让学生始终能够保持着一种浓厚的学习兴趣；才会在课堂上自觉地转变教学方式，淡化自己的“教”，强化学生的“学”，由教会知识转向习得方法，练就能力。这样的课堂才是生本的课堂。在这样的课堂里，教师要着力关注以下几个方面。

一是学生的语文实践。强化听说读写的实践，给予学生自主学习、实践探索的时间，力求让每一位学生都能以饱满的情绪参与到语文实践活动中来，用心倾听老师的讲解和同伴的发言，积极主动地表达自己的理解和感受；用心阅读，潜心会文，品悟文字；用心练字，动笔圈点批注，培育指尖上的智慧。

二是学生的学习习惯。强化语文习惯的养成，力求让每一位学生做到课前准备充分，课上读书、写字、发言等姿势正确，声音洪亮，说话得体，书写规范。

三是学生的个体差异。面向全体学生，做到因材施教，力求让每一位学生在课堂上都有展示自己的机会，确保不让一个学生掉队。

其二，心中有语文。

语文是素质教育中一门最基础的课程。《课程标准》指出：“语文课程应激发和培育学生热爱祖国语文的思想感情，引导学生丰富语言积累，培养语感，发展思维，初步掌握学习语文的基本方法，养成良好的学习习惯，具有适应实际生活需要的识字写字能力、阅读能力、写作能力、口语交际能力，正确地理解和运用祖国的语言文字。”这段文字道出了语文课程的基本任务，也说明了语文与其他课程的本质区别。教师心中有语文，就是要明确语文课程的基本任务，能够心无旁骛地致力于全面提升学生的语文素养。教师明确了语文课程的基本任务，才会立足语文，着力去发掘课文中的语文元素，让语文教学能够紧紧围绕语言文字展开，以扎扎实实地帮助学生积累语言，培养语感，发展思维，养成习惯，形成能力，夯实语文的基础，抹亮生命的底色。

其三，手中有方法。

教师是学习活动的组织者和引导者。学生的语文学习活动的有序开展，需要教师的手中有一些方法，为学生创设有利于自主、合作、探究学习的环境。这种方法不同于传统的师授生受的方法，而是组织和引导学生进行自主学习的策略和方法。对教师来说，手中至少要拥有以下一些法宝。

一是激发学生学习语文兴趣的法宝。“兴趣是最好的老师。”教师要能够根据学生身心发展和语文学习的特点，合理地运用有效的方法，维护学生的好奇心，激发学生的求知欲，确保每一位学生都能积极主动地参与到语文学习活动中来。

二是培养学生自主学习能力的法宝。学生是学习的主体，课堂的主人。课堂上，教师要着力培养学生的主动学习和自能学习的能力，关注个体差异和不同的学习需求，运用科学的方法，激发学生的问题意识和进取精神，为他们的自主阅读、自由表达提供更大的空间，让不同层次的学生都能够在这样的空间里，“践履时多，事事都用你自去理会，自去体察，自去涵养。书用你自去读，道理用你自去究索”（朱熹语），在此过程中，教师“只是做得个引路底人，做得个证明底人，有疑难处，同商量而已”（朱熹语）。这样，学生才能够在自主学习和合作探究的过程中，找寻到适合自己的学习方式，砥砺智慧，形成能力，养成习惯。

三是引导学生掌握语文学习方法的法宝。从语文学习的角度看，语文课引导学生学习的主要不是语文知识，而是以课文为载体帮助学生掌握语文学习的方法，使每一位学生都能够具有适应实际生活需要的识字写字能力、阅读能力、写作能力、口语交际能力和使用语文工具书的能力，最终实现自能学习。其实，这每一项能力的培养和训练，都需要教给学生相应的方法，让学生在实践中反复操习。比如，识字写字，应该让学生掌握的最基本的方法是：从字音上，要学会借助拼音、请教他人和借助工具书，读准字音，区别音近字、同音字、多音字等；从字形上，要学会通过图解、猜谜、编儿歌、换部件等识字法，记住字形；从字义上，要学会与词语的理解相结合，能够借助字典、词典或联系具体的语境和生活实际，弄清字词的意思；从书写上，要学会笔顺笔画规则，能够正确、规范和美观地写好汉字，感受汉字的形体之美。学生一旦掌握了这样的识写方法，就能够在生活中自主识写汉字。语文课只有这样教，才能够真正实现由教知识向教方法、练能力转身。

当教师做到眼中有学生，心中有语文，手中有方法的时候，才会在课堂上退位让学，把语文课堂变成学生学习语文、展示才情的舞台，实现从

"教语文"到"学语文"的美丽转身。

思考3：从"教语文"到"学语文"，课堂应该呈现出何种状态

"学语文"以学生为中心，从学生的生理、心理实际出发，遵循学习规律，充分展示学生真实的学习生活。这里，试从学生学习的角度来审视"学语文"的课堂的基本的状态。

1. 实践是自主的

"学语文"的课堂，学生对听说读写的实践活动拥有了更多的自主选择的权力。他们可以各取所需，自主安排自己的语文实践活动。比如，对于生字新词，他们可以根据自己的实际情况，认一认自己还不认识的字，读一读自己还读不准的音，写一写自己还不会写的字。这样，就把识字写字的主动权还给了学生，让他们在一种宽松自由的情境中，快乐地识字写字，训练识字写字的技能，养成良好的识字写字的习惯，提高识字写字的质量。又如，对于朗读课文，他们可以把自己认为最难读好的段落练一练，可以把自己最喜欢读的或者感受最深的部分读一读，可以把自己最有把握读好的段落读给同桌或者全班同学听一听。这样，就把朗读的主动权给予了学生，激发了朗读的兴致，使他们在一种"给人自由，任其选择"的氛围中，用心体察、揣摩课文的朗读，以展示出自己最佳的朗读水平，训练朗读的技能，培育语感，从而把课堂变成了展示学生自我进步和发展的平台。

2. 思想是自觉的

语文学习是一种有意义的思想活动。"教语文"的课堂，学生的思想是被教师牵引着的，是被动的；而"学语文"的课堂，学生的思想是被文本召唤着的，是主动的。"学语文"的课堂，学生的思想总是能动而又自觉的。这种思想展现了一种过程——展现了文本向学生的思想发出邀约后的一种思维的过程；体现了一种方法——体现了学生摆脱文本邀约给自己的思想带来压力的一种思维的方法；呈现了一种见解——呈现了学生运用自己的心力去思想后的一种思维的结果。学语文，有了思想的参与，才能开启心智，使学生通过自己的思想，潜心会文，熟读精思，产生思想。语文课上，要让学生能够自觉地思想起来，首先，要给学生充分的"沉浸浓郁，含英咀华"的静思默想的时间，让学生自主阅读，自主探究，自主发现；其次，要为学生创设一个开放的且能自由表达的思想空间，让学生大胆地

把自己的思想倾吐出来，要鼓励学生“争论”，更要鼓励学生有创意地表达自己的真知灼见。

3. 表现是自律的

“学语文”的课堂，学生始终处在一种积极的学习状态，他们能够把学习当做一种享受，自觉地控制和规范自己的学习行为，追求一种最佳的学习效果，获得一种最佳的发展。因而，在课堂上，他们能够把心沉潜于语言文字所营造的世界之中，或静心临写，一笔一画地书写汉字，尽情享受书写汉字所带来的审美体验；或静心阅读，穿行在文本的世界之中，思接千载，视通万里，尽情享受阅读所带来的高峰体验；或静心批注，圈点勾画，书写感受，尽情享受动笔所带来的丰富智慧；或静心聆听老师的讲解和同学的发言，尽情享受着洗耳恭听所带来的丰富的感受。这种自律是一种责任，更是一种智慧。这种自律的表现，是语文课堂应该呈现的一种美好的境界。当然，冰冻三尺，非一日之寒，语文课堂要呈现出这样的境界，需要教师付出爱心，倾注智慧，慢慢地养育。

4. 交流是自信的

“学语文”的课堂，是学生交流思想、展示才情、分享智慧的天地。这个天地是向四面八方打开的。学生在这里能够畅所欲言，自信地与同伴、与老师交流对话，分享收获。这种自信，来自于师生的宽容：能善待学生的错误，允许出错。其实，错误在课堂上也是精彩的、美丽的，因为学生的进步和成长就是在不断的识错纠偏的过程中完成的。要不，怎么会有“吃一堑，长一智”“不经一事，不长一智”之类的说法呢？当然，这种自信，更需要教师的养护，课堂上要善于捕捉时机，最大限度地为每一个学生创造体验成功的快乐。课堂上，有了这种宽容，有了这种养护，学生的交流言说就会少一些顾虑，多一些自信。这样，课堂的交流言说就会丰富起来，生动起来。事实上，这种自信的交流言说，带给学生的不是痛苦的折磨，而是快乐的享受，不是灵感的泯灭，而是个性的张扬，不是百般的无奈，而是生命的成长。这是多么美丽的境界啊！

5. 运用是自如的

《课程标准》指出：“语文课程致力于培养学生的语言文字运用能力，提升学生的综合素养。”学习语文的最终目的就是让学生能够正确地运用祖国的语文文字来表达、交流自己的思想和观点，能把字写正确、写漂亮，能把话讲明白、说清楚；能把文章读通顺、写明白。所以，“学语文”的课堂，要发挥课文的“例子”作用，最大限度地为学生提供听说读写实践的机会，让学生在学习语言文字的运用的过程中，潜心会文，品味语言文字的精当妥帖，理解课文这个“例子”，并能适时迁移，巧妙运用。请看《学会查“无字词典”》的教学片段。

师：爸爸是怎样解释“骄阳似火”的？请把文中有关的句子找出来读一读。

（学生读课文，用笔勾画相关语句）

生（读）：你看，烈日当空，连树上的叶子都晒蔫了，这不就是对“骄阳似火”最好的解释吗？

师：请你们再仔细地读读这句话，体会爸爸解释“骄阳似火”的具体方法。

（学生自由读句子体会）

生：爸爸是用他所看到的现象来解释“骄阳似火”的。

师：你们也能像爸爸这样用身边的一些现象来解释“骄阳似火”吗？

（出示句式：你____，________________，这不就是对“骄阳似火”最好的解释吗?）

生：你瞧，烈日当空，连马路上的柏油都快晒化了，这不就是对“骄阳似火”最好的解释吗？

师：你是用马路上快晒化的柏油来解释“骄阳似火”的。

生：你听，树上的知了叫个不停，喉咙都叫哑了，这不就是对“骄阳似火”最好的解释吗？

师：你动用了听觉，用知了的叫个不停这个现象来解释“骄阳似火”。很好！

生：你摸，水池里的水已经有些烫手了，这不就是对“骄阳似火”最好的解释吗？

师：看来，你们已经学会查“无字词典”了，学会查“无字词典”真有意思！

如此教学，立足文本，关注语言，强化体验，全方位地、立体化地引导学生理解、感悟文本的语言特点，自然而又巧妙地让学生把自己的理解和感悟外化为生动的语言，学语习文，迁移运用，训练能力。

6. 生长是自然的

课堂是学生生长智慧的地方。“学语文”的课堂，能够聆听到学生生命成长的拔节声。学生在课堂上找到了一种做主人的感觉，能自觉地进行听说读写的实践，他们的语言智慧变得丰厚而灵动起来，思想情感变得丰富而深邃起来，进而能够拥有一种自能读书、自能写作的智慧和习惯。其实，这种生长就如同庄稼生长一般，是一个自然而又舒缓的过程。所以，学语文是一种慢养的艺术，得有一种“孩子，你慢慢来”的定力和耐性，使语文课堂能够更加合乎语文学习的规律，更加贴近儿童的最近发展区，让儿童在语文课堂上从容地行走，自然地生长。

变“教语文”为“学语文”，使语文课回归它的本然状态，让语文课拥有了它本该具有的一种美丽的风景。这正是素质教育的本真诉求。

放飞个性，语文教学的应有之义

世界上没有两片绝对相同的树叶，更不会存在两个绝对相同的生命。可以这么说，每个学生都是一个独特的生命，每个学生的心灵都是一个独特的世界。每个学生都有着自己的人生经历和生活体验，每个学生也都有着自己的喜怒哀乐和爱憎情感，因此，他们的气质禀赋也是千差万别的。正是因为这种差别，才形成了多姿多彩的个性世界。教育面对的就是这样一个个具有独特个性的学生。当一个个天真可爱的孩童背着书包步入校园，开始他们的学习生活的时候，我们的教育给予他们的是冰冷的知识还是火热的关怀，是个性的张扬还是自由的压抑，是生命质量的提升还是创造力的泯灭？这是我们每位教育工作者都必须面对的问题。在全面推进素质教育，大力倡导提高学生的人文素养和科学素养的今天，具有工具性和人文性和谐统一的语文学科，理应在打好学生的人生底色、提高学生的语文素养、促进学生的个性发展方面发挥重要的作用。

一、放飞个性：时代的必然选择

“尊重人格，崇尚个性”是现代教育所倡导的理念。21世纪的今天，我们应该把教育的出发点和归宿点聚焦到“人”和“人的发展”上来，切实体现以育人为本的素质教育观。《课程标准》就把语文教育的终极目标定位于“人”和“人的发展”这一层面上，课标明确指出：“语文课程，应以邓小平理论和‘三个代表’重要思想为指导，深入贯彻落实科学发展观，坚持以人为本，继承我国语文教育的优良传统，汲取当代语文教育科学理论的精髓，借鉴国外母语教育改革的经验，遵循语文教育的规律，努力提高学生的语文素养，为弘扬民族精神、增强民族创造力和凝聚力，培养德智体美全面发展的社会主义建设者和接班人，发挥积极的作用，为学生的终身发展奠定基础。”因此，放飞学生的个性，培养出富有创新精神和实践能力的一代新人，是时代赋予语文教育的全新要求，也是我们每位语文教师面对新理念的必然选择。

在语文教育的过程中，我们应该把学生看成一个在思想上、精神上、人格上完全独立的人，要从生命的高度来看待学生，尊重每个学生的存在价值。教师是一个生命，学生也是一个生命，生命之间应当是平等的。当然，人是有差异的，学生的基础和发展也是有差异的，尊重每个人的存在价值，就必须认识和承认这种差异，这样才能使每个学生的生命质量在原有的基础上得以提升。其实，语文课程本身是最能体现和尊重学生个性的学科。那一篇篇文质兼美的课文，给予了学生多少回味的空间、想象的余地和人文的关怀，引发出学生多少独特的感悟和独到的见解？还有那一篇篇流溢着童真童趣的学生习作，更是一个个鲜活的生命在倾诉。可以说，我们教学中的每一个环节、每一个举动都是自己教学思想的折射。为此，在语文教学中，我们要注意把尊重每一位学生实实在在地体现在每一个教学环节之中，落实在每一项教学管理之中，突出教学的多样性和选择性，让学生在多样性的语文实践中有充分的选择自由，张扬自主的个性。阅读教学时，要积极引导学生进行个性化的阅读，鼓励学生见仁见智地去表达自己的阅读理解，珍视学生在阅读过程中所获得的独特的感受和体验；习作教学时，要最大限度地放飞学生的真情和想象，引发学生自由表达，挥洒个性，从而释放生命的光彩。

关注每一个生命的个体，激发每一个生命的个性潜能，让每一位学生的生命流光溢彩。这是我们每一位语文教育者的必然选择！

二、放飞个性：理念的与时俱进

“有什么样的思想就有什么样的教育。”放飞学生的个性，对于我们一线的语文教师来讲，必须从更新观念做起，冲破那些既有的教学樊篱，真正地把自己的教学当做提升学生生活质量和为学生个性发展奠基的工程。

1. 要树立工具性与人文性和谐统一的语文课程理念

《课程标准》明确指出：“工具性和人文性的统一，是语文课程的基本特点。”著名特级教师于漪在谈及对语文课程的认识时强调：“一定要改变对语文学科的陈旧看法，认为语文只是读读、写写等技术性、技巧性的小事，对现代人的培养无足轻重。殊不知语言、思想、情感同时发生，语言这个交际工具不仅是文化的载体，而且还是意识、思维、心灵、人格的组成部分……对语文学科的完整性千万不能阉割。”

我们只有准确地把握语文课程的工具性与人文性的统一的性质、特点，并且在教学过程中全面、充分地体现，才能有利于放飞学生的个性，使每一个学生的生命能量和个性潜都能得到充分发挥。

2. 要树立课内外联系、校内外沟通、学科间融合的大语文教学观念

语文是母语教育课程。对于小学生来说，母语的学习并不是从一无所知开始的，而且母语的学习也不是只发生在语文课上，语文的学习资源和实践机会是无处不在、无时不有的。事实上，学生对语言的学习有很大一部分就发生在语文课堂教学之外。著名语言教育家张志公先生就认为，从自己学习语言的经验看，得自课内课外的知识的比例是“三七开”，即大概有30%得自课内，70%得自课外。具体比例因人而异，各有不同，但总归课外的途径是语文学习的重要来源。“语文学习的外延与生活的外延相等。”书本里、课堂上可以学语文，走出校门，在社会上也可以学语文，但书本里、课堂上的语文往往是固定不变的、僵硬的，而现实生活中的语文才是充满生机的、鲜活的。所以，我们要树立大语文的教学观念，把学生引入丰富而复杂的现实生活中去，让他们从现实生活中学习语文，从而提高自己的言语智慧，展示自己的个性才华。

3. 要树立多元解读文本的教学理念

接受理论认为，文学作品的“文本”只是提供一个多层次的、开放性的结构框架，其中留有许多不确定性的“意义空白”，这种“意义空白”将由读者在阅读中接受和填补。这种留有空白的结构被称为“召唤结构”。一部好的作品，总是在作品的意象结构中留有较多的空白和不确定点，形成潜在的“召唤结构”，召唤着读者凭借自己的人生经验去想象，去补充，去创造，以探寻作品的意义。不同的读者由于知识水平、生活经历、审美观点及情趣等方面的差异，对一部作品的解读是不尽相同的，所谓的“仁者见之为之仁，智者见之谓之智”说的就是这个道理。一部《红楼梦》，“经学家看见《易》，道德家看见淫，才子看见缠绵，革命家看见排满，流言家看见宫闱密事”。因此，在语文教学中，我们应该树立多元解读文本的教学理念，一改过去那种“答案标准化”的封闭模式为“答案多元化”的开放

模式，积极为学生创造一个有利于他们自由表达的空间，让他们大胆地把自己的看法和见解倾吐出来，鼓励他们不唯书，不唯上，敢于标新立异，并从不同的角度去解读文本，从而使每个学生的才华都能够得到最大限度的发挥。

三、放飞个性：课堂的活力迸发

审视现今的语文教学，我们不难发现，语文教学统一的东西依然太多，统一的教科书，统一的教学模式，统一的解读方式，统一的练习和试题，统一的答案。如此统一的教学怎能培养出个性灵动的人才呢？我以为，放飞学生的个性，就得打破这些统一，重构我们的课堂，使语文课堂能够少些约束，多些自由，少些灌输，多些沟通，少些否定，多些呵护，真正让学生成为课堂的主人，让语文课堂成为张扬学生个性的舞台和培养学生创造力的天地。

1. 少些约束，多些自由

我们长期习惯于对学生的学习提出许多硬性规定，课堂上，学生缺失了自由，丧失了自主，只能习惯性地按照教师的“吩咐”进行机械操练。这种课堂，何以张扬学生的个性？我以为，改变这种境况，需要我们从以下几方面着力。

第一，营造自由民主的教学氛围。

走进现今的语文课堂，我们不难发现有些教师总是对学生提出这样那样的近乎苛刻的要求。诸如，坐要抬头挺胸，双手背后；发言要先举手。倘若坐得不够端正，就会被视为上课不专心而招致老师的批评；要是发言不事先举手征得老师的准许，就会被当做扰乱课堂秩序而招来老师的训斥。殊不知，发展个性是以宽松民主的氛围为前提的，因为只有宽松的教学气氛，融洽的教学情境，才有利于学生的思维处于最佳的状态，才能使学生敞开心扉，释放潜能，显露个性和才华。这就要求我们摒弃“师道尊严”的传统观念，与学生之间建构起民主、友善的新型关系。课堂上，少给学生以规矩的约束，多给他们以充足的心理安全和心理自由。只要他们上课能够神情专注，积极参与，至于坐姿如何可以不在意，发言是否举手可以不计较。倘使如此，我们就能为学生的个性发展营造一个良好的课堂氛围了。

第二，给予学生自主选择的学习权利。

长期以来，我们的语文教学一直忽视学生的个体意识和独立自主，而把学生看成被动的知识接收器。课堂上更多的是以教师的分析讲解来代替学生的阅读实践，而学生更多的是无条件地接受老师传授的知识。这种越俎代庖式的教学，往往剥夺了学生自主学习的权利，也扼杀了学生的悟性和灵性。现代教育理论清楚地告诉我们：学生始终是教育过程的主动参与者，而不是被动的接受者，学生对教育影响有着自己的取舍选择和意趣重点。所以，语文教学要充分尊重学生自主学习的愿望，切实地从学生的“期待视野”出发，实行开放式的教学，少给学生以学习的指令和约束，多给他们以自主选择的自由。只有这样，才能极大地激发学生学习的主动性和创造性，从而尽显他们的思想个性。比如，在教学《鸟的天堂》时，我设计了这样的一个环节：“请同学们仔细阅读课文，边读边在脑海中展开想象，然后说一说你觉得哪些地方写得美，给你的印象最深刻，为什么?”这是一个富有弹性且能显现个性的问题设计，它不仅能展示学生自读自悟课文的过程，而且为学生自主选择学习的内容创造了条件。所以，当问题提出之后，学生都能围绕问题，兴致盎然地、无拘无束地阅读自己最喜爱的段落，并能对文章作深层次的思考和感悟，就连平时很少举手发言的同学也积极地参与，发表了理解和收获。这不正是我们所要追求的境界吗?

2. 少些灌输，多些沟通

课堂教学是以学生为主体的活动，学生在师生之间的沟通与合作中受到心灵的撞击，从而产生“发现世界”“发现自我”乃至“相互发现”的契机。学生课堂主体地位的缺失导致课堂沟通的匮乏，这是至今语文教学“高耗低效”未得到真正改变的症结所在。其实，“没有沟通就不可能有教学”，缺失了沟通的教学是不可想象的。因此，在语文教学的过程中，教师要从神圣的讲台上走下来，把自己的角色由学生学习的领导者和知识传授者转换成学生学习的引导者和参与者，少给学生以知识的灌输，多给他们交流沟通的时机，让他们在自我探究的实践中，在和谐互动的过程中，习得知识，培育能力，发展个性。我以为以下两点显得十分重要。

其一，给学生创造开放的思维空间。

学生在自主探究的语文实践中，由于知识水平、生活体验等方面的差异，对文本的理解和感悟不可能完全相同。因此，我们在教学时要为学生创造一个开放的且能自由表达的思维空间，鼓励学生大胆地表达自己的看法和见解，从而使每个人的特点都得到淋漓尽致的发挥。如，在教学《落花生》时，我提出了："读了这篇文章，你得到了什么启示?"这是一个见仁见智的没有标准答案的问题，学生根据自身的认识和体验，可以从不同层面、不同角度作出阐释。有的学生从教材的原意出发，认为应该像落花生那样，做个埋头苦干、默默无闻、不炫耀自己的人；有的学生则结合现代社会价值观，认为现在已经是市场经济了，一个人应该像苹果、桃子、石榴那样善于展示自己，推销自己，如果再像落花生那样默默无闻，恐怕连一份合适的工作都难以找到；还有的学生这样认为，落花生无私奉献的精神很可贵，但它一味等待别人来发现的思想不可取，因为如果没有人发现，不就埋没一生了吗？因此，该脚踏实地、埋头苦干的时候，就要踏实工作，不炫耀，不张扬，像落花生一样；该表现自我、展示才华的时候，就得有苹果、桃子、石榴那样的勇气。学生的这些丰富多彩的真知灼见，正是他们进行多向思维的结果，这些观点无一不是打上了个人思想的烙印，无一不闪烁着智慧的火花。

其二，让对话成为主要的教学形式。

《课程标准》指出："精心设计和组织教学活动，重视启发式、讨论式教学，启迪学生智慧，提高语文教学质量。"这种新的教学理念的提出必将打破传统理念对教学的束缚，使语文教学真正成为学生、教师、教科书编者、文本之间的对话过程。当然，这种对话不是以往那种师生之间简单化、线形的一问一答，而是师生与文本之间多层次、多维度、多范畴的信息与情感的交流、传递和反馈。比如，在教学《她是我的朋友》一文时，我一改常规的教法，设计了"主人公阮恒到底愿不愿意输血？试着从文中找出依据。"这个问题让学生展开讨论。在讨论中，有的学生抓住了阮恒输血前"举""放""举"的动作，体会到主人公既想输血又怕输血的矛盾心情；有的学生抓住了阮恒献血时的三次"哭泣"和三次"制止"的痛苦表情，体会到主人公既害怕输血，又甘愿为朋友献血的复杂心路历程。通过讨论，学生对阮恒有了深刻的认识：由于对输血的错误认识，他在输血时痛苦加剧，然而为了不让医生停止输血，他一次又一次地竭力制止哭泣，他是心甘情愿地为朋友献血的。此时，阮恒那纯朴、善良的心灵感染了每一个学生，大家对他的敬佩之情也油然而生。实践证明，这种讨论的教学形式，不仅有利于调动学生投入自主学习的实践，还有利于思维的撞击和智慧火花的迸发，进而促进师生之间、生生之间的信息与情感的沟通。在讨论的过程中，教师的权威消失了，从而使一个通过人人参与、平等对话、真诚沟通来发展合作精神、共享知识经验、实现自我超越的课堂教学的新格局得以形成。这不正是我们所期盼的教学状态吗？

3. 少些否定，多些呵护

有这样一个真实的例子，一位教师在教学《春天》一文时，问全班同学："冰雪化做了什么？"大多数学生说冰雪化做了水，而有一个学生却回答说："冰雪化做了春天。"这是一个多么富有创意的回答呀！它不仅合乎诗歌本身的意境，而且显现了这个学生的独特的感悟能力。然而，可悲的是这么一个充满灵性的答案却被老师无情地否定了！

这个例子使我想到，在语文教学中，教师往往视教学参考书上的解读为圣旨，为了照搬教学参考书上现成的答案，时常会给学生设计一条通向已定答案的小径，设法让学生沿着这条小径像捉迷藏似的去寻找那个所谓的"标准答案"。至于学生在解读文本时有什么新颖的看法和独特的感悟，不予考虑，他们的回答如果逾越了"雷池"，就一概予以否定。岂不知，这样的否定，正是扼杀学生个性的罪魁祸首，这种教学思想恰恰是把阅读教学引入一个为标准答案而思考、为教学参考的再现而分析的死胡同。这样的阅读还有什么个性化可言，又怎么会产生"一千个读者就会有一千个哈姆雷特"的艺术效果？

《课程标准》指出："语文课程丰富的人文内涵对学生精神世界的影响是广泛而深刻的，学生对语文材料的感受和理解又往往是多元的。"在阅读实践中，学生会凭借自己的兴趣爱好、知识经验，对阅读文本进行独具个性的阐释，阅读文本之后，他们各自头脑中产生的"哈姆莱特"的形象是不一样的。正因如此，我们要珍视学生的独特感悟，善待学生的回答，对他们的回答不能随意地给予否定，而是要竭尽全力地去肯定他们的一切努力，满腔热情地去赞扬他们思考的一切结论。

放飞学生的个性，让每一个学生的潜能都得到最大限度的开发，这不仅是人的自身的需求，也是社会发展对人提出的要求。对此，我们有什么理由说不呢！

让我们牢记伟大的教育家苏霍姆林斯基在《教育的艺术》一书中说的这样一段话语："每一个孩子都是一个世界——完全特殊的、独一无二的世界。假如孩子们从我的生活中经过，可是无论在记忆中还是在心坎上都没有留下痕迹，那么这就是对我最大的惩罚。假如孩子离开你时是灰色的、无个性的，那就意味着你没有在他身上留下任何东西。对于一个教师来说，恐怕没有比这种结局更令人痛心的了。因为，我们称之为‘教育’的一切，正是在人身上再现自己的一种伟大创造。”

放飞学生的个性，努力挖掘每一个个性世界的潜能，这是时代赋予我们教育工作者最崇高的创造使命！

自主探究，阅读教学的新型范式

新一轮国家基础教育课程改革的一个重要而具体的目标，就是改变课程实施过于强调接受学习、死记硬背、机械训练的现状，倡导学生主动参与、乐于探究的学习方式。在《课程标准》中，就把“积极倡导自主、合作、探究的学习方式”作为语文课程的基本理念提了出来。这个新的语文课程理念的提出，对语文教学实践产生了深远影响。阅读教学作为语文课程的一个主体，必然要顺应这一时代的发展要求，充分体现这一全新的课程理念，切实转变学生的学习方式，培养学生积极、主动的学习态度和能力，教会学生善于学习的技巧，使学生真正成为课堂的主人、学习的主人，使他们的主体意识、能动性和创造性得到充分发展，为他们的自主学习和持续发展奠定基础。自主探究式阅读教学正是在这样的背景之下应运而生的。

一、自主探究式阅读教学的特征解析

自主探究式阅读教学是在教师的启发引导下，以学生的自主阅读和合作讨论为前提，以教材文本为基本探究内容，以学生的生活实际和周围世界为参照对象，为学生设置一定的问题情境，让学生用类似科学研究的方法，通过个人分析、小组讨论、集体合作等多种释疑解难的尝试活动，主动地获取知识，运用知识，解决实际问题的一种阅读教学活动。与传统的以情节分析为中心的讲问型阅读教学模式相比较，自主探究式阅读教学主要有如下一些特征。

1. 自主性

自主探究式阅读教学是把阅读的自由、阅读的权利、阅读的时空和阅读的欢乐等都还给了学生，使学生有充分的条件去自主读书和探究，实现自我发现与发展。另一方面，在阅读过程中，学生并不是消极地接受、索取文本的意义，而是依靠他们全部的心智和情感积极主动地去发现、建构意义，甚至创造意义。这就决定了阅读只能是学生自己的事，任何人都无法代替学生自己的阅读实践。教师的职责，就是为学生营造一个语文实践的"场"，让学生在这个场域中，直接面对文本，主动地、专注地、兴致勃勃地去阅读、探究文本内容，使其在知识的探索、能力的生长上都能达到最佳状态，从而把课堂变成为一个充满发现与创造的乐园。学生阅读探究的活动愈是自主，阅读教学的过程就愈能张扬学生的个性，就愈能发展学生的个性。

2. 合作性

阅读虽然是学生自主的实践活动，但这个实践活动往往是在课堂教学环境中进行的，它不只是学生个体封闭式的学习活动，而且是一个在教师引导下的群体互动的开放式的合作学习活动。应该说，合作学习是自主探究式阅读教学的主要方式。课堂上的合作，主要强调小组讨论和全班交流。在小组里，大家围绕问题，各抒己见，经过讨论和争辩，求得问题的解决。如果小组合作未能很好解决问题，可以提到全班进行交流、讨论。

3. 开放性

一是阅读探究的内容是开放的。自主探究式阅读教学虽然以文本为基础探究内容，但它又不是仅仅局限于文本的内容，还包括来源于学生生活和社会生活的相关内容，学生可以用从课外语文教育资源中获取的信息来补充、拓展文本的信息资源，从而形成了一个校内外沟通、课内外结合的大语文教学体系。

二是阅读探究的过程是开放的。自主探究式阅读教学的过程设计具有较大的灵活性，探究方法、手段及其结果表达可以各不相同，这就为学生、教师发挥个性和才能提供了一个广阔的空间，从而形成一个开放性的学习过程。自主探究式阅读教学尤为关注学生知识意义建构的过程，重视学生探索新知识的经历和获得新知识的体验，体现出对学生生命的存在及其发展的整体关怀。

三是阅读探究的评价是开放的。传统的阅读教学中，评价的权威是教师，评价的内容是成绩，一贯的做法是重结果轻过程，重整齐划一轻个性张扬，这样的评价，把多少有个性的学生都给扼杀了。而自主探究式阅读教学倡导课堂评价主体及其形式的多元化，使学生在自评、互评的开放性的评价过程中自得自悟、自信自强、放飞个性。

4. 探索性

波利亚说："学习任何知识的最佳途径是自己去发现。因为这种发现、理解最深刻，也最容易掌握其中的规律、性质和联系。"让学生自己去探究知识必须经过个体积极主动的探索。可以说，探索性是阅读教学的生命线，也是自主探究式阅读教学的显著特点之一。这是因为文本提供的信息除了字面意思之外，常常还有更深层次的意义，这些隐含的潜在意义需要在教师的指导下由学生通过自主阅读探究去发现、去破解。而学生由于受到认识经验、心智水平等方面的影响，他们在发现、破解文本蕴蓄的过程中还会遇到许多疑难和困惑，尤其是当文本所表述的情感态度、价值观念与学生的"阅读期待"不一致或相矛盾时，其疑难和困惑就更为突出，这就会成为阅读理解的障碍。对此，他们必须进行一番分析、推理和探究，以求得期待和视野的融合。在这样的探索解决问题的过程中，学生的语文素养、实践能力和创新精神都会得到提升与发展。

5. 独特性

阅读是一种心智活动，是个体认识世界、感悟人生的重要途径。自主探究式阅读是学生在教师的指导下的独立自主地探究文本蕴蓄的学习行为，学生在这个过程中产生的感悟，必然会带有强烈的个性化倾向，所谓"一千个读者就有一千个哈姆雷特"。这是因为每一位学生的阅读，都有各自关注的焦点，每一位学生的理解、感悟都与他原有的知识经验、认识能力、审美情趣和阅读习惯等相关联。即使对同一篇文本，不同的学生在同一教师的指导下，也会产生不同的感悟，甚至同一个学生在不同的时间和环境里，对同一文本的感悟也会有差异。学生在阅读的过程中产生一些独特的感悟，是正常的、可喜的，更是值得珍视、尊重并大加鼓励的。这种带有强烈主观色彩的理解、感悟和体验，正是自主探究式阅读教学的必然结果。

二、自主探究式阅读教学的程序设计

1. 引题导趣——自学探究

引题导趣是指教师的课堂导入。它虽然只有短短的几分钟时间，但却起着影响全局、辐射全课的作用。一个精彩的教学开头就像一块无形的磁铁，能够吸引学生的注意力，调动学生的情绪，开启学生的心智，形成良好的课堂学习氛围。例如，一位教师在教学《草船借箭》一课时是这样导入新课的："同学们，我在备这篇课文的时候，隐约地感觉到课题上的'借'字用得不恰当，因为'借'要征得别人同意，用后再归还，可是课文中的箭并没有征得曹操的同意，这分明是'骗'箭，哪里是'借'箭？请你们仔细地读读课文，看看这个'借'字用得到底恰当不恰当。"这个引题导趣环节的设计，欲擒故纵，巧妙地点化了学生，不仅极大地激发了学生阅读探究文本的欲望，还为学生设置了一个能驰骋思维、放飞思想、张扬个性的开放性的问题。所以，教师话音刚落，整个课堂便沸腾起来了，学生都兴致勃勃地去阅读探究文本的内容。

在学生自学探究阶段，教师的主要职责是关注学生的"阅读期待"，帮助学生遴选出一些富有思维含量的问题，促使学生进一步去阅读探究，进而对文本产生认同、共鸣，抑或进行质疑、批判。一般来说，这个阶段应要求学生完成如下任务：

◎读准、记牢生字新词；

◎读通课文，不可读破句子，也不能添字、漏字；

◎尝试理解引题导趣时涉及的一些问题；

◎提出自己弄不明白的疑难问题。

在学生自学探究以后，还要用一些时间来让学生认认生字，读读课文，谈谈感受，提提问题，以了解学生对文本的认知程度和期待视野。

2. 点拨导思——合作探究

点拨导思是教师在整合前一阶段学生感知的信息和质疑的问题的基础上，引导学生通过合作学习的方式对文本进行"咬文嚼字，细琢细磨"，以求得对问题的解决。点拨导思要富有启发性和激励性，要能够促进学生乐此不疲地去诵读、思考、讨论、评价，从而使学生在读、思、议、评的多边对话、答辩、争论的活动中，获得真切的体验和独特的感悟。教师的点拨导思要适度、适当，只需在关键处加以点拨即可，切不可搞成师生之间简单的线形方式的一问一答，致使学生被教师牵着鼻子走。

例如，前面提到的那位教师是这样放手让学生去探究诸葛亮是"借"箭还是"骗"箭这个问题的：首先，他要求学生仔细地读几遍课文，边读边想，并用笔圈点勾画或批注有关语句；然后，让学生以 4 人一小组的形式进行讨论；最后，集体交流，让学生各抒己见。由于学生在探究的过程中进行了有效合作，因此，集体交流时的气氛异常热烈。有的学生说，之所以说“借箭”，是因为草船受箭以后，诸葛亮吩咐军士们高喊“谢谢曹丞相的箭”，这就表明诸葛亮受箭后已经向曹操表示了谢意。有的学生则不同意这个看法，认为这不是真心感谢，而是嘲讽，意思是：曹操，你上当了，白白送给我十万多枝箭。有的学生认为这个“借”字含义深刻，耐人寻味，诸葛亮得到这十万多枝箭不是不还，将会在交战时如数归还。还有的学生认为，战争中不存在“骗”的问题，凭借智慧去“骗”也是战争中的一个计谋，要不怎么会有“兵不厌诈”这种说法呢？学生普遍认为，用“借”比“骗”贴切，因为“借”能够充分体现出诸葛亮神机妙算的聪明才智，而“骗”含有贬义，用“骗”就会损害诸葛亮这个足智多谋的政治家和军事家的形象……在合作探究中，学生的思维碰撞激烈，火花四溅，丰富而独特的感悟催生个性之花的绽放。

3. 迁移导练——实践探究

这一环节是教师有目的、有计划地指导学生将探究所获得的知识进行运用的实践阶段。这一环节既是对探究成绩的巩固，也是对探究效果的检验；既是吸收、内化知识的过程，也是把知识转化为能力的过程。在这一环节中，教师首先要根据文本的特点及学生合作探究的情况，用几句画龙点睛的话语，把学生前一阶段合作探究的讨论要点作简要的归纳、概括，以给学生一个明明白白、清清楚楚的交代；其次，要精心设计一些迁移训练来帮助学生运用知识，内化语言，学会举一反三，解决类似或相关的问题，要从文本的内容和学生的实际出发，富有灵活性、多样性和针对性，以满足不同类型学生的探索需求；再次，要大胆地把实践探究的自主权交还给学生，充分相信学生，允许学生根据自己的实际情况对实践探究的数量、形式和深度作出选择。

比如，在教学《碧螺春》这篇课文时，可以设计如下的迁移训练，让学生从中任选自己感兴趣的一两道题目进行实践探究。

(1) 把你最喜欢的一两个自然段背诵下来，并且想想你是用什么方法记诵的。比一比，看谁背得快，背得巧。

(2) 课文中有一句外国诗人赞美碧螺春的诗句，请你先把它摘抄下来，然后学着诗人的样子，也来写一两句诗，赞颂这色、香、味、形俱佳的碧螺春茶。

（3）请你根据在生活中看到的、听到的推销经验，来当一个小小的推销员，尝试着向别人推销碧螺春茶。

这3道迁移训练设计得颇具匠心，不仅能够大大地激发学生自主探究的意识，而且能够有利于学生个性的健康发展。第一个问题旨在让学生自由选择自己最喜欢的段落进行背诵，并探究自己背诵的方法，从而使学生在感悟和积累文本语言的过程中，形成良好的语感经验；第二道题目是写的训练，它既能加深学生对文本内容的感悟，又能升华学生的思想情感，使读写有机融合，相得益彰；第三个问题意在训练学生的口语交际能力，教师巧妙地以贴近生活实际的情境为学生创设口语交际的机会，激发了学生口语交际的热情，使他们能积极主动地融入角色，并在提高口语表达能力的同时，加深对文本内容的理解和感悟。

4. 拓展导创——深化探究

这一环节主要是把学习的时空由课堂之内拓展到课堂之外，为学生创设更多的动脑、动手、实践、探究的机会，让他们养成自主探究的良好习惯，从而把阅读探究变成学生生活的第一乐趣。文本是一座具有创造价值的宝库，它对于培养学生的创新精神和实践能力，有着不可估量的作用。教师要充分地挖掘、利用文本资源，鼓励学生敢于超越文本，超越课堂，超越教师，用放大的眼光去审视思考、发现问题，并能积极主动地到图书馆、阅览室，或上网，或到社会生活中去探究。

比如，教学《秦兵马俑》这篇课文后，为了帮助学生认识中华民族的灿烂文化及艺术，增强他们的民族自豪感和自信力，可以先让学生课外去搜集、整理一些自己感兴趣的介绍中华民族文化和艺术遗产的图片和文字资料，然后，利用语文活动课进行交流，比比谁搜集的资料多，看看谁介绍得精彩。这种源于文本且超越文本的问题就能很自然地把学生的探究视点由课内引向课外，既能激活学生深入探究的意识与创造性的思维，又能培养学生搜集信息、处理信息、交流信息的能力。

三、自主探究式阅读教学的实施方略

1. 前提：和谐的氛围

自主探究式阅读教学要以宽松民主的课堂氛围为前提，因为只有宽松民主的教学气氛、融洽自由的教学情境，才能使学生的思维处于最佳的状态，才能使学生敞开心扉，潜心研究。这就要求教师把自己的角色由学生学习的领导者和知识的传授者转换成学生学习的引导者和参与者。课堂上，少给学生规矩的约束，多给他们以充足的心理安全和心理自由，让他们自由选择学习内容、学习方式，自主评价学习结果，使每一个学生都能神情专注地、无拘无束地参与到阅读探究的实践中来；少给学生知识的灌输，多给他们创设沟通与合作的时机，让他们在自我探究的实践中，在和谐互动的过程中，习得知识，培育能力，发展个性。

2. 核心：精当的话题

自主探究式阅读教学是从学生的"问题"开始的。建构有意义的"话题"往往被视为自主探究式阅读教学的核心。课堂上，一个有思维强度、足以引发探究的"话题"，特别容易激发学生的求知欲望，促使学生自主地、能动地去阅读探究文本的意蕴，从而实现对文本的有意义的创造。"话题"在自主探究式阅读教学中的重要性体现在它对学生合适与否，而不在于它是否由学生提出来。探究的"话题"由教师或学生提出均可，如果探究的"话题"完全是由学生提出来的，那当然最好了。因此，教师要特别重视培养学生自己发现问题与提出问题的能力，要注意结合文本内容和现实生活为学生创设一个开放的、富有意义的、比较复杂的问题情境。

3. 主线：自主的读书

阅读教学，顾名思义，就是教学生"阅"，教学生"读"。离开了"阅"，"读"二字，就不是阅读教学。阅是目治、心治；读是口治、耳治。从某种意义上说，眼看和口诵同属于"读"，都是理解文本语言、实现与文本对话的最有效的手段。自主探究式阅读教学坚持以读为本的阅读教学观，把自主读书作为贯穿整个阅读教学的一条主线，运用默读、朗读、精读、略读、速读、品读等方式，引导学生"披文入情""切己体察""潜心会文""得意体情"，使学生在自主读书的实践中完成认读、转译、体悟、融情、碰撞、思索、表达……从而达到由不知到知，从知之不多到知之甚多，从理解肤浅到理解深刻，实现由"感"到"悟"的飞跃。

4. 保证：科学的评价

课堂教学中，评价的最终目标是激发和调动学生的学习积极性和创造性。因此，科学的课堂评价具有导向、激励、反馈、总结等多重功能。探究式阅读教学的课堂评价把评价权还给学生，突出学生的评价主体地位，是一种科学有效的课堂评价。它一般采用自主性评价的策略，即以学生自评、互评、师生共同评议的形式，引导学生全面客观地认识自己的行为，公正合理地评价他人，不断反思、调整自己的行为，提升自己的品质，取人之长，补己之短。在评价的过程中，还要注意适时地应用包容性评价和延迟性评价的策略，来激励学生，提高效率。需要指出的是，评价不能过于理性，因为阅读材料形象性和综合性的特点，决定了对阅读效果的评价，不可能也不应该太绝对、太精确、太机械；过于理性的评价，会挫伤和扼杀学生思维的灵活性和创造性。

“悦”读，滋养心灵的“鸡汤”

一个充实而有意义的人生，应该是伴随着读书而度过、而发展、而超越的。阅读，点亮的是心灯，升华的是灵魂。从某种意义上说，一个人的精神发育史就是他的阅读史。因为书是香甜的，是温暖的，是富有灵性的。书中有知识，那是勤奋而聪慧的先人们，在漫长的历史长河中，探寻和打捞出来的璀璨珍珠；书中有情感，那是真诚而善良的人们，用其生命力量和炽热情感酿造而成的香醇美酒；书中有精神，那是勇敢而坚韧的人们，在不懈追求的进程中，将理想付诸行动，从而盛开出来的生命之朵；书中有思想，那是用人生的体悟与理性的拷问，融会而成的灵魂之光……一个人如果缺少了书的滋养，他的生命就会变得黯淡无光。

一、书香流溢：这是时代的呼唤

现代社会要求公民具备良好的人文素养和科学素养，具备创新精神、合作意识和开放的视野，具备包括阅读理解与表达交流在内的多方面的基本能力。营造书香社会已经成为时代的必然要求。此时，我们深深地感受到只让孩子们阅读语文课本上的那些文章，已经远远无法满足时代的需求了。扩大孩子们的阅读量，拓宽他们的视界，丰富他们的积累，让他们的周身弥散着书香，这已是时代的最强音。新的课程改革就注意到了这一点，《课程标准》对学生的课外阅读就做出了十分明确的规定：

“小学六年的课外阅读总量应在 145 万字以上。其中，第一学段（1～2 年级），课外阅读总量不少于 5 万字；第二学段（3～4 年级），课外阅读总量不少于 40 万字；第三学段（5～6 年级），课外阅读总量不少于 100

万字。”

“要重视培养学生广泛的阅读兴趣，扩大阅读面，增加阅读量，提高阅读品位。提倡少做题，多读书，好读书，读好书，读整本的书。关注学生通过多种媒介的阅读，鼓励学生自主选择优秀的阅读材料。加强对课外阅读的指导，开展各种课外阅读活动，创造展示与交流的机会，营造人人爱读书的良好氛围。”

二、与书相伴：这是孩子的诉求

其实，大多数孩子还是比较喜欢阅读课外书籍的，但是他们往往苦于成天忙于应付老师和家长布置的这样或那样的作业，就连星期天，也要疲于奔波，去上各类的辅导班，根本没有时间来阅读自己喜欢的书籍，也没有机会享受读书的乐趣。即使有些孩子挤出了少许时间来阅读一些“闲书”，也会招致家长的埋怨和指责，他们认为孩子阅读课外书籍一是浪费时间，二是影响学习，与其把时间花在阅读“闲书”上，还不如用来多做些题目，以换取比较好的考试分数。

我们该如何安排孩子的课余生活呢？这里，我们不妨先来听听孩子们的心声——

学生1：在假期中，我的最大心愿就是走进书的世界，与书交朋友，因为莎士比亚曾经说过这么一句话：“生活里没有书籍，就好像没有阳光；智慧里没有书籍，就好像鸟儿没有翅膀。”可是有时我读一本书时读不太懂这本书想表达的意思，我多么希望爸爸妈妈能与我共读一本书，这样我就可以和他们交流了。

学生2：读书是我生活中最快乐的事，但我的老爸不太支持我读课外书。比如，我在读我喜爱的《淘气包马小跳》的时候，爸爸老是不让我读，说这是闲书，读了没用，还会影响学习。

学生3：我喜欢读一些有精彩的故事情节，能够感动人的书。因为这些书，第一，可以让我们感受到读书的乐趣，第二，可以让我们去体会感情，学会感动。可是这些我喜欢读的书，父母不让我看，老是叫我读一些作文，说这样可以尽快提高作文水平。

学生4：假期中，我要好好放松一下啦！不过在放松的同时，我也不会忘记读课外书的哟！我会在假期中花大量的时间来读课外书，因为书是我的好伙伴，我喜欢一些校园小说。可是爸妈总是望女成凤，给我买一些既深奥又没意思的书来让我读，比如四大名著等。这些书，我一是没兴趣，二是读不懂。哎，爸爸妈妈，你们真不了解我的心啊！

听了孩子们的这些话语，作为教师、作为家长是不是该反思一下自己的行为：为什么我们总是喜欢用自己的思维方式来左右孩子的选择呢？其实，孩子也有本该属于他们自己的读书方式，作为教师、作为家长，应该尊重孩子的选择，让他们去阅读适合他们阅读的、他们也喜欢的书籍，从而真正使他们到书中去寻珠觅宝，享受快乐。

三、形成习惯：这是教师的夙愿

让每一个学生都爱上阅读，这是我们语文教师的最大愿望。那么，如何让学生爱上并且善于阅读呢？我认为，首先，要培养学生浓厚的阅读兴趣。如果我们能让学生对阅读产生兴趣，让他们把心思转移到阅读上来，那么即使老师没有要求，学生也会挤出时间来阅读。其次，要创设良好的读书氛围。如果说兴趣是影响阅读的内在因素，那么氛围就是影响阅读的外在因素。所谓“氛围”，就是指周围的气氛和情调。它对学生有一种潜移默化的影响。试想，如果你的周围都是在安静读书的人，那你就会被这样的氛围所感染，情不自禁地也想捧起书来读一读。在校内，我常常创造条件和学生一起阅读，创设一种图书馆的情境，让学生在群体阅读的氛围中激发起读书的欲望，形成良好的习惯；在校外，我也向家长建议要重视家庭阅读氛围的创设，给孩子安排书房，或添置书橱书柜，开辟孩子读书的天地，同时希望家长和孩子一起看书，为孩子树立榜样。久而久之，读书就会成为学生生活中的一种习惯，就像呼吸那样自然，简单而又不可或缺。此外，还要有一定的方法指导，因为并非书读的越多收获越大。读书既要“杂”，读各种类型的书，能丰富自己的见识；读书也要“专”，要善始善终，读整本书，以加大见识的厚度。

四、崇尚阅读：这是美好的追寻

我曾在《教育周刊》上读到了一位中学生写的《中学生阅读怎么了?》的文章。读后，我感慨颇多。文章写的是这位学生作为学校的代表在美国留学一年，亲眼目睹了美国学生的阅读方式，深深地感受到美国中学对学生课外阅读的重视。每所学校的图书馆都存有相当数量的书籍，而且每本书都有一个阅读等级。对不同年级的学生，图书管理员会推荐不同等级的阅读书目来让学生根据自己的爱好进行选择。学生每读完一本书后，就可以到学校图书馆的电脑上接受一个测验，测验的题目比较简单，只要认真读过了这本书就能很容易答出来。答完题后电脑会给出一个分值，这个分值与读书难度等级和回答问题的准确率有关。对于阅读的分数，美国学生是相当重视的，因为这些分数在学生的成绩单上都有所显示，如果分数不够的话毕业就有困难。另外，学校也会在每学期期末评出阅读量好的学生给予奖励。如果超过了学校要求的阅读量，还可以获得阅读金卡，凭此金卡去吃买麦当劳之类的快餐还可以打折。美国学生一般下午3点左右就放学了，他们可以用于阅读的时间相当多。通过对照，这位中学生感到中国的学生就没有人家的那份阅读的闲暇了，整天要忙于做各种题目应付考试，根本没有时间来安排自己的课外阅读。尽管教育主管部门也推出了“语文新课标必读丛书（60种）”来让学生阅读，但由于缺少时间和应有的保障激励机制，也只是流于形式罢了。这位学生在这篇文章中道出的是自己的心声，折射出的却是一个极为严峻的现实问题。

课外阅读的疲软势必会造成孩子们语言积累的缺失和精神生活的苍白，长此以往何谈言语智慧？何谈语文素养？

我一直认为，语文学习不是让孩子们把大量的时间花在阅读各种各样的参考书和操练花样繁多的练习题上，而是要激发和培养他们阅读的兴趣，引领他们去潜心阅读大量名篇巨著，让他们走到名篇巨著当中进行精神之旅，让他们用自己那颗纯真的心去直面大师，与书中的那些高尚的人物进行心灵之约，以获得真善美的熏陶和言语智慧的滋养，从而提升人文底蕴和语文素养。试想，像巴金这样的文学巨匠绝不是靠做习题“做”出来的，而是靠广泛地阅读“读”出来。他十来岁就能背诵出许多文章，难怪他在谈及自己的创作经验时会这样说：“现在有两百多篇文章储藏在我的脑子里面了。虽然我对其中的任何一篇都没有好好地研究过，但是这么多具体的东西至少可以使我明白所谓‘文章’究竟是怎么一回事了。”这时我又想到了世界著名的教育家苏霍姆林斯基，他虽然从教于远离都市的在偏僻乡村中的帕夫雷什学校，但十分重视学生的课外阅读。他认真阅读了各年级各学科的教科书，与教师们共同研究，把那些重复的、多余的、毫无思考价值的习题一一删去，好腾出时间让学生课外阅读。经过多年探索，他终于拟出了帕夫雷什学校学生课外阅读书目，其中有不少世界各国的文学名著。他认为，文学就像一条清甜溪流，可以滋润学生的心田，启迪学生的心智，完善一个人的人生。所以，我们应该努力为孩子们创设一定的自由时间，让他们在一种休闲状态下去从事自由的有益于自身发展的阅读活动。我觉得，让孩子们崇拜阅读，让书香充盈他们的心田，这才是我们教师和家长的应尽之责和成功之举。

我还以为要让课外阅读成为孩子们的至爱，对教师来说就是要舍得花时间来引导学生进行阅读，要切实减少直至消除那些机械的、烦琐的练习，以腾出时间来让学生痛痛快快地去读，潇潇洒洒地去读。同时，我们还要让学生把课外阅读作为每天必不可少的作业来完成，要经常性地开展一些形式多样的读书交流活动。对家长来说就是要充分认识到阅读对学生精神世界的影响，要鼓励孩子进行阅读，并帮助孩子养成良好的阅读习惯。如果条件允许，提倡家长和孩子共同阅读，享受亲子阅读的乐趣。

我觉得，只有这样多管齐下，我们方能为孩子们营造出一个良好的阅读氛围，保障和激励他们与课外阅读“零距离接触”，从而把语文课程标准中的课外阅读要求落到实处。

给孩子们阅读的自由吧，让他们在书籍中自由自在地徜徉、流连，无拘无束地汲取人文精神和言语智慧。这样语文学习才会变得有滋有味，课外阅读才会真正成为滋养孩子心灵的“鸡汤”！

用语文的方式教语文

语文教学，培育带得走的能力
——小学语文教学深度对话之二
让语言落地生根
——《诺贝尔》教学实录及赏析
本真而智慧的阅读教学
——观潘文彬《诺贝尔》的教学
有效互动，促进发展
——观潘文彬《诺贝尔》的教学
向语言深处漫溯
——《我和祖父的园子》教学实录及赏析
从哪里抵达作者的灵魂
——观潘文彬《我和祖父的园子》的教学
课堂向四面八方打开
——《钱学森》课堂实录及赏析
可贵的坚守
——观潘文彬《钱学森》的教学
穿梭在语言的丛林中
——《莫泊桑拜师》教学实录及赏析
大气，一种教学的智慧
——观潘文彬《莫泊桑拜师》的教学
与学生一起幸福前行
——观潘文彬《莫泊桑拜师》的教学
相荡生涟漪，相击发灵光
——《孔子游春》教学实录及赏析
直抵语文朴素的原点
——观潘文彬《孔子游春》的教学
感悟：言在左，意在右，智慧在中间

语文教学，培育带得走的能力

——小学语文教学深度对话之二

策划：潘文彬

参与：刘 荃 江苏省语文特级教师

杨树亚 南京市语文学科带头人

陈朝玉 南京市语文学科带头人

刘宁霞 南京市优秀青年教师

语文教学，拒绝无谓的玄乎

潘文彬：时常听到一些老师慨叹：“语文到底怎样了？怎么越教越不会教了！”这番感叹道出了目前语文教学的些许尴尬。可不是吗，当前语文教学改革可谓名目繁多，流派纷呈，让人应接不暇；语文课堂也是花样百出，热闹非凡，让人眼花缭乱。但静心思忖，可以发现语文课堂有时候所呈现出来的其实是一种虚假的繁荣，语文的本体往往被游离于教学内容之外的热闹场面所遮蔽，使人越发觉得语文课似乎失去了它的本真。那么，语文到底是什么？语文教学应该干什么？这些看似清楚的问题，如今却变得有些迷糊了。然而，这些看似简单的命题，却关乎语文的本原和本质，值得我们好好去追思，去探寻。

杨树亚：面对纷繁涌起的语文“春潮”，潘文彬老师提出：“要把语文教得实在一些，再实在一些，让语文返璞归真，让语文教学更合乎语文自身的规律，让教师教出、学生学出实实在在的‘语文味’来。”的确如此，语文，本应拒绝一切无谓的玄乎，因为一切附属于语文的东西很可能成为语文课堂的累赘，成为语文老师教语文的裹脚布、绊脚石。

拒绝一切玄乎的语文课堂才是纯粹的语文课堂。纯粹的语文课堂必然根植于“品味语言、触摸文字”这一语言发展的根基。因为，一切花拳绣腿、花里胡哨下滋生出来的所谓的“课堂生机与活力”，只能让语文和语文课堂虚化、窄化，甚至异化。而在虚化、窄化以及异化了的语文课堂中，师生的言语对话定然游离于文本之外，学生的语文学习过程也就缺失了咀嚼、玩味语言的机会，学生的言语思维也必然是天马行空，不能积累提高。

陈朝玉：潘老师提出“语文教学要恪守姓‘语’不动摇”，“追寻平实而有效的语文教学”，其核心思想就是要求我们语文教师教学要求实。求实，意味着实实在在，坚决抛弃那些华而不实的东西，所做的一切工作应该着眼于实实在在地促进学生语文素养的形成和发展。

在《爷爷的芦笛》教学中，潘老师问学生：“同学们，文章的第三自然段对海的描写是很有特色的。你们发现了吗?”学生说：“我发现这一自然段依次写了海水、海面和海风，描写得很有序。”还有学生说：“我感觉到这一自然段用词造句很讲究，五月的海是温润的，初夏的海风是温馨的。虽然文字不多，但留给我们的印象却十分深刻。”潘老师接着启发学生：“你们真是拥有了一双善于发现的眼睛啊！请你们仔细读读这段文字，看看‘温润’与‘温馨’这两个词能否互换一下位置。”学生通过阅读、比较和揣摩，他们有的说：“我认为这两个词不能调换位置，因为‘温润’是在有湿度的情况下用这个词，而‘温馨’一般是形容家庭的。”有的说：“我来补充一下他的看法，他说‘温润’是在有湿度的条件下可以用，我基本同意；不过，‘温馨’在这里不是指家庭，而是形容初夏的海风的。我觉得，‘温润’和‘温馨’都有一种舒服的感觉，都是一种幸福的体验，‘温润’是用皮肤去获得的一种感觉，而‘温馨’则是用心去获得的一种感觉。所以，我认为这两个词不能互换。”还有的说：“我认为‘温润’的意思是柔和中带有一点湿度，而‘温馨’则是温润中带有一点馨香。所以，这两个词不能对调。”潘老师最后小结：“由此看来，作者对海的感受是何等细腻，用词造句又是何等的精准啊！同学们，让我们把这一自然段美美地读一读，再来感受一下五月间的海水、海面和海风。”

潘老师引导学生咬定“语言”不放松，切实地从语言文字入手，引领学生向语言的更深处漫溯，让学生能够在咂摸语言的过程中觅得语言的滋味。在品味词语的过程中既让学生感悟到了初夏海的浪漫与温润，又让学生在不知不觉之中体悟到作者遣词造句之精妙，获得言语智慧的滋养，还能让学生在揣摩、品味语言的同时，情感得到熏陶，能力得到发展。潘老师的这种把语言学习作为本体的学习才是真正意义上的语文学习，在掌握和提高语言文字能力的过程中，学生的精神世界、审美情趣、创造能力、道德情操等人文素养也能够潜移默化地受到感染和滋生。这一切都是实实在在的。

语文教学，用语文的方式教语文

杨树亚：俗话说：大道至简。语文教学亦应如此！听说读写是语文，字词句篇是语文，思悟辨赏是语文，语文教学理应在这些纯粹的语文元素中行进。立足于语文教语文，用语文的方式教语文，这样的课堂才是“基于语文，更为了语文”的语文教学。

潘文彬老师在执教《生命的林子》一文时，从文本语言出发，首先呈现一组可以牵一发而动全身的词语：晨钟暮鼓、香客如流、名满天下、水深龙多、喧喧嚷嚷、高僧济济。接着带领学生围绕这组词语进行听、品、读、悟，并给予学生充分的时间，以从这组词语中发现问题、提出问题。在此基础上，潘老师又借助这些词组带领学生走进文本之中，走进“生命的林子”，探寻“走”与“留”这一生命问题的答案。纵观全文的教学，潘老师没有用什么炫人耳目的时尚手段，教学的行进始终贴合文本的语言。学生在对文本语言进行细嚼慢品的过程中，走进了文本的至深处，触摸到了作者的心灵世界。因为潘老师坚守着“立足于语文教语文”，努力践行“用语文的方式教语文”，所以，课堂中弥漫着的是浓浓的品文析句、潜心会文的语文味，课堂在朴实中凸显扎实，在平实中彰显厚实。

用语文的方式教语文，课堂中并不排斥教学智慧的产生。潘文彬老师在执教《孔子游春》一文时，没有简单地停留于“赏春景”“悟春水”这一文本的表层，而是把“孔子的智慧”作为师生对话的归宿。教学中，潘老师从认识孔子入手，接着带领学生跟随孔子游春的脚步赏泗水河畔的春景，并引领学生加入孔子及其弟子们“观水”“论水”“赞水”的行列之中。学生在读懂“水一样的真君子”这一难点之际，顿悟到“逝者如斯夫，不舍昼夜”的意蕴，进而感受到孔子作为“大师”的智慧。整个课堂因为老师“登得高”，所以学生“望得远”；因为师生“站得实”，所以课堂“走得深”；因为语文“根”深“蒂”固，所以课堂异彩纷呈。

潘文彬：语文的方式是什么？简单地说，就是“读”“思”“品”“议”“说”“写”。这些方式虽然古朴，但依然鲜活而不过时。一支粉笔一本书，同样能把语文教得精彩纷呈。关键是在教学中能否合理有效地运用这些方式来帮助学生“潜心会本文”，进行扎实的语文学习。比如，我前文提到的《鼎湖山听泉》课例，教师就是采用了以读为主的形式，课上通过多种形式的读来让学生在读中理解，在读中想象，在读中感悟，感受鼎湖山奇妙的泉声，体会泉声的美妙情趣。老师在指导有感情朗读课文时又配上了一段美妙的音乐，学生和着音乐的旋律动情地朗读，完全沉浸在课文的情境之中。这堂课教学手段虽然简便，但语文味道十足，听说读写的能力都得到了有效的训练。

相反，如果教学手段使用不当，就会失去语文的味道。比如，一位教师教学《特殊的葬礼》时，上课伊始，他就用多媒体课件“声色并茂”地展示课文内容；然后让学生4人一小组讨论“文章的什么地方给自己感受最深?”这个问题；接着，又用多媒体课件展示一遍课文内容；最后，让学生跟随着多媒体课件把课文朗读了一遍。应该说，这位老师的多媒体课件制作得可谓精美之极，能够充分地反映课文的内容，学生也能够很快地理解课文的内容，但这种理解不是通过学习语言文字来实现的，因而这种理解不是真正意义上的语文学习。其实，语言文字是帮助学生建立形象最直接最便捷的“媒体”，像这样的课文，只需引导学生在反复阅读的过程中，运用品味、揣摩、对比、想象等方式，就能够让他们体会到文章的蕴蓄。用这样的语文方式来教语文，能够突出语文的自身特点，彰显语文自身的魅力，且学生的语言、情感和智慧都能够得到有效发展，何乐而不为?

语文教学，培育学生带得走的能力

刘　荃：杨振宁先生2004年归根清华之后，以82岁高龄执教大一新生，讲授《普通物理》。人们发现，杨振宁将他对物理学的深刻理解传授给青年学子的同时，还把自己学习的方法和治学的态度教给了学生，启蒙了学生的物理智慧。语文教学亦同此理，在传授知识的同时，要把培养习惯、传授方法、提升能力放在首位。

潘老师在引导学生初读《鸟的天堂》一文时，按照“揭题——‘你的脑海里闪现出哪些问题?’”→“识字——‘你认为有什么地方要提醒大家注意的?’”→“初读——‘你已经读懂了些什么?’”→“细读——‘你最喜欢读文章的哪个部分?’”→“浏览——你还有哪些地方读不懂的?”这样的板块来组织课堂教学。从中，我们不难看出，潘老师十分重视培养学生良好的语文学习习惯。

首先，潘老师注重培养学生“阅”和“读”习惯的养成。“阅”和“读”是语文学科特殊的学习方法，两者相辅相成，不可偏废。“阅”是目治、心治，重在思考和理解；“读”是口治、耳治，重在感受和体味。纵观教学，潘老师正是这样以“阅”和“读”为主线，引导学生充分地读书，或朗读，或轻声读，或浏览，或指名读，或齐读，采用了诸多形式调动学生读书的积极性，让他们在读中培养语感，在读中有所感悟，在读中整体感知，在读中受到情感的熏陶。

其次，潘老师注重培养学生质疑问难的习惯，着力培养学生的问题意识。在课堂教学的开头和结尾，潘老师都创设了丰富的问题情境，引导学生积极地与课题、与文本进行对话，从而让学生自己提出了一系列的关乎“语文”的问题。强化学生的问题意识，培养学生质疑问难的习惯，让学生善于发现问题，学会提出问题，使学生从“学会”转变为“会学”，进而“乐学”。

第三，潘老师还有意识地培养学生品味语言的习惯。他以“你最喜欢读文章的哪个部分”为话题，为学生构建了一个有利于他们揣摩语言、评析语言的“场”，让学生在主动的阅读实践中掂量、辨识、咀嚼、斟酌语言，感受语言的魅力，汲取言语的智慧，从而获得生动活泼的发展。

“教育是什么？往简单方面说，只需一句话，就是养成良好的习惯。”(叶圣陶语) 所以，我们应该像潘老师这样，把培养学生良好学习习惯的意识落实到行动中去，把习惯养成当做语文教学的根本任务去完成。

陈朝玉：潘老师在教学中十分注重学习方法的传授。比如，在教学《诺贝尔》一课时，潘老师在检查初读之后，出示了“为了______，诺贝尔投入了他的整个生命发明炸药。”这个句子，然后对学生说：“请同学们浏览课文，看看你能在横线上填上些什么词语?”学生通过对课文的浏览，概括出“为了劈山筑路，诺贝尔投入了他的整个生命发明炸药；为了减轻劳动人民的痛苦，诺贝尔投入了他的整个生命发明炸药；为了造福人类，诺贝尔投入了他的整个生命发明炸药。”浏览，是高年段阅读教学需要特别关注的一种阅读方法。在高年段的阅读教学中，朗读和默读占据了课堂，而学生浏览文本的能力却遭到忽视。潘老师深知培养学生浏览能力的重要性，也知道要适时地指导学生运用浏览进行阅读，获取信息，因此在教学中让学生逐步掌握浏览的阅读方法，以使他们在今后的阅读中能够快速地获取信息。

另外，潘老师在识字教学中的方法渗透也匠心独运。比如，在《钱学森》一课的教学中，潘老师在检查预习时说："请大家拿出本子，我们听写几个生字新词。"并且强调："提笔就是练字时，同学们要凝神静气听清楚，每个词只报一遍。"

写好后，潘老师请同桌互相批改，先看写得是否正确，然后再把自己觉得写得漂亮的字用圆圈圈起来。

潘老师在巡视的时候发现有一个同学把"裕"字写错了，于是他就在黑板上写下这个字，然后问学生："这个字的左边是什么？右边是什么？"学生说：左边是"衣字旁"，右边是一个"谷"。潘老师接着启发学生："你们有没有发现这个字很有意思？"学生说："表示有衣穿有饭吃。"老师说："对！衣食无忧，丰衣足食，这就是富裕。"潘老师对"裕"字的教学充满智慧，从观察字形、分解汉字到遵循字理来记忆。学生知道了"衣食无忧，丰衣足食，这就是富裕"，怎么可能会再写错"裕"字呢？这种识字方法的指导对学生将来的语言学习是大有裨益的。

刘　荃：在阅读教学中，潘老师还有一个做法值得提倡，那就是把传统的"批注"式读书方法传授给了学生。"批注"式读书方法的优势在于：首先，它简便易行，操作性强，能够使学生形成一种自然、朴素、率性的阅读姿态，能更好地链接真实的阅读生活，让他们终身受用无穷；二是能够突出学生的"自我思考"，充分体现学生在阅读实践过程中的主体性、探究性、创造性，学生的思维品质能够得到有效培养；三是密切了读和写之间的联系，既加大了阅读的深度，又提高了学生语言的组织和运用能力；四是在课堂对话教学时，学生由个体封闭式的自学感悟向群体合作式的交流沟通迈进，在发展读写能力的同时，听说能力也得到了训练。

潘老师在执教《最佳路径》时，让学生带着"格罗培斯为什么能设计出这样的路径"这个问题，静心读书思考，圈画语句，写下批语，前后用时共有7分钟。在这个环节，潘老师为学生营造了一个安静的环境，学生置身其中，潜心会文，静心思考，用自己的心去触摸文本的语言，感受着语言的张力，体悟着语言的温度，体会着语言的情感，享受着文本所营造的丰富多彩的世界。在这短短的、安静的7分钟时间里，我们可以想见，学生的思维是活跃的，内心是涌动的，体验是真切的。

此外，还有一点应当引起我们的重视。时至今日，在很大程度上，阅读教学的着力点依然放在对“写什么”和“为什么写”的解读上，而对于“怎么写”“用什么写”却等闲视之，不去引导学生揣摩文章的表达顺序，领悟文章的表达方法，这就割裂了阅读和表达之间的联系，有效的语用经验也就无法建立。张志公先生曾把阅读训练的过程形象地说成“在文章中走一个来回”，意思是先通过语言去把握思想内容，然后再回过来去领会语言是怎样表现思想内容的，即语言的表现魅力，文章的表达形式。

其实，潘老师很早以前就提出“语文是唯一以言语形式为教学内容的学科”，语文教学要关注话语形式，这才是语文教学的独当之任。潘老师在执教《钱学森》一文时，提出了“请大家浏览课文，看看这篇课文与其他写人的课文有什么不一样的地方?”这个问题，引导学生去探寻言语的奥妙。学生通过比对，发现了这篇课文的“独特的这一个”：在表达顺序上，采用了倒叙的手法；在组织材料上，重点写了“五年归国路”，“十年两弹成”只是一笔带过；在描写上，是以语言描写为主来展现人物内心的。随后，潘老师又引导学生思考、体悟这样表达的效果，从而使学生感受作者谋篇布局的精妙。由此，我们可以看出，潘老师十分关注文章的言语形式，他没有在内容上兜圈圈，而是潜心让学生去揣摩文章基本的表达方法，把教学的重心转移到学习言语的表达上来，让学生既在“得言”中“得意”，又在“得意”中“得言”，更在“得意”“得言”中“得法”，取得了良好的课堂教学效益。

刘宁霞：潘老师在语文教学中，尤为注意培养学生带得走的语文能力。下面，我想以他教学《我和祖父的园子》为例，谈谈我的一些感受。我觉得，在这篇课文的教学中，潘老师至少关注到了以下三方面能力的培养。

一是潜心会文的能力。

第一步，整体感知奠基础。学生与文本初次见面，面对的是一个相对陌生的人物、事件、环境，这就需要学生能够整体把握文本的大概内容，对文本有一个大致的了解。《我和祖父的园子》这篇课文比较长，为了培养学生的这种感知能力，潘老师在语文课堂上安排了多次读书，而且，每一次的读都有明确的目标。一读，让学生自由读，扫清文字障碍；二读，带着问题去读，思考课文主要讲的是什么，即明白文章的大意；学生在朗读、默读的过程中，一边读一边想，把文章读顺了，把文章读薄了。当老师问“园子里的人、事、物，就是萧红的童年生活，这让你想到了哪个词语?”时，学生的阅读收获是惊人的，他们说出了“无忧无虑、自由自在、无拘无束、趣味无穷、无比快乐”等词语。潘老师相信，要是给学生一定的自主学习的时间，学生是能够读懂文章的内容的。

第二步，品词析句悟文法。歌德曾经说过：“内容人人看得见，含义只有有心人得之，而形式对于大多数人是一个秘密。”潘老师语文教学的关注点就是“那个对于大多数人是一个秘密”的言语形式。在引领学生阅读文本时，他是这样启发的：“请同学们静下心来，关注语言，边读边揣摩，文章是怎样用语言把这种无拘无束、自由自在的趣味表现出来的。”这就避免了当前语文教学“得意忘言”的弊端，能够引领学生关注文章的语言文字，关注文章言语的表达形式，让学生走进了一个真正学习语文的“园子”。在整堂课的交流中，我们欣喜地看到，学生在教师的引领下，触摸、涵泳、体味语言，他们发现了独特的言语，有着独特的趣味，也感受到了作者“人物两忘、情景交融”的表现手法。这些从文本中得到的感悟是那样的鲜活、生动，正是这些学生自然生成的感悟使语文课堂充满了灵性，飘逸着浓浓的语文味。

二是大胆交流的能力。

由于感悟能力、阅读角度等差异，每一个学生的阅读收获是不同的。潘老师在课堂上，尊重每一位学生，鼓励每一位学生积极大胆地表达自己的阅读感受。“你就是萧红的知音。”“你能有自己的想法，真了不起。”在教师的激励下，学生的精神“松绑”了，纷纷各抒己见，课堂自然散发出民主宽松的气息。同时，潘老师还提醒学生注意倾听别人的发言：“她是这样朗读的，你准备怎么读？你能读出不一样的趣味吗?”“对于他的发言，你们有补充吗?”就在大家不断的纠正、完善、补充之中，学生加深了对文本的理解，就在在一次次的交流中，学生学会了语文，也学会了交流。

三是点亮生活的能力。

“生活就是语文，语文就是生活。”如果学生只在语文课堂上学习语文，未免太狭隘了。如何把学生引向广阔的语文阅读中呢？潘老师这样巧妙地引导：“同学们，这节课我们一起到园子里走了走，逛了逛。其实，萧红把她难忘的童年生活都写在了《呼兰河传》里。”接着，他出示萧红的书，从学生急切期待的眼神中，我们有理由相信，学生在课余时间一定会去读的。

潘老师的语文课堂，教师真正成了引路人，引领学生学习真正的语文；潘老师的语文课堂，学生真正成了学习的主人，在语文的园子里收获着智慧和快乐。

潘文彬：语文教学，该教些什么给孩子？在语文的课堂上，拒绝无谓的玄乎，拒绝华而不实，遵循大道至简，以语文的方式教语文，让语文教学走上“回家”之路。语文教师要教给学生一生受用的东西：语文学习的兴趣、能力；语文学习的方法、习惯……从而，振兴我们的母语教育，让孩子终生受用。

让语言落地生根

——《诺贝尔》教学实录及赏析

背景：2008年12月10日上午，我应邀到南京市六合区龙池中心小学(一所农村小学)，为六合区小学语文脱产培训班学员和龙池中心小学的老师们上示范课。

一、课前热身，融洽关系

师：同学们，今天我非常高兴地来到龙池中心小学，看到同学们一个个脸上都笑开了花，这让我感受到了你们的热情。第一次见面，你们有什么话要对我说吗?

生：欢迎您到我们学校来。

师：谢谢！你们认识我吗?

生：不认识！

师：不认识，怎么办?

生：您作自我介绍。

师：如果我不想作自我介绍，怎么办?

生：那我们问别的老师。

师：如果别的老师也不认识我，怎么办?

生：请教您。

师：我想请大家来猜猜我姓什么，叫什么，敢不敢猜?

生：敢！

师：那你们猜吧。

生：我猜您姓王。

师：凭什么？

（生笑，说不出理由）

师：其实，猜是要有依据的。我的姓名藏在两个成语里。我说成语，谁到黑板前面来写？

（生踊跃举手）

师：我说的第一个成语叫“三番五次”，这里面藏着我的姓。

（生在黑板上写“三番五次”）

师：龙池中心小学的同学字写得真有气势，很潇洒。知道我姓什么了嘛？

（生思考了一会儿。有人举手，要求发言）

生：我猜您姓潘。

师：那你是怎么猜出来的？

生：把“三番五次”里的“三”变成“三点水”，和“番”就组成了“潘”。

师：你真厉害，猜对了！我的名字也藏在一条成语中，这个成语很古老，是出自大圣人之口。《论语》你们知道吗？

生（摇头）：不知道。

师：《论语》是记录我国古代大思想家孔子的言论的书。里面有这样的一句话：“文质彬彬，然后君子。”知道这里的成语是什么吗？

生：文质彬彬。

师：你来把这个成语写在黑板上，好吗？

（生在黑板上写“文质彬彬”）

师：看了这条成语，你们猜出我叫什么名字了吗？

生：我猜你叫“潘文”。

师（微笑）：三个字。

生：我猜你叫“潘文彬”。

师：猜对了。我没有告诉你们，你们就猜出了我的姓名，这就是一种智慧啊！

赏析：罗杰斯说过：“成功的教学，依赖于一种和谐安全的气氛。”潘老师通过课前和学生的交谈，拉近了和学生之间的距离，创造了这样和谐安全的气氛。猜名字是一个匠心独具的设计，充分调动了学生的积极性，使学生的思维积极地在汉语言中穿梭，寻觅、感受汉语的乐趣。学生猜对了，老师非常高兴地夸学生有智慧。从这个角度看，老师更富有智慧。猜名字这个思维活动为整堂课的学习做了一个热身运动。

二、复习回顾，直奔主题

师（板书课题：诺贝尔）：昨天，你们初读了《诺贝尔》这篇课文，谁来说说这篇课文主要写了什么？

生：这篇课文主要写了诺贝尔发明炸药的艰难过程，他先发明了液体炸药，然后研制出固体炸药，最后实验成功了爆炸力更强的炸药。

师：你把诺贝尔发明炸药所经历的三个阶段说得非常清楚。（板书：发明炸药）同学们，课文中有这样一句话，我们一起来读读，好吗？

（媒体出示：为了发明炸药，诺贝尔投入了他的整个生命。）

（生齐读，语气读得比较平直）

师：给大家提个醒，读书就像说话一样，不要这样一字一字地刻板地念。自己再读一读，想一想，从这句话中你想到了什么？

（生自由读，读后纷纷举手）

师：我们再来读读这句话。

（生齐读，语感好多了）

师：读得有进步！请你说一说，从这句话中你想到了什么？

生：我想到了诺贝尔非常迷恋炸药。

生：我想到了诺贝尔为了研制炸药，投入了他的整个生命，非常不容易。

师：一起再来读读这句话，读出自己的理解和体会。

生（齐读）：为了发明炸药，诺贝尔投入了他的整个生命。

（媒体出示：为了________，诺贝尔投入了他的整个生命发明炸药。）

师：请同学们浏览课文，看看你能在横线上填什么词语？

（生浏览课文，思考片刻后有人举手）

生：为了劈山筑路，诺贝尔投入了他的整个生命发明炸药。

生：为了减轻劳动人民的痛苦，诺贝尔投入了他的整个生命发明炸药。

生：为了造福人类，诺贝尔投入了他的整个生命发明炸药。

师：同学们说得很好！那你们从文中哪些地方读出来的呢？

生：我是从课文的第 4 自然段中读出来的。

师：请你把第 4 自然段读一读，让大家再来体会体会。

（生读第4自然段）

师：是的，为民造福不仅是诺贝尔小时候的愿望，更是他一生的追求。他曾经这样说过——

（媒体出示：我的理想是为人类过上更幸福的生活而发挥作用。）

（生齐读这句话）

赏析：学生阅读叙事性作品，要了解事件的梗概。潘老师通过引导学生对上一节课的复习回顾，帮助学生弄清楚了课文主要写了什么内容，从整体上感知课文。接着围绕“为了________，诺贝尔投入了他的整个生命发明炸药。”这个问题让学生浏览课文，其实质是引导学生把目光聚焦到诺贝尔的科学研究上，为下一步的精读学习作铺垫。同时，出示诺贝尔说过的一句话“我的理想是为人类过上更幸福的生活而发挥作用。”让学生对诺贝尔有一个总的认识。

三、品味语言，感悟形象

师：为了发明炸药，诺贝尔投入了他的整个生命。下面，请同学们默读课文的第3～9自然段，用心揣摩文章的语言，把最能触动你心灵的那些语句画出来，并且联系上下文想一想，是什么触动了你的心灵。

（生默读课文，师巡视，不时弯下腰来和学生个别交流。发现情况，及时对全班说）

赏析：学生默读学习的时候，教师参与到学生的学习中去，这样做既能够帮助学生学习，又有利于教师了解学生的学习情况：他们有什么困难、疑惑，他们有什么感受、体会。

师：我们班的同学读书的习惯很好，能一边读书，一边在旁边简要地写下自己的阅读感受。

赏析：潘老师说这句话的用意是让学生养成“不动笔墨不读书”的习惯。但他没有要求孩子们都必须在书上做笔记，而是通过表扬的方式让学生对一边读书一边做批注有认同感，从而，产生行为的效仿和趋向。这实在是“随风潜入夜，润物细无声”的教育智慧。

（学生继续默读，师继续巡视，对个别读书姿势不好的学生进行纠正）

师：我发现大家勾画得非常好，跟我课前勾画的差不多，有的同学写的感受比我还深刻呢！

赏析：老师的这句话给了学生很好的心理支持，让他们敢于在随后的交流、品味中发表自己的观点。

（学生潜心会文的时间达 6 分多钟）

赏析：给学生充分的默读时间，让学生实实在在地读书、思考。

（一）交流第一处

师：刚才，大家都在认真地与课文对话，并在文章中留下了自己阅读时的思想的痕迹。现在我们来交流分享一下，谁第一个说？

生（读第 6 自然段后说）：我被这里的文字感动了。诺贝尔的父亲被炸伤了，弟弟被炸死了，他非常痛苦，但毫不气馁，仍坚持研制炸药。

师：你被他那份坚持所感动。知道“毫不气馁”是什么意思吗？

生：一点儿也不灰心，不泄气。

师（面对该生）：你说的“一点儿”就是“毫”的意思，“灰心、泄气”就是“气馁”的意思。（面对大家）大家明白了吗？

生：明白了！

师：难道弟弟被炸死、父亲被炸残的代价，还不够惨重吗？

生：这个代价实在是太大了。但就是在这种情况下，诺贝尔依然坚持研制炸药。我被他这种永不放弃的精神所感动。

师：是呀，炸死弟弟，炸残父亲，这对诺贝尔来说是何等惨重的代价啊，然而，就是在这种情况下，诺贝尔依然毫不气馁。同学们，此时此刻，你最想对诺贝尔说些什么呢？

生：我想说：诺贝尔，你真勇敢，我佩服你！

生：我想对诺贝尔说：诺贝尔，你面对挫折依然在坚持研制炸药，我敬仰你这种伟大的科学精神。

……

师：你们说得很好。其实，诺贝尔当时所受到的打击还远不止这些。由于实验造成的严重后果，邻居纷纷指责他，坚决反对他再进行实验；政府也出面干涉，下禁令不允许诺贝尔继续实验。然而，就是在这种情况下，诺贝尔依然毫不气馁。那么，到底是什么在支撑着他呢？

生：是他的理想和信念在支撑着他。

生：是他为民造福的精神在支撑着他。

师：我们从语言文字中读出了诺贝尔的信念，正是因为有了这样的信念的支撑，他才能够锲而不舍地坚持做实验。读书就应该这样，抓住语言文字来揣摩品味。正如同学们所言，为民造福的理想和信念在支撑诺贝尔坚持科学研究。让我们一起来读读这句话——

（媒体出示：我的理想是为人类过上更幸福的生活而发挥作用。）

（生齐读这句话）

师：我们一起来读读第 6 自然段，体会诺贝尔面对挫折毫不气馁的信念。

（生声情并茂朗读第 6 自然段）

赏析：抓住“毫不气馁”这个关键词进行教学，再联系当时的背景，使学生理解了词意，加深了对人物的认识，教学过程酣畅淋漓。

（二）交流第二处

师：课文还有哪些地方打动了你？

生：课文的这个地方让我感动（读“经过四个年头几百次的失败，到 1867 年的秋天，终于制造出能够安全运输的固体炸药——黄色炸药。”），从这里我体会到诺贝尔发明炸药很不容易。

师：怎么不容易？

生：因为他经过了几百次的失败。

师：“几百次”触动了你的心灵。是的，历经几百次的失败都能够坚持下来，这是多么不容易啊！

生：这段话中的“四个年头”让我感动。

师：一个年头是多少天啊？四个年头又是多少天呢？算算看。

生：我算了一下，四个年头是一千四百多天。

师：一千四百多天！几百次的失败，诺贝尔依然——

生：毫不气馁，坚持科学研究。

师：请大家再读读课文，看一看，这一千四百多个日日夜夜，他是在怎样的环境中度过的；这几百次的实验，他又是在什么样的环境中做的。

生：这四个年头，他是在马拉伦湖上的一条大船上工作的。这里的工作环境非常恶劣。

师：说得好。他就在条件非常差的马拉伦湖上的一条大船上做实验，“四个年头”“几百次”，这两个数据让我们深有感触。此时此刻，你想对诺贝尔说什么？

生：诺贝尔，你这种坚持不懈的精神让我佩服。

生：诺贝尔，您为了人类的幸福，在如此艰苦的条件下，依然坚持做实验，您真伟大。

生：诺贝尔，功夫不负有心人，你终于制造出了固体炸药，我真为你感到高兴啊！

师：这都是你们发自肺腑的话。诺贝尔之所以能够这样做，是因为他有这样一个信念——

（媒体出示：我的理想是为人类过上更幸福的生活而发挥作用。）

（生齐读这句话）

赏析：教师的智慧还在于一次次把学生放置于诺贝尔的生命之中，让学生能真正关心诺贝尔的实验和命运。让学生和诺贝尔进行对话，从而，真正走进诺贝尔的心灵世界。

（三）交流第三处

师：课文还有什么地方让你感动的？

生（读"有一次，他在实验室里亲自点燃了导火线，双眼紧盯着缓缓移动的火星。近了！近了！火星已经接近炸药了！诺贝尔的心怦怦直跳，但双眼仍然盯着炸药不放。"）：从这里我读出了诺贝尔为了研制爆炸力更强的炸药，连生命都不顾了。

师：你从哪些具体的词句读出诺贝尔连生命都不顾了的？

生："亲自点燃了导火线"最能够触动我的心，因为这项实验很危险，诺贝尔竟然亲自去点燃导火线。

师：其实，诺贝尔当时已经有了助手，可是他依然亲自来做实验。谁再来读读这段话？

生（读）：有一次，他在实验室里亲自点燃了导火线……但双眼仍然盯着炸药不放。

师：这段话中，有一个神态，不知你们注意到了没有？

生：我注意到了"盯"。

师：数数看，几个"盯"？

生：两个"盯"。

师："双眼紧盯着""双眼仍然盯着"，诺贝尔双眼紧盯着的是什么？

生：诺贝尔双眼紧盯着的是导火线和炸药。

师：难道他不知道这样"盯"有危险吗？

生：我想，他知道这样"盯"有生命的危险。

师：是的，明知山有虎，偏向虎山行！这是一种科学探究的精神。那他这样"盯"是想盯出什么来呢？

生：他想知道实验能否成功。

生：他想知道炸药的威力到底大不大。

生：他想观察清楚实验过程中的每一个细节。

师：那你们从这两个“盯”中，盯出什么来了？

生：我从这两个“盯”中盯出了诺贝尔不怕牺牲的精神。

生：我盯出了诺贝尔把自己的生命置之度外的情怀。

师：读书就应该这样，透过字面去窥见其背后的意思。其实，当我们用心去体会文字的时候，就能够感受到文字的温暖和魅力。这段话中，还有个标点符号很特别，你们关注到了没有？

生：感叹号。

师：几个？

生：3个。

师：再读读这段话，看看从这3个感叹号中你能读出什么来？

（生又一次自由阅读这段话）

生：我读出了危险。

生：我感到诺贝尔的心情非常紧张。

生：我感受到诺贝尔在紧张的同时还有一丝兴奋与激动。

师：危险与成功越来越逼近诺贝尔，此时此刻诺贝尔的心在怦怦直跳。其实，标点符号也是文章的语言，我们也要学会关注它们，用心去揣摩它们的意味。

赏析：潘老师正是用这样的严谨和智慧，引导学生抓住课文中的关键词句，品味出诺贝尔做实验时的情景和他当时的心情，真是“一字未宜忽，语语悟其神”。潘老师又抓住3个感叹号来组织教学，既让学生体会标点符号也是文章的语言，又引导学生学会关注文本的细节，从而提高他们阅读的质量和品味。

师：谁来读读这段话，让我们再来感受一下实验时的情景？

（生读，读得入情入境）

师：实验这么危险，诺贝尔依然亲自去做，为的是什么？

生：为的是给人民带来幸福。

师：是的，诺贝尔之所以能够这样做，是因为他的心中一直被这样的信念占据着——

（媒体出示：我的理想是为人类过上更幸福的生活而发挥作用。）

（生齐读这句话）

师：这次实验终于成功了。课文是怎么写的？

生：突然，一个满身鲜血的中年人冲出浓烟，高举双手呼喊着："成功了！成功了！"他，就是诺贝尔。

师：这段话中的哪些词句最能触动你的心灵？

生："一个满身鲜血的中年人冲出浓烟"最能触动我，从"满身鲜血"，我知道诺贝尔在实验中受伤了。

师：在受伤的情况下，诺贝尔关注的是什么？

生：关注的是他的实验是不是成功了。

师：所以，我们看到的是他——

生（齐读）：高举双手。

师：我们听到的是他的呼喊——

生（齐读）：成功了！成功了！

师：同学们，此时此刻，面对此情此景，你又想对诺贝尔说些什么呢？

生：诺贝尔，你真是一位科学的巨人啊，你的忘我精神让我感动。

……

师：是的，诺贝尔之所以这样忘我，因为他心中唯一的信念就是——

（媒体出示：我的理想是为人类过上更幸福的生活而发挥作用。）

（生齐读这句话）

师：下面，我们一起再来感受那震撼人心的实验吧。齐读第8、9自然段。

赏析：提领而顿，百毛皆顺。潘老师在这一板块的教学中仅仅提出一个大的话题"默读3～9自然段，揣摩语言，把最能打动你的语句勾画下来，再联系上下文想一想，是什么东西打动了你？"这是一个能够贯穿教学始终，具有很强穿透力的话题。围绕这个话题所进行的阅读、对话是非常扎实、有效的。在潘老师的引导下学生在语言文字中驻足、寻芳，通过细细的咀嚼和比较走进了诺贝尔的内心世界，和他同呼吸共命运。在此基础上，学生又在潘老师的引导下一次次体会诺贝尔的人生信念，加深了对人物形象的感受，也强化了对诺贝尔造福人类的情感的体验。教学过程如清泉潺潺流淌忽而奔腾跌宕，又如平静的湖面突然洪波涌起，在课堂和学生的心中掀起阵阵浪花。

四、回归整体，揣摩写法

师：请大家浏览第 3～9 自然段，从整体上看看，你从诺贝尔发明炸药的过程中感受到了什么？

（生浏览课文）

生：从诺贝尔发明炸药的过程中，我体会到他有着无私奉献的精神。

生：我觉得，诺贝尔在科学研究的道路上不懈追求，精益求精。

师：好一个不懈追求、精益求精的精神啊！其实，诺贝尔的一生在机械和化学方面有许多发明，而课文只写了他最突出的发明——炸药。如果从选材的角度来看，这叫做什么？

（学生没有人举手，不知道怎么说，或许他们在日常学习中没有经历过这个方面的训练）

师：不知道，那么老师告诉你们。如果从选材的角度来看，这叫做选取典型事例。（板书：典型事例）一起来读——

生（读）：典型事例。

赏析：当学生不会的时候，当学生不懂的时候，怎么办？告诉！潘老师的做法启示我们，该讲的时候就自然、大胆地讲。“告诉”是一种最直接的教学方法。

师：请同学们再浏览第 3～9 自然段，细细比较诺贝尔发明炸药的三个阶段，如果从表达的角度来看，你能发现些什么？

生：我发现第 8、9 自然段写得很详细。

师：这是一个很有价值的发现！详细在哪里？

生：写到了诺贝尔盯着。

师：这写的是诺贝尔的什么？

生：神态。

师：对！神态描写。课文还从哪些方面来描写诺贝尔的？

生：课文还描写了诺贝尔的动作、语言、心理。

生：我发现这里还写了他的神态和语言。

师：你们看，诺贝尔实验时的神态、动作、语言给我们留下的印象很深刻，我们眼前仿佛出现了他做实验的情景，这叫做细节描写。（板书：细节描写）一起读——

生（读）：细节描写。

师：正因为课文有了这样的细节描写，我们才能有如此深切的感受，诺贝尔的形象才能栩栩如生地出现在我们的眼前。其实，我们阅读文章就应该要这样，不仅要弄明白文章写了什么，更要搞清楚文章是怎么写的。只有这样，我们才能从文章的学习中获得更多的智慧。

五、抓尾带首，深化感悟

师：同学们，诺贝尔带给我们的感动还不止这些，请同学们自由地读读课文的最后一个自然段。

（生自由读课文）

师：读了最后一个自然段后，我们再来读读诺贝尔的遗嘱。

（媒体出示：全世界爱好科学并愿意献身科学的朋友们，生命对于我来说已经快要走到尽头了。在科学这个神奇的世界里，我遨游了一辈子，发现里面的奥秘太多了。研究它，掌握它，将给人类带来巨大的恩惠。希望大家能继续研究下去。区区200万英镑的利息虽微不足道，但愿为行走在物理学、化学、生理学或医学、文学、和平之路上的你助上一臂之力。诺贝尔在九泉之下感激你们！）

（生自由读）

师：读了课文的最后一个自然段和诺贝尔的遗嘱后，你们有什么想说的？

生：诺贝尔为民造福，不怕牺牲，留给人民巨大的恩惠。

……

师：诺贝尔生前是这样做的，临终时又立下了这样的遗嘱。他殷切地希望科学家们能够用科学给人类带来巨大的恩惠。让我们再来读读他的理想。

（媒体出示：我的理想是为人类过上更幸福的生活而发挥作用。）

（生齐读这句话）

师：把“我”改成“我们”再来读读。

生（齐读）：我们的理想是为人类过上更幸福的生活而发挥作用。

师：同学们，今天是多少号？

生：12月10日。

师：知道今天是什么日子吗？

生：诺贝尔逝世的日子。

生：诺贝尔奖的颁奖仪式也在今天。

师：那你们知道人们为什么要在斯德哥尔摩举行盛会，为什么要在12月10日下午4：30颁奖吗？课文的第2自然段做了回答。你们先自己读读第2自然段，看看这一段有没有什么特别的地方？

生：这一段中有两个问句，而且这两个问句都是设问句。

师：请大家读读这两个设问句，看看你能读出什么来。

生：我读出了人们表达对诺贝尔的敬仰、感激和爱戴之情。

生：人们热爱科学，怀念诺贝尔。

师：我们一起来读这一段，老师问，你们答。

师（读）：为什么要在斯德哥尔摩举行这个盛会呢？

生（读）：因为1833年10月21日，诺贝尔就诞生在这儿。

师（读）：为什么要在12月10日下午4点半颁奖呢？

生（读）：因为这是诺贝尔逝世的时间。

师：诺贝尔，一个如雷贯耳的名字，这节课，我们被他发明炸药的事迹感动着，被他献身科学的精神感动着，被他造福人类的信念感动着。同学们，请让我们怀着崇敬的心情来呼唤这位科学家的名字——

生：诺贝尔！

赏析：这节课，学生一共7次朗读诺贝尔的理想，如此回环反复，一唱三叹，诺贝尔人生的信念已经根植于学生的内心，诺贝尔高大的形象已经在学生心中矗立起一座丰碑。

师：同学们，有人说，再过30年，中国将有人获得诺贝尔奖。再过30年，正是你们年富力强的时候，我衷心地希望获得诺贝尔奖的人能在同学们中间产生。

赏析：课将终，情未了。潘老师智慧地在学生的心中播下了梦想的种子。这颗种子也许哪一天会发芽，开花，结出累累硕果。谁又能说不会呢？

六、议写小传，读写融合

师：读了这篇课文，如果让你用几句话来介绍诺贝尔，你会怎么介绍呢？

（生思考片刻）

师：同桌先互相交流交流。

（生互相交流）

师：谁先来介绍一下？

生：诺贝尔一生在机械和化学方面有过许多发明，而他最突出的发明是炸药。

师：还需要介绍什么呢？

生：还需要介绍他是哪个国家的人。

师：谁再来介绍？

生：诺贝尔是瑞典人。诺贝尔一生在机械和化学方面有过许多发明，而他最突出的发明是炸药。

师：人物介绍还需要介绍他的生卒年月，也就是什么时候出生的，什么时候去世的。

生：诺贝尔是瑞典人。他生于1833年10月21日，1896年12月10日下午4点半与世长辞。诺贝尔一生在机械和化学方面有过许多发明，而他最突出的发明是炸药。

师：说得不错，如果能把诺贝尔生前的成就说得再具体一些就更好了。其实，这个学期，我们学过的《高尔基和他的儿子》这篇课文的后面就有一个“作家卡片——高尔基”，这个作家卡片实际上就是给高尔基写的一个小传。今天，我们来尝试给诺贝尔写一个小传。写小传一般要介绍清楚以下一些内容。

（媒体出示：人物小传要写明如下几点：1. 人物的生卒年月；2. 人物的国籍；3. 人物生前的最突出成就和贡献。）

赏析：撰写人物小传是本课训练的重点目标。在课的尾声，潘老师特意安排了议写小传的教学环节，通过引导学生为诺贝尔撰写小传，既帮助学生概括了课文的内容，又加深了学生对诺贝尔的认识，促进了学生语文能力的发展，也体现了执教者的教学智慧。

（赏析：陈朝玉　南京市语文学科带头人）

本 真而智慧的阅读教学

——观潘文彬《诺贝尔》的教学

特级教师潘文彬，课如其人：朴实、真诚、灵动、智慧。《诺贝尔》一课的教学把潘老师的教学智慧、教学风格和他对语文教育的独特理解彰显得淋漓尽致。学生和潘老师一起徜徉在充满灵动的语文课堂里，经历了一次探寻言语智慧的幸福之旅。

一、这是一堂本体的语文课

语文的本体就是语言文字。语文教学就是要让学生触摸语言，加强对语言文字的理解、积累和运用，从而使学生获得言语智慧的滋养和思想情感的熏陶。

1. 依标扣本

潘老师的这节课遵循了《课程标准》关于高年段叙事性作品教学的原则和要求。《课程标准》在第三学段的阶段目标中提出：阅读叙事性作品，了解事件梗概，简单描述自己印象最深的场景、人物、细节，说出自己的喜欢、憎恶、崇敬、向往、同情等感受。同时指出：学习浏览，扩大知识面，根据需要搜集信息。从《诺贝尔》的教学中，我们看到潘老师着重引导学生“默读课文的第 3～9 自然段，用心揣摩文章的语言，把最能触动你心灵的那些语句画出来，并且联系上下文想一想，是什么触动了你的心灵?”可以说，这个话题的提出，把学生直接引向叙事性作品学习的正确轨道。在整个教学过程中，学生多次浏览课文，或整体概览，或关注写法，朗读、默读、浏览等阅读方法在课堂上得到充分而恰当地运用，真正体现出“有法（课标）可依”“依法（课标）施教”的原则，成为高年段叙事性作品教学的典范。

2. 触摸语言

潘老师的教学能够用语文教学的方式正确地行走在语文课程的轨道上。语文课程的正确轨道是什么？潘老师用他的课告诉我们：抓住语言文字这个“根”，引导学生触摸、品味以及正确地理解、积累和运用，实现工具性和人文性的一种平衡，从而使学生听、说、读、写的基本技能得到提升。学生的情感也在潜移默化中受到熏陶感染，成为一个有着深厚素养的人。比如，在教学中潘老师问：“这段话中，有一个神态，不知你们注意到没有?”学生说：“我注意到了‘盯’。”接着，潘老师引导学生品味这两个“盯”，进行追问：“他这样‘盯’是想盯出什么来呢?”“你从这两个‘盯’中，盯出什么来了?”学生在教师的引导下，从这个“盯”字感悟出诺贝尔献身科学的伟大精神。

3. 读写结合

阅读教学其实就是读读写写，写写读读。读写结合是我们母语教学的传统经验和有效方法。当学生被诺贝尔的造福人类、坚持不懈、精益求精的科学精神感动的时候，潘老师顺学而导，引导学生对诺贝尔进行简要的介绍，接着由口头表达过渡到为诺贝尔撰写小传。这样的训练自然巧妙，水到渠成。同时，为诺贝尔写小传又是课后的一道习题，课堂上这个扎实的指导训练又很好地体现了编者的意图。

二、这是一堂儿童的语文课

德国教育家第斯多惠说：“一个优秀教师的全部教育艺术在于激励、唤醒和鼓舞。”潘老师正是这样，在课堂上通过情境的创设、问题的引导、积极的评价、智慧的启发，激励、唤醒和鼓舞学生，使学生由朦胧走向清晰，由胆怯走向自信，由紧张走向轻松，一路成长。

1. 自由：营造一个和谐的课堂

潘老师为孩子们创造了一个民主和谐的课堂氛围，在这个氛围中，充满着赞许和欣赏，大家彼此信赖，互相鼓励。在此基础上，潘老师带着学生走向教材，学生在教师提出的有效的话题情境下，积极地潜心会文，走进人物的心灵深处，收获自信，分享成功。

2. 自主：营造一个思想的课堂

潘老师在语文教学中真正把儿童放在了心上，让儿童成为了课堂学习的主人，将儿童的需要纳入了教学的范畴，而不仅仅是关注自己的教学设计。课堂上，潘老师着力引导学生走进文本，走近诺贝尔，聚焦实验的过程，使教学活动的展开能够贴近学生的“最近发展区”，让学生扣住语言文字，揣摩文章的语言，画出最能触动心灵的语句。在儿童学习的过程中，潘老师总是在积极地旁观、鼓励、评价、启发、提炼，为儿童创设了自主学习的课堂情境，让他们始终处于一个积极的状态之中。

3. 自得：营造一个生长的课堂

潘老师能够做到“以学定教，顺学而导”。当孩子们说得不清楚的时候，他让他们反复阅读，仔细揣摩；当孩子们不明白写法的时候，他马上调整自己的教法，改启发为直接呈现，甚至教学生念出“典型事件”“细节描写”等词语；当学生介绍诺贝尔不够具体时，他又引导学生从“人物的国籍”“生前的伟大成就”“人物的生卒年月”三个方面作简要介绍，帮助学生既深刻地认识了诺贝尔这个人物，又学会了有条理地介绍一个人，以及简练地写人物小传。学生在教师的指导下，获得了言语的智慧。

在整个教学过程中，潘老师关注每一位学生的发展，千方百计地引导每一位学生参与到学习中来，使语文课堂成为所有孩子都亲身经历的“跋山涉水”，而不是少数人表演的戏剧。老师的目光不仅仅关注到积极举手的孩子，也常常在面露难色、面带疑惑的孩子的身上停留，亲切地让他们来表达自己的看法和疑惑。

三、这是一堂智慧的语文课

语文学习的过程是师生心灵相约、情感相遇的过程。在这个过程中，需要用教师的激情点燃学生的激情，用教师的智慧开启学生的智慧，从而，让学生真正成为学习的主人。潘老师在课堂上正是用自己的智慧开启了学生的智慧，让学生们成为了一个个学习的主人。

1. 用智慧开启智慧

农村学生比较胆怯，潘老师巧妙设计课前聊天，帮助学生消除紧张情绪，轻松愉悦地走进课堂学习中。当学生经过思维活动，猜出潘老师的姓名后，潘老师赞扬他们是有智慧的。这是潘老师智慧教学的开端，他正是运用这种智慧开启了学生的智慧，激发了学生参与、思考、表达的欲望，为后面的主动学习、积极参与预热。

2. 用智慧引发智慧

在品读交流的过程中，潘老师引导学生抓住课文中所有的语文元素，包括标点，来感悟人物的形象和感情。潘老师说："这段话中，还有个标点符号很特别，你们关注到没有?"接着引发学生思考："再读读这段话，看看从这 3 个感叹号中你能读出什么来?"学生又一次自由阅读这段话，并从 3 个感叹号中感悟到了危险，感悟到了诺贝尔的心情非常紧张，感悟到了诺贝尔在紧张的同时还有一丝兴奋与激动。教师顺势引导说："危险越来越逼近诺贝尔，此时诺贝尔的心在怦怦直跳。其实，标点符号也是文章的语言，我们要学会关注它们，用心去揣摩它们的意味。"这种在小标点上做大文章的教学，引导学生学会关注文本的细节，提高了阅读的质量和品位，扎实、灵动而又充满智慧。

3. 用智慧滋养智慧

"我的理想是为人类过上更幸福的生活而发挥作用。"诺贝尔的这句名言被潘老师牢牢抓住，作为教学的重要抓手。教师引导学生研读文本并一次次感悟诺贝尔的精神品质，课堂显得大气而简练。工具性和人文性和谐共生，语文的人文性深深地扎根于语言的土壤中。最妙的是教师在引导学生品读诺贝尔的名言时，让学生把"我"换作了"我们"，对学生心灵的塑造巧妙无痕。

教学的结尾同样充满智慧，潘老师那情真意切的话语，把梦想的种子播在学生们的心田。这就是爱！这就是智慧！

（作者：陈朝玉）

有效互动，促进发展

——观潘文彬《诺贝尔》的教学

教学过程，实际上是在教师的主导之下，师生双边“互动”的一个过程。以语文课来说，这种“互动”总是在听、说、读、写的语文实践活动中进行的。这种“互动”的本身不是目的，而是为了有效地达成教学目标，提高学生的阅读素养，培养学生听说读写的能力。就其方式而言，也是多种多样、不拘一格的。可以是师生之间的互动，也可以是小组之间、生生之间的互动等等。因此，这些“互动”是否有效，就直接关系到语文课堂的教学效果，关系到学生语文素养的形成和发展。平时听课的时候，我们时常看到有的老师是在“走过场”，“语文训练不到位”，课堂教学效率不高。说到底，就是师生双边的“互动”不到位。潘文彬老师的《诺贝尔》教学，在有效互动方面给我们做了一个示范。

一、词语理解的有效点化

潘文彬老师在引导学生理解“毫不气馁”这个词语的时候，点化得令人叫绝。这个环节，只是课堂上一个片刻。一般的老师听到学生那样的回答，可能会感到很满意了，可意想不到的是潘文彬老师却紧紧跟了一句，注意他的神态：既对该生，又对全班。这是师生“互动”时，我们看到的另一种“有效”：对一个词语的理解，不能满足于“大而化之”。这个学生理解了，班上的其他学生不一定理解。这种治学的严谨，理解词语的方法（从解析语素入手）以及思维的准确性，等等，都是一种“无声”的渗透，可谓细微的点化之中见匠心、显教风。

二、课文朗读的有效点拨

平常听课时，我们常常看到这种情况：学生读得不是很理想，而老师常常发现不了，即使发现了，也只是轻描淡写地说一句："读得不理想，下次注意。"发现不了，说明教师的基本功不够；而后一种"打招呼式"的做法，则显得教师有些不负责任。如此一来，这一刻师生双方的"互动"就是无效的，白白地让宝贵的时间流逝了。

学生读得不够理想，说明学生对课文的理解不到位。潘老师在教学中能够凭借敏锐的语感及时发现学生朗读中的问题，并注意以亲切的口吻"给大家提个醒"，指出问题，并给予提示："读书就像说话一样。"但仅仅这样提示还不到位，效果也不会太好。所以，他又让学生自己读一读，随后又齐读一下，紧接着又表扬了学生读得有进步！通过这种师生的互动，学生的朗读水平提高了，阅读能力也得到了锻炼！

三、潜心会文的有效点引

课堂上，教师让学生潜心读书，这是"家常便饭"。可在教师引导学生"动"的时候，教师在干什么呢？我们有的老师可能操着两手在行间转悠，有的可能利用这个空隙看自己的教案，有的可能一味地等待。可在潘老师的课堂上，我们看不到这些行为，我们看到的是师生互动中的另一种效果，学生受到了激励，学习方法得到了指点，个别学生的读书姿势得到了纠正。我想，这可以给我们这样的启示：课堂教学的有效互动，应该是全方位的、立体化的，应该包括对学生学习习惯的关注。

四、表达方式的有效点明

《诺贝尔》这篇课文是一篇写人的文章。从写人的角度说，选取典型事例，这是一种写作手法，也是本课教学的一个知识点。学生不知道，但潘老师并未直接灌输，而是先提出问题，让同学们想一想，然后再讲。这是师生"互动"的一个细节，足以说明教者的"有效"意识已融汇在自己教学的细节之中。不仅如此，潘老师还特意板书，让学生读一读。这些细节，都是为了一个目的：让课堂"有效"，更"有效"！

总之，在潘老师的课堂上，处处都洋溢着充满智慧的师生互动，在这种有效的互动中，学生掌握了语言，体验了情感，语文能力也有所提升。

所谓“台上一分钟，台下十年功”。作为一名普通教师，我们可能一时半会儿达不到潘老师的高度，但我们必须有一种意识：课堂上要努力营造师生互动的氛围。我想以下几点，是需要我们谨记的。

其一，必须树立在教学互动中培养人才的责任感，也就是说，必须要树立课堂教学的有效意识，关注课堂的细节，可以这样说：教学细节之中见真心，显智慧。

其二，课堂上要做到“有效互动”，收到“互动有效”的实效，必须从有效备课做起。教师只有进行有效备课，师生在课堂上的互动才会有明确的目的和要求，才会收到实效。

其三，教师要加强自身语文素养的修炼。教师只有具备了敏锐的语感和扎实的语文基本功，到了课堂上，在师生互动的过程中，才能及时发现问题，对学生的语文学习进行有效的指导和训练。

（作者：陈树民　江苏省语文特级教师）

向语言深处漫溯

——《我和祖父的园子》教学实录及赏析

一、重温课文，捕捉感受

师：同学们，这节课我们继续学习萧红的《我和祖父的园子》这篇课文。齐读课题。

生：第 19 课《我和祖父的园子》。

师：这是一篇回忆性的文章。（出示：童年的记忆，忘却不了，难以忘怀。——萧红）萧红曾经这样说过，我们一起来读读这句话。

生（读）：童年的记忆，忘却不了，难以忘怀。——萧红

赏析：紧随课题，萧红的“童年的记忆，忘却不了，难以忘怀”这句话映入学生眼帘，如果我们把这一段教学情景想象成一个可视的文本，那萧红的这句话应该就是一个温婉的题记。这是教师为课文的阅读打开的一个小小的窗口，一阵微风轻轻吹起窗帘，熹微的晨光悄悄照进屋里，这应该是教师为教学的展开奠定的一个文学的基调。

师：我们上节课已经跟随着萧红到这个园子里面走了走，看了看，还记得萧红在这篇文章当中回忆了些什么吗？

生：萧红在这篇文章中回忆了她小时候与祖父在一起的快乐时光。

师：萧红和祖父，这是园子里的人。（板书：人）能具体地说说从什么地方看出她的快乐？

生：从她一次次地想帮忙，却帮了倒忙，看出她的快乐。

师：帮了什么倒忙？

生：帮祖父铲地，却把韭菜当做野草割掉，把狗尾草当做谷穗留着。

师：你说了一件事——铲地。（板书：事）除了讲铲地这件事，还回忆了什么事？

生：祖父种小白菜，她想帮祖父把地溜平，却把菜种给踢飞了。

师：简单地说就是“溜地”这件事。

生：还回忆了她在园子里吃黄瓜、捉蜻蜓的事。

生：还有祖父浇菜，萧红也抢过来浇。不过，她不是往菜上浇，而是把水往天空里扬。

师：简单地说，是什么事？

生：“浇菜”这件事。

师：溜地、铲地、吃黄瓜、捉蜻蜓、浇菜，这些是园子里发生的事，主要体现在课文的第3到第12自然段。课文除了写这些人，这些事，还写了什么？

生：还写了园子的可爱的小动物。

师：写了园子里面哪些可爱的小动物？

生：写了园子里的蜂子、蝴蝶、蜻蜓、蚂蚱等可爱的昆虫。

师：这些是园子里的物。（板书：物）主要体现在第2自然段，园子里除了这些可爱的小动物，还有什么？

生：园子里还有韭菜、黄瓜、玉米、倭瓜等好多植物。

师：这些主要体现在第13自然段。我和祖父园子里的这些人、这些事、这些物，就构成了萧红童年的一种生活。那么，萧红的童年生活是怎样的呢？请同学们浏览课文，想一想，用一两个你认为最恰当的词语来概括。

赏析：这一段教学以“我们上节课已经跟随萧红到这个园子里面走了走，看了看，还记得萧红在这篇文章当中回忆了些什么吗?”开启，似乎是好友知己随便聊聊的话题，什么都可以说，怎么说都可以，学生是自由的，阅读是自由的，这是教师所期待的。其实，这轻松的话题间还暗含着教师帮助学生对这一篇长文的初步阅读进行的整理，把纷繁的思绪捋一捋，顺一顺，归出“人”“事”“物”，然后自然小结：“我和祖父园子里的这些人、这些事、这些物，就构成了萧红童年的一种生活。那么，萧红的童年生活是怎样的呢?”完成教学的起承转合。“萧红童年的一种生活”既是小结，又是敞开，学生此时会在心里思量、回味，将心力聚焦，将思绪归拢。这是教师的潜心设计，却这般不露声色地出现和展开，正契合了教师稳健淡泊的心性和大气恢弘的教学风格。

（生浏览课文）

师：请把闪现在你脑海中的那些词语写在课题的旁边。

（生写词语）

师：那萧红的童年生活是怎样的呢？把你们写的词语拿出来与大家分享。

生：萧红的童年给我的印象是天真、淘气、浪漫。

师：你说了 3 个词语，如果让你上黑板来写，你愿意写哪个词语？

生：浪漫。

师：好。请你把“浪漫”这个词语工工整整地写在黑板上。

生：我认为，萧红的童年生活是有趣、悠闲、随意、舒适的。

师：你说了 4 个词语，你想选哪个词语写在黑板上？

生：有趣。

师：好。请你把“有趣”写到黑板上。

生：我觉得，萧红的童年生活是悠闲的，是自由自在的。

师：你最想把哪个词语写到黑板上？

生：自由自在。

师：好。请写在黑板上。

生：萧红的童年是无忧无虑的。

师：好一个“无忧无虑”啊，请你把这个词语写到黑板上。

生：我认为，萧红的童年生活是丰富多彩的。

师：请你把“丰富多彩”这个词语写到黑板上。

生：我觉得，萧红童年是快乐的，是无拘无束的。

……

赏析：这是教学展开的第 3 段，围绕“那萧红的童年生活是怎样的呢？”与文本和作家进行深度对话，去咀嚼“萧红的童年生活”的味道。阅读依然是像呼吸那样自由，教师是宽容的、尊重学生的，随性说，自由写。日本东京大学教授、美国哈佛大学客座教授佐藤学在《课程与教师》一书中把教学作为“反思性实践”加以重新定义：“教师也是在课堂中展开‘意义与关系的重建’的，是由同教育内容对话、同儿童多样的认识对话、同自身的对话而展开教学的。”“同儿童多样的认识对话”的前提是课堂教学要给儿童敞开心扉的时空，这种敞开是既是开放的，又是有边界的，教学至此，教师提供的两个话题“萧红在这篇文章当中回忆了些什么”和“萧红的童年生活是怎样的”，都有利于“儿童多样的认识”的呈现。这体现了执教者对课程和学科的理解。

二、聚焦语言，圈点批注

师：同学们，就是这个园子给萧红的童年带来了许许多多的生活情趣。你们发现了没有，这浪漫的、有趣的、自由自在的、无忧无虑的、无拘无束的生活情趣就流淌在文章的字里行间当中，整篇文章妙趣横生。下面请同学们静下心来默读课文，边读边揣摩，想想萧红是怎样用语言文字把这种童年生活情趣写出来的。注意用你的眼睛去发现，用你的心灵去感受，用你喜欢的方式去表达。你可以用笔把课文写得比较特别的语句画出来，并联系上下文想一想，再简要地做些批注。

（生读文，圈画，批注）

赏析：“萧红在这篇文章当中回忆了些什么呢?”和“那萧红的童年生活是怎样的呢?”这两个话题引导学生展开对文本的深度对话，但教学并不止于此，教师还引导学生把关注的目光聚焦在语言文字上，尤其引导学生要关注“课文写得比较特别的语句”。这个环节的设计，是教师的精心预设，是教师努力从“教课文”到“教语文”“转身”的践行之举。这一设计，是课堂中一个真切的留白，这一段完全属于学生的安静阅读时光，是“转身”的前提。“转身”，从教师而言，是从关注内容，转而更为关注语言；从学生而言，是从被动接受顺承“教”，转而更为主动独立地“学”。上海师范大学吴忠豪教授在《教课文？教语文?》一文中说：“评价教师‘教课文’或‘教语文’的主要依据是什么？我认为主要观察对象不是教师在课堂里教了什么，而是学生学习后在语文知识或语文学习行为上有什么收获，发生了哪些变化。正如现代课程论之父泰勒所说，“学习是通过学生的主动行为而发生的；学生的学习取决于他自己做了些什么，而不是教师做了些什么”。而“学生主动行为”的发生则取决于教师先进的教学理念和正确的教学行为。

三、品味语言，分享收获

师：刚才同学们都在静心地阅读、批注，每个同学都有发现，都有收获，现在我们就一起来交流分享，好吗?

生：好！

师：交流的时候，你想用什么方式，就用什么方式交流，你想读就读，你想说就说，想读什么，就读什么，想说什么，就说什么，都是自由的。明白吗？谁第一个来说。

生：我从第2自然段知道了园子里样样小动物都有，有满身金粉的大红蝴蝶，有金色的蜻蜓，有绿色的蚂蚱，有胖圆圆的蜂子，这些小虫子给园子添加了许多生机和活力。所以，这里是萧红小时候的乐园。

师：你说得非常好！还想读吗？

生：想。

师：那你就有滋有味地把这一段读给大家听，好吗？

（生声情并茂地朗读）

师：还有同学关注这一自然段的吗？想读或者想说都可以，自由一点。

生："蝴蝶有白蝴蝶……满身带着金粉。"写园子里的各种蝴蝶，表达了萧红对蝴蝶的喜爱之情。

师：你体会到了萧红的这种情感，很好！你发现了吗？这一段中有这么一句："这些蝴蝶极小，不太好看。"你觉得，写这个干什么？

生：凸显了萧红不太喜欢那些小小的蝴蝶，而喜欢那些大红蝴蝶。

生：写不好看的小蝴蝶是为了衬托出好看的大红蝴蝶。

师：写不好看的，是为了凸显出好看的，这叫什么？

生：作比较。

师：很好。这一段有一个关键词不知同学们关注到没有？

生：我注意到了这一段中的"样样都有"这个关键词。这一自然段就是围绕这个关键词来写的：园子里的昆虫多，样样都有；园子里的色彩多，也是样样都有。

师：说得真好！请你们把"样样都有"这个词画下来。这里有这么多可爱的小昆虫，有这么多缤纷的色彩，多有趣啊！自己放声读读这一段，用心去体会体会。

（生朗读课文）

师：可爱吗？

生：可爱。

师：好玩吗？

生：好玩。

师：就像这样来说，就像这样来读，再自由一点，好吗？继续。

生："祖父戴一顶大草帽，我戴一顶小草帽；祖父栽花，我就栽花；祖父拔草，我就拔草。祖父种小白菜的时候，我就在后边，用脚把那下了种的土窝一个一个地溜平。"从这里可以看出萧红一直跟在祖父后面，与祖父的感情很深。

生：我从这里能看出，萧红就像是祖父的影子，一老一少，一顶大草帽，一顶小草帽，相映成趣。

师：你说得太好了，太精彩了！这段话写出了一种情趣，不知你们发现了没有，她的语言也很特别。现在我来读写祖父的部分，你们读写"我"的部分，看看怎么特别。

（师生共同读）

师：你们发现了什么？

生：前半句和后半句格式是一模一样的，都是写祖父干什么，我就干什么。

师：是的。这是两两相对的句式，前后只是改变了人称而已，内容是重复的。大家真是厉害，这种特别的形式都被你发现了。我们可不要小看这个特别的句式，其实，萧红童年生活的情趣就隐藏在这种特别的句式当中。不信我们再来读读，男生读前半句，女生读后半句。

（男女生共读）

师：男生和女生对调过来再读。

（男女生共读）

师：这样的句式看起来怎么样？

生：工整对称，两两相对。

师：读起来呢？

生：非常顺口，很有节奏。

师：听起来呢？

生：悦耳动听。

师：你们从这个特别的语句当中读出了什么意味？

生：我读出了萧红和祖父那种血浓于水的亲情。

生：萧红的童年非常自由自在、无忧无虑，什么都不需要担心。

生：我仿佛看到祖孙俩形影相随、其乐融融的生活情境。

生：我读出了萧红对祖父的依恋之情。

师：看来，特别的语言有着特别的趣味，特别的语言有着特别的魅力，特别的语言表达着特别的情感。所以，读书的时候，我们要特别留意那些形式比较特别的语言。我们再来读一读。

（生齐读）

师：读书就要这样，善于关注一些不一样的语言。这一自然段，你们还关注到了哪些？

生：“哪里会溜得准……被我踢飞了。”从这里我知道萧红本想帮祖父的忙，没想到帮了倒忙，萧红感觉到了快乐和自由。

师：这句话中，有一个细节写得非常精彩，不知大家注意到没有？

生：我觉得“踢飞”这个细节写得很精彩，它能够表现出萧红的自由和快乐。

生：我觉得“踢飞”这个细节，还能够表现童年的萧红特别淘气。

师：是啊，原来这个细节里面藏着萧红童年生活的情趣。谁来有滋有味地、自由地读读溜地这件事？

（生声情并茂地朗读）

生：我觉得“瞎闹”这个关键词也很特别，萧红在园子里想干吗就干吗，无忧无虑地闹腾，祖父也不生气，她的童年真是幸福啊！

师：让我们把“瞎闹”和“踢飞”这两个词语画下来。这个“踢飞”把“瞎闹”形象化了。你们看，一个“瞎闹”，一个“踢飞”，就把萧红童年的生活情趣形象生动地表现了出来。读书就要这样，善于留意一些特别的语言，特别的细节。我们继续交流。

生：祖父就把锄头杆拔下来，让我单拿着那个锄头的“头”来铲。我觉得，这里写得很有趣。

师：你讲的是“铲地”这件事。这一段确实写得很有趣，有没有同学也注意到了这一段，来说一说。

生：当时萧红还小，她铲地的时候，并不认得什么是草，什么是苗，把韭菜当做野草一起割掉，把狗尾草当做谷穗留着，非常有趣。

师：你们还注意到了哪些词句？

生：我关注到“乱钩一阵”这个词语，说明萧红把铲地这件事只当做一种游戏，感觉到很有趣味。

师：在这前面还有一个细节呢，你们注意到没有？

生：我注意“爬在地上”这个细节，这让人觉得萧红真的很淘气，真的很可爱。

师："爬在地上"用锄头乱钩一阵，这个细节我们可不要忽略了。这是她铲地时的情景，你们读了这个细节之后，脑海中有没有相应的画面？请你们试着从这个细节，去想象画面。

生：我从这个细节想象到萧红爬在菜地上，拿着一个锄头的头在使劲地挥舞，很是开心。

生：我仿佛看到了萧红爬在菜地里，拿着锄头到处乱挥，韭菜和谷穗都被她铲掉了。

师：你看，细节描写往往会给我们一种画面感。我们在阅读的时候，要学会善于捕捉一些精彩的细节描写，并能够透过这些细节描写去想象还原画面，这样我们就能够进入到文章所描写的情境，有一种如临其境、如见其人之感。谁来把铲地这件事读一读？

（生读课文）

师：谁能读得再有趣一点，再自由一点。

（生读课文）

师：往下交流，精彩继续。

生："祖父虽然教我……跑了几步就又去做别的了。"这一段给我的感受是，萧红的童年真的很自由，很活泼。

师：其他同学也有注意到这一段的吗？

生：我感觉到萧红的童年童趣荡漾。

师：好一个"童趣荡漾"啊！"荡漾"这个词用得妙极了。还有吗？

生：这一段里面的"跑过去""还没有吃完""又看见""于是丢了"，这些词语让我们看到了一个活泼顽皮的萧红。

师：对，这就是孩子，一会儿干这个，一会儿又干那个。这段文字描写的其实就是一个非常活泼的画面，就是一个现实版的小猫钓鱼的故事。你们发现了没有，这段文字也很特别唉？

生：我发现这段话中有4个"又"字，"又去吃黄瓜、又看见、又去追、又去做别的"，萧红在园子真是自由自在啊！

师：你看，简单的"又"在这里变得不简单了，一种自由自在的生活情趣，就通过"又"字生动地表现了出来。这段话中，除了"又"多，还有什么多？

生："了"字多。

师：小孩子就是小孩子嘛，了了就了了。数数看，有几个"了"字？

生：7个“了”字。

师：这么多的“又”，这么多的“了”，就把小孩子的那种天真活泼的、三心二意的生活情趣写出来了。所以，我们在读书的时候，还要注意关注那些特别的文字，它们背后往往都蕴藏着特别的情趣。请大家再自由地读一读这段文字，细细地体会字里行间所蕴涵着的情趣。

（生自由读文）

师：谁来把这一段有滋有味地读给同学们听。

（生朗读课文）

师：读得怎么样？怎么表示？

（全班鼓掌）

师：同学们，看看这句话：“祖父虽然教我，可我并不细看。”祖父教我什么？

生：祖父教我辨认谷穗和狗尾草。

师：请你们再留意一下祖父教我辨认谷子和狗尾草的那几段文字，看看有哪些细节是需要我们注意的？

（生自由读文）

师：有的同学读书习惯非常好，已经拿出笔来在文中圈点勾画了。读书就要这样，把心沉潜到文字当中去。

生：我注意到了祖父的“笑”。

师：你把目光聚焦到祖父身上去，注意到了祖父的一个表情“笑”，这里有几“笑”？

生：有三“笑”。

师：哪三“笑”？请你读一读。

生：“祖父大笑起来，笑得够了……”“我看着祖父还在笑……”

师：你的目光真敏锐！那你们从这三“笑”当中读出了什么？

生：我读出了祖父的疼爱，祖父的呵护，祖父的宽容。

师：多好啊，请再大声地说一遍。

生：我从三“笑”中读出了祖父的疼爱，祖父的呵护，祖父的宽容。

师：对谁疼爱？

生：对萧红。

师：对谁呵护？

生：萧红。

师：对谁宽容？

生：萧红。

师：说得多好啊，还有吗？

生：我读出了祖父的乐观和风趣。

生：祖父那慈爱的笑容永远地留在了萧红的心中，使萧红有了一个快乐而难忘的童年。

师：是啊，这是一位多么慈祥而宽容的祖父啊！除了这三“笑”，你们还注意到祖父的什么？

生：我还注意到“祖父慢慢地把我叫过去”这个细节。

师：你注意到这个细节，那你想说些什么呢？

生：祖父如果很快地把萧红叫过去，说不定萧红会摔倒，祖父怕萧红摔倒。

师：其他同学还有没有补充说的？

生：祖父是个十分仁慈、宽容的人。

生：祖父很有耐心地去教萧红，慢慢地讲给她听。

师：慢慢地讲给她听，这就是教孩子。我们从这三“笑”一“叫”的细节当中感受到了祖父的慈祥和宽容，体会到了祖父对萧红的真心呵护和耐心教育。这里除了这些细节，还写了祖孙俩的精彩对话，我们来分角色朗读一下，细细地体会字里行间流淌着的情趣。

（生分角色朗读）

师：这里作者通过生动的细节和妙趣横生的对话把祖父教萧红辨认谷穗和狗尾草的情趣写出来了，字里行间都流淌着祖父对萧红的一种爱。就像这样交流，精彩继续。

生：老师，我想读读“浇菜”这件事。

师：完全可以，那你就尽情地读吧。

生（声情并茂地读）：玩腻了，我又跑到祖父那里乱闹一阵。祖父浇菜，我也抢过来浇。不过我并不往菜上浇，而是拿着水瓢，拼尽了力气，把水往天空一扬，大喊着：“下雨了！下雨了！”

师：你读后，有什么要说的吗？

生：萧红从祖父手里抢过水瓢来浇菜，很淘气，很开心。

师：你读得精彩，说得也很精彩。你注意到了这里的“抢”字。大家还有要说的吗？

生："不过我并不往菜上浇……下雨了！"从这里可以看出萧红的生活富有乐趣。

师：好的，你注意到这一段中的哪些词语？

生：我注意到了"大喊"这个词语。

师：现在，你就是萧红，来大喊一下吧。

生："下雨了！下雨了！"

师：前面还有一个动作呢，什么动作？

生："扬"。

师：你能不能配上这个动作来喊一喊？

生："下雨了！下雨了！"

师：这一"扬"，这一"喊"，多么有趣啊！大家发现了没有，这里的一个动作，一句话语，就把萧红跟祖父学浇菜的那种情趣写了出来。谁再来把这一段读一读，大方一点，自由一点？

（生读文）

师：你拼尽了力气了吗？

生：拼了。

师：他拼尽力气在扬，在喊，大家一起来演一演，好吗？

（生开心地表演）

师：我看大家都情不自禁地笑了，笑什么？

生：浇菜非常有趣，非常好玩。

生：萧红非常淘气。

师：知道嘛，这就是孩子。你看，就是这样的细节，就是这样的话语，让我们感受到了萧红童年无忧无虑的生活情趣。刚才我们交流了3～12自然段写的这几件事，祖父在园子里种菜、铲地、浇菜的同时萧红在干什么。课文中有几个词语不知你们注意到没有？浏览3～12自然段，把这几个词语画下来。

生：我画了"瞎闹""乱勾""乱闹"这三个词语。

师：好的。祖父是在园子里面劳动，萧红却在园子里面"瞎闹""乱勾""乱闹"。你知道作者为什么要这样写吗？

生：这样写，是把祖父的劳动与萧红的玩耍进行比较。

师：这样一比较能比出什么来呢？

生：比出了萧红的调皮，自由。

生：比出萧红生活的丰富多彩。

生：比出了祖父的宽容，和对萧红的疼爱。

师：所以，我们在阅读的时候，既要关注部分，又要瞻前顾后，前后联系，这样才会有“横看成岭侧成峰，远近高低各不同”的发现和收获。好，继续交流。

生：“我玩累了……把草帽遮在脸上就睡着了。”我感觉萧红的童年无忧无虑，睡觉的时候不用枕头，不用席子。

师：你注意到了课文的最后一段，她躺在哪里？

生：就躺在房子底下一个阴凉的地方。

师：一个阴凉的地方，实际上就是躺在地上，多么自由啊！你在地上躺过吗？

生：没有。

师：树阴的底下躺过吗？

生：没有。

师：我们也是农村的孩子，竟没有体会过这种情趣，真是有点遗憾啊。

生：从第13自然段，我读出了萧红那颗自由自在的心和一种无忧无虑的生活。

生：这一段写的是园子里的蔬菜和动物，不受拘束不受限制。

生：第13自然段明明写的是蔬菜和动物，可是让我感觉到的是祖父对萧红的疼爱。

师：说得好！你们发现了吗，这一自然段是这篇课文中最长、最有趣味的一段文字，语言也是最特别的。读着这段文字，“自由”这个词语一直叩击着我们的心灵。就让我们聚焦这一段，看看作者是用怎样特别的语言来表现这种“自由”的。

生：“花开了，就像花睡醒了似的。鸟飞了，就像鸟上天了似的。虫子叫了，就像虫子在说话似的。”这里用排比写出了花、鸟、虫子的可爱和自由。

师：这是一组很有意思的句式，它们的结构完全相同。这样的句式看起来怎么样？

生：看起来像排比句一样。

师：其实它就是排比句，看起来非常工整，读起来呢？谁来读读看。

（生读）

师：你觉得读起来怎么样？

生：朗朗上口。

师：听起来呢？

生：听起来很顺畅，很有韵味。

师：这里，又有一个独特的句式——“……了，就……”，其实，这是儿童说话时常用的一种句式，在《呼兰河传》这样的句式还有很多。比如，有这么一句话：“眼花了，就不看；耳聋了，就不听；牙掉了，就整吞；走不动了，就瘫着。”再放声读一读，细细体会这种独特的句式所表达的意味。

（生读课文）

师：你读出什么独特的意味来？

生：这3句话虽然写的是小动物的自由，但文字背后其实是写萧红的自由。

师：这就叫借物抒情。谁来开心自由地读读这3句话？

（生读课文）

师：你看，“了”字表示一种已然的事实，读时舌尖轻弹；“就”字表示一种顺应，是一种想象的顺应。这样的句式饶有兴趣，朗朗上口，有一种韵律之美。的确，特别的语言有着特别的趣味，特别的语言有着特别的魅力，特别的语言表达着特别的情感。这一段中，还有比这个更独特的语句呢，你们发现了吗？

生：“倭瓜愿意爬上架就爬上架，愿意爬上房就爬上房。黄瓜愿意开一谎花，就开一谎花，愿意结一个黄瓜，就结一个黄瓜。玉米愿意长多高就长多高，它若愿意长上天去，也没有人管。”这里一连用了6个“愿意”，写出了园子里瓜果蔬菜生长的自由。

师：“愿意……就……”又是一个独特的句式，这样的句式看起来怎么样？

生：句式看起来很自由。

生：句式有点重复。

师：读起来呢？

生：比较朗朗上口。

师：听起来呢？

生：很悦耳动听。

师：特别的语言有着特别的意味。这种特别的语言形式，又有着怎样的意味呢？

生：萧红自己就像园子里的蔬菜一样无忧无虑。

生：萧红在园子里是自由的，愿意怎样就怎样。

师：这就叫借物抒情。表面上写这些东西的自由，实际上是写萧红在祖父园子的那种自由自在的生活情趣。我们一起来读读这段文字。

（生读课文）

师：其实，置身于园子里的萧红此时此刻已经分不清哪个是我，哪个是物了。不信我们来试着读一读。你读“花开了，就像花睡醒了似的”这一句。

（指名读）

师：萧红此时此刻就变成了园子里的花，你把花换成“我”来读一读。

生：我开了，就像我睡醒了似的。

师：好玩吗？

生：好玩。

师：再来开心地读一遍。

生：我开了，就像我睡醒了似的。

师：大家一起读。

生（齐读）：我开了，就像我睡醒了似的。

师：此时萧红变成了祖父园子里的鸟，你把这一句中的“鸟”换成“我”读一读。

生：我飞了，就像我上天了似的。

师：再开心一点。

生：我飞了，就像我上天了似的。

师：你上天了，兴奋一点，再来。

生：我飞了，就像我上天了似的。

师：大家一起来。

（全班读）

师：你把虫子那句读一下。

（指名读）

师：自信一点，再来。

（生再读）

师：把“虫子”换成“我”读一读。

生：我叫了，就像我在说话似的。

师：一切都活了，大家一起读——

生（齐读）：一切都活了，要做什么，就做什么，要怎么样，就怎么样，都是自由的。

师：你把倭瓜那句读一下。

（指名读）

师：把“倭瓜”换成“我”读一读。

生：我愿意爬上架就爬上架，愿意爬上房就爬上房。

师：自由吗？

生：自由。

师：再自由地读一读。

生：我愿意爬上架就爬上架，愿意爬上房就爬上房。

师：你把黄瓜那句读一读。

（指名读）

师：把“黄瓜”换成“我”读一读。

生：我愿意开一谎花，就开一谎花，愿意结一个黄瓜，就结一个黄瓜。

师：好玩吗？

生：好玩。

师：你把玉米那一句读一读。

（指名读）

师：没人管，自由吗？

生：自由。

师：把“玉米”换成“我”读一读。

生：我愿意长多高就长多高，我若愿意长上天去，也没有人管。

师：“一切都活了”，大家一起读——

生（齐读）：一切都活了，要做什么，就做什么，要怎么样，就怎么样，都是自由的。

师：这就叫物我两忘，这就叫情景交融。“我”变成了这个，“我”变成了那个，那么，此时此刻祖父变成了什么呢？

生：祖父变成了太阳。祖父是萧红心中的太阳。

师：难怪作者在这段的一开头就写到了太阳，原来还有这么一个象征意义呢！一起读读这一段的第一句话，细细地体会体会。

生：太阳在园子里是显得特别大。

四、延伸阅读，丰富感受

师：特别的语言有着特别的意味，特别的语言抒发着特别的情感。的确，祖父是萧红一生当中最重要的人。萧红把她与祖父在园子里发生的故事写在了《呼兰河传》这部自传体小说当中。《我和祖父的园子》就是选自于这部小说。我们一起再来读读这个题目。

生（齐读）：我和祖父的园子。

师：今天，我们从《我和祖父的园子》里面读出了萧红童年的一种自由和幸福。当我们了解了萧红的生平之后，再来读这篇课文，我们还能从中读出一些其他的意味来。其实，好的文章值得我们一辈子去阅读与体味。希望同学们课后去阅读《呼兰河传》这部小说，细细地品味和分享萧红那难以忘怀的童年生活，相信你一定能从中获得更多的感受，更多的语言智慧！

赏析：这一段教学是真正意味的学生与学生、与教师、与文本、与教材的多重对话，话题聚焦在文本中特别的语言文字上，教师极为敏感细腻，又举重若轻。教师既是阅读的带领人，又是阅读的好伙伴；既是虔诚的聆听者，又是智慧的点拨者……去触摸文字的质感，去谛听语言的旋律，白纸黑字间树立起一个鸟语花香的七彩世界，共同建构了一个极富弹性和张力的强大的阅读共同体。

这一段教学更似一篇优美的抒情散文，形散神聚，“特别的语言有着特别的意味，特别的语言抒发着特别的情感”则是这篇散文的红线，穿引着课堂学习中师生字字珠玑的对话。在这篇散文里，儿童此时已不仅仅是一个阅读者，也是撰写者，是文本的第二作者，他们以儿童纯粹的诗性和灵动的才情与教师一起勾勒，一起描摹，一起创造，重建文本，重建自我，重建伙伴。在师生共读共品中，文本不断被内化，被唤醒，被丰富，从而生成着崭新的意义。

（赏析：李琳　江苏省语文特级教师）

从哪里抵达作者的灵魂

——观潘文彬《我和祖父的园子》的教学

文本是有生命的，它固化和凝滞了作者人生的某一段历程与生命形态，它是作者另一种生命存在的样式，是作者灵魂的化石。

写作的意义归属于作者，而写作的价值则无法离开读者。读者让文本复活，让即使已不复存在的作家获得精神层面的永恒生命，阅读，是倾听作家灵魂的呼吸。

从哪里抵达作者的灵魂？穿越字里行间，从文字的缝隙挤进去，找到藏匿于语言深处的沉睡的作者。

1940 年 12 月 20 日，萧红在寂寞、苦闷怀旧的心情中，写完了长篇小说《呼兰河传》。茅盾先生在序言中称“它是一篇叙事诗，一幅多彩的风景画，一串凄婉的歌谣”。斯人已去，她留存给我们的文字让她以另一种生命样式存在，每每有人阅读《呼兰河传》，萧红的这一段生命历程就被唤醒一次，也被丰富一次。这便是写作的意义和阅读的价值。

萧红，一生颠沛流离，一个身体和灵魂双重的漂泊者，“在一九四〇年十二月——萧红逝世的前年，那是她的健康还不怎样成问题的时候，她写成了她的最后著作——小说《呼兰河传》，然而即使在那时，萧红的心境已经是寂寞的了”。（矛盾《〈呼兰河传〉序》）海德格尔说：“接近故乡就是接近万物之源。故乡最玄奥、最美丽之处恰恰在于这种对本源的接近，决非其他。”《呼兰河传》是萧红在生命的最后时段，用精神和灵魂回归故乡的一种特别的仪式。

“从某种意义上说，“呼兰河”就是萧红途经的所有地方，也是萧红生活过的全部岁月。“呼兰河”，就是萧红灵魂的肉身：她的起源，她的归宿。

对萧红来说，“呼兰河”显然是一种意味深长的空间形式，它既是一条绵延的具有贯穿性的线（河），又是一个固定的点（城）；事实上，它象征性地暗示了萧红生命的两重性：对流浪和安居同样强烈的渴望。”（宋晓萍．《封锁和游离——关于〈呼兰河传〉及其女性空间》）

萧红在《呼兰河传》的尾声里写道：

呼兰河这小城里边，以前住着我的祖父，现在埋着我的祖父。

我生的时候，祖父已经六十多岁了，我长到四五岁，祖父就快七十了。我还没有长到二十岁，祖父就七八十岁了。祖父一过了八十，祖父就死了。

从前那后花园的主人，而今不见了。老主人死了，小主人逃荒去了。

那园里的蝴蝶，蚂蚱，蜻蜓，也许还是年年仍旧，也许现在完全荒凉了。

小黄瓜，大倭瓜，也许还是年年地种着，也许现在根本没有了。

那早晨的露珠是不是还落在花盆架上，那午间的太阳是不是还照着那大向日葵，那黄昏时候的红霞是不是还会一会工夫会变出来一匹马来，一会工夫变出来一匹狗来，那么变着。

这一些不能想象了。

听说有二伯死了。

老厨子就是活着年纪也不小了。

东邻西舍也都不知怎样了。

至于那磨坊里的磨倌，至今究竟如何，则完全不晓得了。

以上我所写的并没有什么优美的故事，只因他们充满我幼年的记忆，却忘不了，难以忘却，就记在这里了。

尾声部分短短四百字，一连出现了 7 个“祖父”，祖父和萧红的童年、她意念中的故乡紧紧缠绕在一起。萧红的一生，唯有祖父给她的爱是确定的，不游移，不疏离，除此之外的爱于萧红是那样苛刻和吝啬。尾声部分短短四百字，共出现了 17 个“了”字，到了末尾，每句均以“了”字收束，“了”是萧红在生命的最后时刻吐出的柔弱的游丝般的叹息，这叹息里有无奈，也有放弃。“了”是既成事实，谁也无法改变；萧红与命运抗争了一辈子，也不能改变自己的处境，她只能就此了断。再多的不甘，再多的留恋，再多的希望，也只好一了百了。

“对于一个已然失去一切的人，不论他失去的是一个人还是一个国度，在某个特定的瞬间，语言总会变成一个家园……这个国度抹去了各种空间地理分界和时间分野……"（〔法〕埃莱娜·西苏．从潜意识场景到历史场景［A］．张京媛．当代女性主义文学批评［C］，北京：北京大学出版社，1992：218.）萧红毕竟以另一种方式回"家"了，回到了真正属于自己的那个"呼兰河"老家——从这个意义上说，文字为她铺平了路，文字也为她构建了家园。

从哪里抵达作者的灵魂？当潘老师带领孩子们阅读《我和祖父的园子》时，他们再次走进"我和祖父的园子"，与作家萧红相遇，与那个泛黄的黑白岁月邂逅，这时，静默的文本升腾起丝丝缕缕的温润气息，尘封的文字开始苏醒，释放出张力与热情。

一、语言：破译作者灵魂的密码

关注语言、关注表达是阅读教学的重要任务。话语作为形塑言论的基本方式，在叙事上一样起作用。儿童小说家吉尔·帕通·沃尔什说，轨迹是"一本书的行动，它不应该被看做书中可描述事件的动态走向，而应被看做作者陈述和读者体验的活动轨迹"。换句话说，文本的轨迹应去话语中而不是故事中寻找，应着眼于讲述的方式而不是讲述的内容。"好的轨迹是最适合、最能承载情感的飞翔之路，它穿越主题，直达预想的结局。"

潘老师在教学中设计了如下四个环节。

1. 我和祖父园子里的这些人、这些事、这些物，就构成了萧红童年的一种生活。那么，萧红的童年生活是怎样的呢？请同学们浏览课文，想一想，用一两个你认为最恰当的词语来概括。

2. 我们上节课已经跟随着萧红到这个园子里面走了走，看了看，还记得萧红在这篇文章当中回忆了些什么吗？

3. 同学们，就是这个园子给萧红的童年带来了许许多多的生活情趣。你们发现了没有，这浪漫的、有趣的、自由自在的、无忧无虑的、无拘无束的生活情趣就流淌在文章的字里行间当中，整篇文章妙趣横生。下面请同学们静下心来默读课文，边读边揣摩，想想萧红是怎样用语言文字把这种童年生活情趣写出来的。注意用你的眼睛去发现，用你的心灵去感受，用你喜欢的方式去表达。你可以用笔把课文写得比较特别的语句画出来，并联系上下文想一想，再简要地做些批注。

4. 今天，我们从《我和祖父的园子》里面读出了萧红童年的一种自由和幸福。当我们了解了萧红的生平之后，再来读这篇课文，我们还能从中读出一些其他的意味来。其实，好的文章值得我们一辈子去阅读与体味。希望同学们课后去阅读《呼兰河传》这部小说，细细地品味和分享萧红那难以忘怀的童年生活，相信你一定能从中获得更多的感受，更多的语言智慧！

第3个环节显然是教学的主体和重点，花费了最长的时间。在教师的带领下，学生重点关注了文本中最能体现萧红语言特点的个性化的表达方式，用潘老师在课堂上的话就是“特别的语句”。

每部文学作品都会打开一个独特的世界，而这只能通过阅读该作品才能达到，那么阅读就应是毫无保留地交出自己的全部身心、情感、想象，在词语和句子的基础上，在自己的内心再次创造那个世界。这将是一种狂热、狂喜，甚至是狂欢，康德称之为“癫狂”，此时此刻，此情此景，作品像一个内心的剧场一样活跃起来。

二、教师：引领儿童阅读的向导

罗兰·巴特说：“阅读（聆听）一段故事，不仅是逐字看过，它更是从一个层次进入另一个层次的过程。”所以，穿梭在文字的不同层次之间，探索意义的多种可能，这是一个熟练的读者的阅读态度，也正是我们应该教会孩子们的事情。潘老师通过教学设计，引导儿童走入语言文字的背后、深处，抵达人物的内心世界，挖掘阅读的深度。

课文：祖父戴一顶大草帽，我戴一顶小草帽；祖父栽花，我就栽花；祖父拔草，我就拔草。祖父种小白菜的时候，我就在后边，用脚把那下了种的土窝一个一个地溜平。

生：从这里可以看出萧红一直跟在祖父后面，与祖父的感情很深。

生：我从这里能看出，萧红就像是祖父的影子，一老一少，一顶大草帽，一顶小草帽，相映成趣。

师：你说得太好了，太精彩了！这段话写出了一种情趣，不知你们发现了没有，她的语言也很特别。现在我来读写祖父的部分，你们读写“我”的部分，看看怎么特别。

（师生共同读）

师：你们发现了什么？

生：前半句和后半句格式是一模一样的，都是写祖父干什么，我就干什么。

师：是的。这是两两相对的句式，前后只是改变了人称而已，内容是重复的。大家真是厉害，这种特别的形式都被你发现了。我们可不要小看这个特别的句式，其实，萧红童年生活的情趣就隐藏在这种特别的句式当中。不信我们再来读读，男生读前半句，女生读后半句。

（男女生共读）

师：男生和女生对调过来再读。

（男女生共读）

师：这样的句式看起来怎么样？

生：工整对称，两两相对。

师：读起来呢？

生：非常顺口，很有节奏。

师：听起来呢？

生：悦耳动听。

师：你们从这个特别的语句当中读出了什么意味？

生：我读出了萧红和祖父那种血浓于水的亲情。

生：萧红的童年非常自由自在、无忧无虑，什么都不需要担心。

生：我仿佛看到祖孙俩形影相随、其乐融融的生活情境。

生：我读出了萧红对祖父的依恋之情。

师：看来，特别的语言有着特别的趣味，特别的语言有着特别的魅力，特别的语言表达着特别的情感。所以，读书的时候，我们要特别留意那些形式比较特别的语言。我们再来读一读。

这一段教学由学生起始，但并没有止于学生的阅读，在其中，我们分明看到了教师的有效引领。潘老师通过循序渐进的点拨与指导带领儿童走向语言的深处，去触摸语言，揭开文字的面纱，抵达作者的灵魂：

——这段话写出了一种情趣，不知你们发现了没有，她的语言也很特别；

——我来读写祖父的部分，你们读写‘我’的部分，看看怎么特别；

——这是两两相对的句式，前后只是改变了人称而已，内容是重复的。大家真是厉害，这种特别的形式都被你发现了。我们可不要小看这个特别的句式，其实，萧红童年生活的情趣就隐藏在这种特别的句式当中。不信我们再来读读，男生读前半句，女生读后半句；

——看来，特别的语言有着特别的趣味，特别的语言有着特别的魅力，特别的语言表达着特别的情感。所以，读书的时候，我们要特别留意那些形式比较特别的语言。我们再来读一读。

萧红的回归渴望，在《呼兰河传》里化为一种奇特的虚拟语气——“仿儿童语气”：句式单纯明晰，显得稚拙，有时又有点啰嗦，像个喜欢说话以引起别人注意，又常常表达不清的孩子，充满了儿童式的奇特想象。

教师显然关注并领悟到了这句式的意蕴，但他并不直接、也不急于告诉孩子们，而是适时地点拨，这点拨有时是一语惊醒梦中人的讲解，有时是不显山不露水的诵读，有时是欲说还休的点评……在教师这位阅读向导的带领下，孩子们走进了萧红的童年生活，与儿时的萧红以及她慈爱的祖父相遇。

三、对话：重构文本意义的支架

对话是古老的教学方式，在东方，其源头为孔子，《论语》就是孔子与弟子们对话的语录体经典教育哲学。《汉书·艺文志》说：“《论语》者，孔子应答弟子、时人及弟子相与言而接闻于夫子之语也。当时弟子各有所记，夫子既卒，门人相与辑而论纂，故谓之《论语》。”在西方，“对话学习”可以追溯到苏格拉底，柏拉图的《美诺篇》直接体现了教与学的性格，也可以说是显示了苏格拉底对话方式的代表性文献。东西方的先哲圣贤用他们的教育践行告诉我们，对话本身就是学习的一种方式。

课文：花开了，就像花睡醒了似的。鸟飞了，就像鸟上天了似的。虫子叫了，就像虫子在说话似的。

生：第13自然段明明写的是蔬菜和动物，可是让我感觉到的是祖父对萧红的疼爱。

师：说得好！你们发现了吗，这一自然段是这篇课文中最长、最有趣味的一段文字，语言也是最特别的。读着这段文字，“自由”这个词语一直叩击着我们的心灵。就让我们聚焦这一段，看看作者是用怎样特别的语言来表现这种“自由”的。

生：“花开了，就像花睡醒了似的。鸟飞了，就像鸟上天了似的。虫子叫了，就像虫子在说话似的。”这里用排比写出了花、鸟、虫子的可爱和自由。

师：这是一组很有意思的句式，它们的结构完全相同。这样的句式看起来怎么样？

生：看起来像排比句一样。

师：其实它就是排比句，看起来非常工整，读起来呢？谁来读读看。

师：你觉得读起来怎么样？

生：朗朗上口。

师：听起来呢？

生：听起来很顺畅，很有韵味。

师：这里，又有一个独特的句式——“……了，就……”，其实，这是儿童说话时常用的一种句式，在《呼兰河传》这样的句式还有很多。比如，有这么一句话：“眼花了，就不看；耳聋了，就不听；牙掉了，就整吞；走不动了，就瘫着。”再放声读一读，细细体会这种独特的句式所表达的意味。

师：你看，“了”字表示一种已然的事实，读时舌尖轻弹；“就”字表示一种顺应，是一种想象的顺应。这样的句式饶有兴趣，朗朗上口，有一种韵律之美。的确，特别的语言有着特别的趣味，特别的语言有着特别的魅力，特别的语言表达着特别的情感。这一段中，还有比这个更独特的语句呢，你们发现了吗？

阅读作为一种沟通行为，是具有社会性的，作者写作是希望读者分享他们所表达的意义，从而成为相互理解的群体中的一分子。学习阅读就是教师通过课堂对话，带领学生加入到这个“群体”，展开阅读，获取文本意义，按照作者的设置发展信息和策略的知识集，建构起一个新的有读者参与和扮演的新的“群体”。

细细回放这个教学片段，咀嚼品味潘老师和学生的对话，眼前很自然地浮现出课堂上那位冷静、理智、沉稳的潘老师的形象。这一段师生的对话，是闲适的，不急着赶路，没有立马需要解决的问题，只是聚焦、围绕一个话题而展开的交流；这一段师生的对话，是自由的，没有勉强，没有羁绊，没有障碍，学生只消说出自己心中的理解和感受；这一段师生的对话，是有意义的，它不同于一般意义的聊天，信马由缰，天南海北，教师有着明确的目标指向，但又智慧地把这隐含起来，这与教师本身的个性有关，但更是教师的深厚功底使然。

真正意义的对话基于“学习共同体”的沟通与交往，对话的原则是对话双方的平等，对话的前提是围绕着话题展开。话题与问题的区别是，话题是敞开的，学生可以基于不同的认识，站在不同的视角，从不同的起点，指向不同的方向，对话的目的不是为了寻求一个正确的答案，而是表达、交流、分享，认真聆听，尊重差异，在完成自我建构的同时，也建构着他人。

从哪里抵达作者的灵魂？向语言文字的深处漫溯，进入文本化、物化的作者的生命历程，作为一个阅读者，扮演其中一个角色，抑或是作为缄默的旁观者，可沉思，可发问，可倾诉，教师、儿童、作者以及文本中的人物，就这样不期而遇，就这样敞开心扉，就这样彼此慰藉……潘老师用他的睿智唤醒了懵懂的儿童，唤醒了沉睡的作家，唤醒了尘封的文本，就这样，抵达了作者的灵魂。

（作者：李琳）

课堂向四面八方打开

——《钱学森》课堂实录及赏析

一、导入课文：链接资料，打开课堂

师：请同学们看大屏幕，自由地读一读这段文字。

生（读）：在他心里，国为重，家为轻，科学最重，名利最轻。五年归国路，十年两弹成。他是知识的宝藏，是科学的旗帜，是中华民族知识分子的典范。

师：这是2007年感动中国年度人物的一段颁奖词。你能猜到这里的“他”是指谁吗？

生：他是钱学森。

师：大家同意吗？

生：同意。

师：那就请你将“钱学森”这个名字端端正正地写在黑板上。

（生在黑板上板书——钱学森）

师：写得工整、美观。大家了解钱学森吗？把你对他的了解说给大家听听。

生：钱学森出生于1911年。

师：哦，你知道他的出生年份。

生：他的祖籍是浙江杭州，被誉为“中国导弹之父”。

生：钱学森为我国的“两弹一星”做出了卓越的贡献。

师：我也查了资料，咱们来看看。（出示图片）瞧，这位慈祥的老人就

是钱学森！我们一起来读读这些文字。

（课件出示：中国航天之父、中国导弹之父、火箭之王、中国自动化控制之父）

生（读）：中国航天之父、中国导弹之父、火箭之王、中国自动化控制之父。

师：看着这位慈祥的老人，读着这些文字，你有什么想说的吗？

生：他为中国的科学研究做出了巨大的贡献。

生：钱学森真是一位伟大的科学家啊！

师：同学们，你们知道吗，2009 年 10 月 31 日，这位伟大的科学家永远地离开了我们。斯人已去，但音容犹在。明天是钱学森逝世一周年的祭日。在这个特别日子的前夕，让我们怀着崇敬的心情，来缅怀这位伟大的科学家——钱学森。请同学们一起读课题。

生（读）：第 19 课《钱学森》。

赏析：俗话说："好的开头是成功的一半。"潘老师的教学导入就是一个好的开头。潘老师利用"感动中国人物"的颁奖词作为教学的切入，简洁、务实。这段高度凝练的文字既概括了钱学森的丰功伟绩，又赞叹了他伟大的精神品质。更为重要的是通过这样一段令人肃然起敬的文字描述，将学生的视线和心思引向了对课文的学习。

二、识字写字：自主识写，打开课堂

师：同学们已经预习了课文，那么，这课的生字新词都掌握了吗？请拿出练习本来听写。

（这时，有的学生面露难色，有的学生想翻开书看看）

师：没有把握的同学允许你们"偷"看一下，没关系的。

（生准备）

师：同学们，提笔就是练字时，注意写字的姿势，凝神静气地写好每个字。每个词语我只报一遍，请仔细听。

（生默写词语：额头、赴美留学、富裕、贡献）

师：还有一个生字新词是什么？我想不起来了。

生：诚恳。

师：对！是"诚恳"。现在，请打开语文书对照批改，同桌交换一下。

批改的时候请注意两点：第一是看字写得对不对；第二是看字写得漂不漂亮，把你认为写得漂亮的字用圆圈圈起来。

（生交换批改听写的字词）

师：同学们的字写得非常漂亮。不过，大家在听写的时候有一个字写得有问题，请看黑板。

（板书：裕）

师：这个字是什么偏旁？

生：是衣字旁。

师：对！其实，这个字非常有意思，你发现了吗？

生：“裕”的左边是衣字旁，表明有衣服穿；右边是“谷”，表示有粮食吃。

师：由这个字，你联想到哪个成语？

生：丰衣足食。

生：衣食无忧。

师：是啊，有衣服穿有粮食吃，丰衣足食了，衣食无忧了，这就叫——

生：富裕。

师：咱们中国的汉字就是这么有意思。今后写“裕”的时候，你们只要想到衣食无忧，就不会把左边的衣字旁写错了。请大家看课后“用钢笔描红”这道题，把你刚才听写的时候写错的或者写得不好看的生字再用心地描一描，注意把它们写正确、写漂亮。

（生描写生字）

三、朗读课文：自由选择，打开课堂

师：课文读了吧？能把课文读正确、读通顺吗？

生：能！

师：很好，学习就应该这么自信！这篇课文共有7个自然段，你最有把握读好哪一段，或者你最想把哪一段读给大家听。请你们先选择一下，准备准备。

（生自由读课文）

师：谁第一个来读？这位男孩子最先举手的，就请你吧。你想读哪一个自然段？

生：我想读第1自然段。

（生读第1自然段）

师：他读得怎么样？

生：好，很有感情。

师：他读得正确、流利，确实不错。谁第二个来读？

生：我也想读第1自然段。

师：第1自然段，他已经读过了，你为什么还想读呢？

生：因为第1自然段写出了钱学森归心似箭的心情。

师：你被钱学森迫切的归国之情所感动，所以要读。请读吧！

（生读第1自然段）

师：你自己觉得读得怎么样？

生：还行。

师：看来，你是比较谦虚的孩子。其实，你已经读得很好啦！字正腔圆，声情并茂。还有谁要读？

生：我想读第5自然段。

（生读第5自然段）

师：你读了第5自然段，有什么要说的吗？

生：这一段体现出钱学森非常有才华，美国非常想要他，不让他回国。

师：读得好，说得也好！这篇课文共7个自然段，刚才这3位同学读了两个自然段，其余的段落还有没有同学想读的？这个女孩子你来读，你是中间这一组第一个举手的，老师要奖励你，请你读。

生：我想读第7自然段。

（生读第7自然段）

师：说说看，你为什么要读第7自然段？

生：因为这段写了钱学森从美国回来后为祖国作出的卓越贡献。

师：其他同学还有想读的吗？

生：我想读第2自然段。

（生读第2自然段）

师：大家猜猜看，她为什么要把第2自然段读给我们听？

生：因为钱学森尽管在美国享受着优厚的待遇，可他还是想回国，说明他有着强烈的爱国情怀。

师：她猜出你的心思了吗？

生：猜出来了。钱学森的爱国之心，让我非常感动。

师：你被钱学森强烈的爱国情怀所打动，所以把第2自然段声情并茂地读给我们听。谢谢你！有没有想读的了？最后一次机会，给这个女同学吧。

生：我想读第4自然段。

（生第4自然段）

师：有没有想说的？

生：我觉得，这一段也体现了钱学森的爱国情怀。

师：看来，我们六（6）班的同学真的不一般，能把课文读得正确，读得通顺，还读出了你们对课文的初步理解，这说明你们预习工作做得很好。现在，我们再来读课题——

生（齐读）：钱学森。

赏析：聆听潘老师的教学，笔者真切地感受到检查预习的过程也可以是一个充满智慧的过程。智慧在于潘老师心中真正装有学生，实实在在地了解学情，掌握了学生通过预习课文读得怎么样，生字识记得怎么样，对课文内容感知得怎么样。只有将学生的发展放在心中，并为着学生的发展设计教学、展开教学的智慧才是真智慧。这种智慧体现在潘老师报词语时假装忘记“诚恳”一词，其实是老师在考查学生自学生字词的情况。无痕的教学细节蕴藏教学的智慧。“裕”字的教学更是充满智慧，从观察字形，分解汉字到遵循字理来记忆。学生知道了“衣食无忧，丰衣足食，就是富裕”，怎么可能还会写错“裕”字呢？请学生读一读所选择的自然段，读后问学生为什么要读这一段，这其实是训练学生概括段意和理解关键词句的能力，但是却不露痕迹。

四、聚焦课题：研究讨论，打开课堂

师：人们常说，题目是文章的眼睛。看到这个题目，你就知道这篇课文是写什么的？

生：写钱学森这个人。

师：对，这是一篇写人的文章。写人的文章对于我们来说已经不陌生了。类似这样写人的文章，在这册语文书上，我们就学过好几篇了。请翻到“目录”瞧一瞧。

生：《郑成功》这篇课文是写人的。

师：还有吗？

生：还有《船长》《轮椅上的霍金》《詹天佑》等几篇课文也是写人的。

师：其实，写人的文章都有一些相似之处，你们发现了吗？

生：写人的文章都是通过具体的事情来表现这个人物的特点。

师：那《钱学森》这篇课文主要写什么事情呢？

生：写钱学森急切回国要为祖国作贡献的事情。

师：是呀，新中国诞生之际，回国之心，对于钱学森来说是何等的迫切啊！然而，回国之路，对于钱学森来说又是何等的艰辛而漫长啊！课文主要写的就是颁奖词中所说的"五年归国路"这件事。事情就是行动，写人的文章在描写具体事情的时候，也有相似之处，你们发现了没有？

生：要写人物在事情发展变化过程中所说的话。

生：还要描写人物的动作、心理活动，通过这些来反映人物的性格特点。

师：把这两位同学的发言综合起来说，就是要把在行动中的人物的言行举止和心理活动等作一番生动细致的描写。下面请大家浏览课文，看看课文在写事的时候主要写了钱学森的什么呢？你们可以用笔画一画。

（生读文勾画）

师：发现了没有？

生：课文在写事的时候主要写了钱学森的想法和语言。

师：你说了两点，第一是钱学森的想法，第二是钱学森的语言。那你们觉得在这一篇课文中，抓住什么对于我们认识钱学森是最为重要的呢？

生：我觉得要抓住钱学森的语言。

师：大家同意他的观点吗？

生：我不同意。我觉得应该抓住钱学森为国家作的贡献来认识钱学森。

师：也就是课文的哪个部分？

生：第7自然段。

师：现在有两个观点，你们认同哪一个观点？

生：我都不赞同。我觉得要抓住钱学森迫切想回国的心理来体会钱学森的形象。

师：这是第三种观点，你再来说。

生：我觉得应该抓住人物的语言。

师：那你们到底赞同哪个观点呢？请你们再浏览一遍课文，仔细地斟酌斟酌。

（生浏览课文）

师：你还坚持自己的观点吗？

生：坚持，因为我觉得钱学森说的那些话，能够表现出他强烈的爱国情怀。

五、品味语言：潜心会文，打开课堂

师：非常好。言为心声。语言往往最能够直接地反映人物的内心世界。看看这篇课文几次写到了钱学森的语言？

生：课文两次写到了钱学森说的话。

师：哪两次？请你读出来。

（生读钱学森说的话）

师：就让我们聚焦课文中钱学森说的话，请同学们静下心来仔细地揣摩这两段话，看看哪里给你的触动最深？你可以联系上下文来思考，请把你的感受简要地写下来。

（生阅读思考，师巡视指导）

师：（出示：他说："我是中国人。我现在所做的一切，都是在作准备，为的是回到祖国后能为人民多做点事。"）我们来交流一下对于这段话的理解。

生：从这段话中，我体会到钱学森强烈的爱国思想，他始终没有忘记自己是一个中国人。

生：从这段话中，我明白了钱学森现在虽然身在美国，但他的心在中国，一心想将来为祖国多做点事情。

师：钱学森是在怎样的情况下说这番话的呢？

生：钱学森虽然在美国享受着优厚的待遇，有富裕的生活和优越的工作条件，但他并不留恋这些，而是把报效祖国放在自己的心上，他的这种爱国精神让我感动。

生：从"优厚的待遇""富裕的生活"和"优越的工作条件"这些词语中，可以看出钱学森当时在美国的生活是极其富裕的，但他没有忘记贫穷落后的祖国，他将来回到祖国要为人民多做点事，让人民早日过上富裕的生活。

师：是啊，这正如颁奖词中说的那样——在他心里，国为重，家为轻。就这样联系上下文，抓住一些关键的词句来谈自己的理解和体会。在第2自然段中，还有两个词语，对于我们进一步了解钱学森是至关重要的。不知你们注意到了没有？

生：我发现“最得意”和“最得力”这两个词语，对于我们进一步了解钱学森是至关重要的。

师：你能具体地说说吗？

生：从这两个词语中我体会到钱学森当时在空气动力学方面取得了巨大的成就。

师：有句话说得好：“没有最好，只要更好。”这里连用了两个“最”足以让你体会到——

生：钱学森的才学深得冯·卡门教授的青睐。

师：足以让你体会到——

生：钱学森在科学上才华出众，成就突出。

师：足以让你体会到——

生：钱学森是一位非同寻常的科学家。

师：就是这样一位才华出众、非同寻常的科学家，就是这样一位在美国享受着优厚的待遇，有富裕的生活和优越的工作条件的科学家，一刻也没有忘记自己的祖国，这是何等高尚的思想啊！让我们一起来读读钱学森说的这番话。

生（齐读）：他说：“我是中国人。我现在所做的一切……”

师：这段话虽然简单而又朴实，但字字珠玑、感情炽热，拨动着我们的心弦。

师：（出示：钱学森诚恳地说：“我们日夜盼望着的，就是祖国能够从黑暗走向光明，这一天终于来到了。祖国现在是很穷，但需要我们大家——祖国的儿女共同去创造。我们是应当回去的。”）对于钱学森的这番话，你们又有什么要说的呢？

生：从这段话中，我体会到钱学森强烈的爱国情怀以及他急切想回国的愿望。

师：你读出了两点，第一是他的爱国情怀，第二是他急切想回国的愿望。

师：不知大家注意到没有，钱学森说的第一段话中的人称是什么？

生：是“我”。

师：这里呢？

生：是“我们”。

师：这里的“我们”是指谁呢？

生：是指钱学森和十几位留学生。

师：说得很好。读书就要善于捕捉文章中的变化。从这个变化中，你读出了什么意味？

生：钱学森回归的决心十分坚定。

师：钱学森的这番话是对谁说的？

生：对十几位在美国留学的中国学生说的。

师：是针对什么来说的？

生：是针对有人劝他“祖国刚解放，要钱没钱，要设备没设备，现在回去搞科学研究，只怕有困难”来说的。

师：从留学生劝说钱学森的话语中，你悟出了什么？

生：留学生劝钱学森不要回国，回国搞研究困难很大。

生：留学生们不想回国，这样写更加突出钱学森的爱国情怀。

师：那钱学森对留学生说的这段话仅仅表达了自己的回国心愿和自己的爱国情怀吗？大家注意到钱学森说这番话时的态度了吗？

生：钱学森说这番话时的态度是诚恳的。

师：“诚恳”是一个生字新词，是什么意思呢？“诚”在这里组什么词最恰当？

生：真诚。

师：“恳”呢？

生：恳求。

师：这里“恳求”恰当吗？还可以组什么词？

生：恳切。

师：那么“诚恳”是什么意思？把刚才组的两个词连起来说。

生：真诚而又恳切。

师：钱学森这么真诚而又恳切地对留学生说这番话到底还有什么意味在里面呢？

生：钱学森也希望留学生跟他一起回国创造祖国的美好未来。

生：钱学森希望用自己的真心去打动留学生，让他们也回去为祖国做贡献。

师：这段话中最能打动留学生心灵的是什么？请你们注意一些词句甚至标点符号。

生："祖国的儿女们"这个词语能让听的人很感动。

生：我注意到这里的破折号。

师：这里的破折号有什么用？

生：解释"我们大家"是"祖国的儿女们"。

师：那你们从这里又读出什么意味来呢？

生：儿女们不能嫌弃自己的母亲。祖国现在正是因为穷，才需要自己的儿女们共同去努力、去创造。这是祖国儿女们的责任。

师：说得太好了！所以，我们在说话或者写文章时要想打动人，除了态度外，还要注意表达的形式。一起来读读这段话，仔细体会字里行间的情味。

生（齐读）：钱学森诚恳地说："……我们是应当回去的。"

师：课文除了写钱学森的语言，还写到了美国一位海军将领说的话。请大家读一读。

（生读海军将领说的话）

师：这里为什么要写美国一位海军将领说的话呢？

生：表明钱学森很有才能。

生：衬托出钱学森的作用巨大。

师：当时，美国军队的编制一个师是一万人，可见，钱学森的才能很大。这也给钱学森带来了灾难，他被美国政府软禁了5年，失去了自由。然而，钱学森回国的决心一刻也没有动摇过。在这种情况下，如果再写一写钱学森说的话，他可能会怎么说呢？请你们联系上下文来写一写。

（出示：然而，钱学森回国的决心一刻也没有动摇过。他说："……"）

（生练笔写话）

师：谁来说一说？

生：然而，钱学森回国的决心一刻也没有动摇过。他说："虽然你们把我困在美国，但是，我的心已经在中国。我的心你们是困不住的。"

生：然而，钱学森回国的决心一刻也没有动摇过。他说："就算有再大的困难，我也要回国。我的心在祖国，我要回国做贡献。"

生：然而，钱学森回国的决心一刻也没有动摇过。他说："我的母亲是中国，没有人能阻挠我回到母亲的怀抱。"

赏析：这篇课文通过什么事例来写钱学森的呢？课文在写事的时候主要写了钱学森的什么呢？这是潘老师教学中所提的一个主问题，教师通过这个问题把学生引向文章中描写钱学森语言的句子，这无疑是教师精选教学内容时做出的正确的选择。品读钱学森所说的话，就能够感悟他的爱国情怀，他对祖国的拳拳之心全在他所说的话里。学生在教师的引导下，通过自读自悟，透过文字，体会到了一颗爱国之心，看到了一位真实、高大的人物。在教学中，潘老师引导学生想象、练笔，使钱学森的人物形象在学生的心中更加真切、丰满。这解决了高年级阅读教学的重要任务之一：文章写了什么。

六、领悟写法：探寻发现，打开课堂

师：是啊，言为心声。从这些情真意切的话语当中，我们体会到钱学森强烈的爱国情怀。请大家浏览课文，看看这篇课文与其他写人的课文有什么不一样的地方？

生：这篇课文与前面学过的文章最大的不同是把钱学森回国的情景放在了开头。

师：这是一个了不起的发现。

生：我知道这叫倒叙。

师：是的，这是倒叙的手法。如果按照时间顺序，第 1 自然段应该放在什么地方？

生：应该放在第 6 自然段后面。

师：对于这样一个特别的发现，你们有疑问吗？

生：我的疑问是，课文为什么要把它放在开头来写？

师：这是一个很有意思的问题，值得我们一起来探究。谁能替他回答这个问题。

生：能够引起我们的阅读兴趣。

生：可以反衬出钱学森回国的艰辛和漫长。

生：这样写很吸引人，有很好的表达效果。

师：怎么吸引人呢？

生：最后一句话才点出“钱学森”，让我们有往下读的愿望。

师：人名一直到最后一句话才点明，这就叫设置悬念。其实，第1自然段写得很精彩，也很有意思。不知你们发现了没有？

生：我觉得，第1自然段语言优美，写得很生动、很精彩。

师：很会读书，那你觉得哪儿写得精彩呢？

生（读）：想到前方就是自己魂牵梦绕的祖国，他多么希望脚下不是轮船的甲板，而是火箭的舱壁呀！

师：这段话确实写得精彩、有意思。那它到底精彩在哪儿呢？

生：写出了钱学森归心似箭，急切地想投入祖国的怀抱，为祖国、为人民做贡献的心愿。

师：请大家读读这句话，注意写法的奥秘：为什么写“火箭的舱壁”，而不写“飞机的舱壁”或者“火车的车厢”呢？

生：火箭飞得快，这样写更能表达出钱学森的归心似箭。

生：因为钱学森是造火箭的，与他从事的工作有关系。

师：看来，作者的遣词造句还挺有讲究的。这种写作的奥妙，还需要我们在今后的阅读和写作中细细地揣摩与品味。一起来读读这句话，体会它的精妙。

生（齐读）：想到前方就是自己魂牵梦绕的祖国，他多么希望脚下不是轮船的甲板，而是火箭的舱壁呀！

师：请大家再读读这段颁奖词，相信你们一定会有不一样的感受。

（生读颁奖词）

师：这里的第二句话“五年归国路，十年两弹成”就是这篇课文所写的内容。我们已经研究了“五年归国路”，那“十年两弹成”课文写了没有？

生：写了。

师：哪儿写的？谁来读一读？

（生读最后一个自然段）

师：课文重点写了“五年归国路”，而“十年两弹成”只是一笔带过。

写文章就是要这样做到有详有略，疏能走马，密不透风。最后，让我们再来呼唤一下钱学森这个伟人的名字——

生：钱学森！

师：今天，我们学习了《钱学森》这篇课文，对钱学森有了一些了解。明天是钱学森的祭日，此时此刻，同学们一定感慨万千，有话要说。请你们回去以后写一篇读后感，以此表达你对钱学森的纪念和哀思。

赏析：倒叙写法，设置悬念，有详有略，教师和学生一起探讨了本文的表达顺序和方法。这部分的教学画龙点睛，又将教学推向一个高潮，是学生语言发展的一个必经阶段。李亮老师曾经说过，高年级语文教学，理解感悟所占比重不应过重，应该把教学的重心转移到学习表达上来，理解内容方面的任务应该逐渐淡出教学视线。潘老师用它的课堂教学为我们诠释了这样的理念，凸显了《课程标准》关于高年级阅读教学的核心任务。这解决了高年级阅读教学的重要任务之二：文章是怎么写的。

（赏析：钱正权　浙江省语文特级教师）

可贵的坚守

——观潘文彬《钱学森》的教学

这是一堂小学六年级的阅读教学课。听罢此课，我的头脑中不由自主地蹦出“朴实”“扎实”“灵动”“富有实效”等词语来。

课是由学生自由读“2007 年感动中国年度人物的一段颁奖词”开始的。“在他心里，国为重，家为轻，科学最重，名利最轻。五年归国路，十年两弹成。他是知识的宝藏，是科学的旗帜，是中华民族知识分子的典范。”由这段话引入，既拓展和链接了课外语文资源，又对课文主人公的一生功绩和成就进行了评价，具有公正性和权威性。

高年级的学生已具备了预习的能力。因而，引入课文后就听写词语。听写词语显示出六年级的要求：“注意写字的姿势，凝神静气地写好每个字”，而且“每个词语只报一遍”。写后，要求同桌“交换批改”，评价字是否写得“正确”“漂亮”。其间，特别提示“裕”字，左边衣字旁，表有衣穿；右边“谷”，示有粮吃，并要求学生说出由此联想到的成语——“丰衣足食”“衣食无忧”。这样教写字，学生铭刻在心，这个“裕”字想必是不会再写错了。识字写字是整个小学阶段的重要教学任务，扎扎实实练好这项“童子功”，能够为学生一生的学习工作打基础。

要求学生在自由读全文的基础上展示朗读，要读得正确，读得通顺。学生在反复朗读中读熟了课文，读出了语感，这比什么都重要，它能反映出学生理解的深度和广度。文字毕竟只是些平面的静止的符号，绘就的映象“活”不起来。而朗读是学生用声音触摸文字，直接感受文字中的生命气息，从而使文本所蕴涵的内容主体地呈现在学生眼前。现在大多语文课，学生读得还是太少，这是个缺陷。

接着，阅读深入一层，教师让学生聚焦课题，理性地认识“钱学森”。于是，前后联系，回顾本册课文写人的共同点——通过具体事例来表现人物特点。本课写的事就是颁奖词中说的“五年归国路”，事由人为，人在事中。课文“在描写具体事情的时候有相似之处，你们发现了没有”？问题是开放式的，几种不同的观点在讨论中碰撞以求得共识。然后学生集中品味人物语言，仔细地“揣摩这两段话，哪里给你的触动最深?”学生经过思考、交流，从人物语言中强烈地感受到主人公炽烈的“爱国情怀”和急切的“回国愿望”。

“课文除了写钱学森的语言外，还写到了美国的一位海军将领说的话，这是为什么呢?”这个理解性的问题是从表达的角度提出的。这使学生的阅读再进一层。学生领悟了写美国将军极力阻挠钱学森离开美国这件事，从侧面衬托出一位中国爱国科学家的价值。然后，教师创设了一个学写人物语言的情境：“然而，钱学森回国的决心一刻也没有动摇过。他说……”因为有表达的情境和语境，又有人物语言的范例在前，学生练笔是成功的。如有学生这样写道：“然而，钱学森回国的决心一刻也没有动摇过。他说：‘我的母亲是中国，没有人能阻挠我回到母亲的怀抱。’”这个环节，既使学生练了笔，又强化了对文本的深度解读。

阅读教学要显示学段的特点。这是当前许多老师有所疏忽的。《课程标准》第三学段有篇章教学的要求，要求学生在阅读中揣摩文章的表达顺序。在本课的师生对话中，学生习得了文本的行文思路，“这篇课文与其他写人的课文不一样的地方”是运用了倒叙的手法。它把钱学森回国的情景放在开头。如果按照时间顺序，第 1 自然段应该放在第 6 自然段后面。师生针对“为什么这样写”展开了争论，得到的共识是“设置了悬念”“能引起阅读的兴趣”“突出了钱学森回国的艰辛”。顺势研读“第 1 自然段的精彩”，写“火箭的舱壁”，而不写“飞机的舱壁”（或“火车的车厢”），这一写法的奥秘，在于更能表达钱学森回国归心似箭，而他又是造火箭的专家，与从事的工作联系。

最后，教学又回到课始所展示的这段“颁奖词”上来。学生深情诵读，字字人心。一个轮回，首尾照应。课文是“颁奖词”的注脚和演绎，“颁奖词”则是课文的概括和提升。

纵观整个教学过程，教师自始至终对学生进行着引导、激励和唤醒，朴素自然地彰显出“教”建立在“学”的基点上的理念。给人的感觉是，它完全卸去了披在语文外面形形色色的彩衣，显露了原本朴实健壮的容颜；它告别了烦琐的内容问答与分析，担当起语文课堂本该担当的字词句篇的教学责任。执教者是位课改中涌现的年轻特级教师，能够坚守语文本色尤为可贵。

（作者：钱正权）

穿梭在语言的丛林中

——《莫泊桑拜师》教学实录及赏析

一、听写生词，回顾内容，温故知新

师：同学们，这节课我们继续学习《莫泊桑拜师》这篇课文，请看我写课题。(板书：莫泊桑拜师)

师：请大家齐读课题。

生（齐读)：莫泊桑拜师。

师：拜师的态度应该虔诚一点。再读——

生（齐读)：莫泊桑拜师！

师：请大家拿出本子，准备听写本课的生字新词。(生准备)

师：同学们，提笔就是练字时，在写字的时候，你们要注意写字的姿势，要凝神静气地写好每一个字。每个词我只报一遍，你们可要注意听哟！

(听写词语：简陋　烙印　吆喝　咖啡)

师：下面，请同桌的同学交换批改，批改的时候请你们注意两点：第一是看他的字写得是否正确，第二是看他的字写得是否漂亮，把你认为写得漂亮的字用圆圈标出来。(生互改，师巡视)

师：我刚才巡视了一下，发现我们班大多数同学的字写得都很规范、很漂亮。如果有错的请把它订正一遍。(学生订正)

师：同学们，我们已经初读了课文，还记得这篇课文的主要内容吗？

生：这篇课文讲的是莫泊桑总觉得自己的文章写得不够生动，就去拜福楼拜为师，他三次拜访拜福楼，终于求得了真知，写出了许多有世界影响的名著。

师：这是一篇叙事性的文章。文章的主要内容就浓缩在这个题目当中。刚才这位同学围绕着“拜师”把课文的主要内容说得非常清楚、明白。那莫泊桑三次去拜访福楼拜，每次都是为何而去的呢？

生：莫泊桑第一次去是因为他总觉得自己的文章写得不生动，而去求教福楼拜；第二次去是他按照老师的教导，观察了几天之后，结果一无所获，而去求教的；第三次是他写了一些作品之后拿去请老师指导的。

赏析：没有夺人眼球的新奇，课堂就在孩子们学语习文中拉开帷幕。公开课上花3分钟时间让学生听写、修正字词难得一见，仅仅是写几个字吗？教者传达的还是一种理念，语文课就应指导学生读好书、写好字、会阅读，只有这样学生才能真正享受语文学习的乐趣。提笔即是练字时，学生一笔一画书写的不仅是汉字，也是严肃认真的人生态度。

二、抓住关键，圈点批注，潜心会文

师：同学们，莫泊桑这三次去求教福楼拜，每一次福楼拜都做了耐心而细致的指导。请大家浏览一遍课文，想一想，福楼拜三次指导着重是指导莫泊桑干什么？（生读文，师巡视）

师：有答案了吗？举手的人越来越多了，真好！这位女同学，请你说。

生：福楼拜老师的三次指导着重是指导莫泊桑学会观察。

师：同学们同意她的意见吗？

生（齐答）：同意！

师：看来，要把文章写生动，光读书是不够的，还得要把观察的功夫练到家。指导莫泊桑学会观察是福楼拜三次指导的中心话题。我把“观察”这个词写在黑板上。（板书：观察）

师：同学们，福楼拜三次指导莫泊桑的那些话语耐人寻味。下面就请同学们用心揣摩福楼拜的那些话语，想一想，假如你是莫泊桑，你能从福楼拜的那些话语中体会到什么？你可以边读边拿出笔来，把你的体会简要地写下来。特别要提醒大家注意的是：要用自己的眼睛去发现，用自己的头脑去思考，用自己的心灵去判断，用自己的语言去表达。（生批注，师巡视）

赏析：整体关照，“瞻言”而“见貌”乃叙事性作品学习的重要门径，只有一窥文本的外观形式和形象才能把握内部的情致和韵味。显然，潘老师把《课程标准》对高年级学生的篇章要求“化”在了不同文体的教学中。开课伊始，潘老师就聚焦课题，引导学生关注叙事性文体的特点。“观察”

一词的捕捉更凸显了教者细读文本的功夫。“要勤于观察”“观察要细致”“观察时发现别人未发现的细节”，层层递进构成了错落有致的叙事结构，隐含的脉络就在“观察”的切入中全面展开。联想到许多教师因为不知道对叙事性作品该如何指导而发愁，本案因文而异，透过抓关键词揣摩文章表达顺序的设计堪称范例。

三、交流对话，咀嚼文字，得意得言

师：谁第一个来说，假如你是莫泊桑，你能从福楼拜的那些话语中体会到什么？

生（先读后说）：“不！不不！……怎么会没有什么好写呢？”从福楼拜的这段话中，我读出了我们必须学会从不同的角度去仔细观察事物，这样才会有东西可写。

师：读得好，说得也好！让我们把目光都聚焦到这里来，对于福楼拜的这番谈话，你们还有什么体会要说的吗？

生：我体会到在观察的时候要仔细，我们要学会用耳朵去听。

师：哦！你是怎么体会到这一点的呢？

生：福楼拜说了“车下坡时，赶车人是怎样吆喝？”“吆喝”是要用耳朵来听的。

师：是的，观察不只是用眼睛去看，还要用耳朵去倾听，用心灵去感悟，这样才会发现可以写的东西其实是很多的。同学们，你们注意到没有，福楼拜这次指导莫泊桑的话语比较特别。自己再读一读这段话，看看到底有什么特别的地方？

生：这段话一连用了9个问号。

师：你的目光真敏锐！你数过了，是吧？一连用了9个问号，这是一个特别的地方。

生：我发现在这段话中，福楼拜用了一组一组的对比来体现马车的不同。

师：你的眼力真厉害！那你知道，福楼拜为什么要这样一组一组地对比着来说呢？

生：我觉得，福楼拜用对比的方式来说，是想让莫泊桑明白在不同时间、不同环境下，马车的特点是不一样的。

师：所以，一定要仔细观察，在观察中比较，这样才能够从司空见惯

的事物中发现一些特殊的东西。这段文字还有什么特别的地方？（无学生举手应答）

师：我们来看看这第一问和最后一问有什么特别的地方？

生：这两个问都是让莫泊桑知道要善于观察身边的事物。每一样事物都有它自己的特点，每一样事物都是……（该生语塞了）

师：没关系，别紧张！请你把这两句话读一读，好吗？

生（读）：怎么能说没有什么东西好写呢？

师：最后一问——

生（读）：怎么会没有什么好写呢？

师：再来把这两个句子读一遍，好吗？

生（读）：怎么能说没有什么东西好写呢？怎么会没有什么好写呢？

师：读了两遍，你有没有发现什么？

生：这两个句子都是反问句，并且是重复的，意思一样，有强调的作用。

师：这个特别之处终于被你发现了。同学们，面对福楼拜滔滔不绝地提出的这一连串的问题，你们的心中有疑问吗？

生：福楼拜为什么是用问题来告诉莫泊桑，而不是直接把答案告诉他呢？

师：对呀！莫泊桑是来求教的，福楼拜为什么提出了这一连串的问题，而不把答案直接告诉莫泊桑呢？这个问题问得好，问得有水平。下面就请大家静下心来思考这个问题，好吗？

生：我觉得，福楼拜在这里提出一连串的问题，可以让莫泊桑自己去思考，自己去揣摩，这样得到的道理会让他记得更深、更牢。

师：说得好！是让莫泊桑自己去思考，自己去揣摩。其他同学还有什么要说的吗？

生：如果福楼拜直接告诉莫泊桑的话，就会显得过于肤浅，没有什么价值。可是这样说，就能够启发莫泊桑自己去观察，亲自去实践，真正去发现这些事物的不同点，获得丰富的写作内容。

师：说得太精彩了！还有同学要说吗？

生：福楼拜这样指导莫泊桑，可以让莫泊桑在细心领悟福楼拜的话语当中体会到写作的真谛，而且会让他记忆得更加深刻。

师：是啊！这就是一个大师的高明之处。当学生有了困惑的时候，大师不是直接把答案告诉他，而是用一连串的问题来……

师：哎！有人说了，大声一点！

生：来引导他。

师：对，用这样的话语方式来引导他，来启发他，这就是大师的一种教育智慧啊！谁来当福楼拜把这一段话滔滔不绝地读一读。

赏析：扎实是潘老师行走的姿态，一路与语文同行，与学生同行。他就像一个优秀的导游，总能在“乱花渐欲迷人眼”的大观园中挑选出值得讲的那几处，引导学生驻足、停留。“福楼拜这次指导莫泊桑的话语比较特别。自己再读一读这段话，看看到底有什么特别的地方？”语文不再停留在“很感动”“很钦佩”等概念化的心理体验上，而是从语言表达的角度切入，透过解读重点语句来锻造学生的语文实践本领。更智慧的，潘老师让学生领悟、揣摩语言的方法不是告诉，“同学们，面对福楼拜滔滔不绝地提出的这一连串的问题，你们的心中有疑问吗？”引而不发，导而不破，教师要达到这样的境界，必须拥有面对文本的力量，无疑，潘老师做到了。

生（读）：不！不不！……怎么会没有什么好写呢？

师：刚才我们交流了福楼拜第二次指导的时候所说的话语，这次指导的要点是什么呢？

生：这次指导的要点是强调观察要细致。

师：是呀，观察必须细致才行！（板书：细致）那这次指导，对莫泊桑有没有影响呢？

生（齐答）：有！

师：从哪里可以看出来？

生（齐读）：福楼拜滔滔不绝地说着……都在莫泊桑的脑海中打下了深深的烙印。

师：影响怎么样？这句话中有一个词，不知大家发现了没有？

生：我注意到了这句话中的“烙印”这个词。

师：嗯！你能说说对“烙印”的理解吗？

生：烙印，是说把一块铁加温、加热，温度很高的时候把它摁在某一个东西上面，就会产生一个印子。这个印子非常深，永远都磨灭不掉。

师：你说得非常好！那在这里，“烙印”该怎样理解呢？

生：这里是说福楼拜的这一个个问题给莫泊桑留下了很深的印象，让他一辈子都忘不了。

师：好的。继续交流，从福楼拜的这些话语当中，你还体会到了什么？

生：我从第 9 自然段“这些作品……才气就是坚持写作的结果”中，可以看出福楼拜希望莫泊桑不要浮躁，要踏踏实实，坚持写作。

师：是呀，坚持对于写好文章太重要了！我看很多同学对这段话作了批注，谁还有补充要说的吗？

生：福楼拜的这句话还告诉莫泊桑写作一定要持之以恒。只有持之以恒，才会在写作中表现出下笔如有神的才气。

师：说得太好了！记住，只有坚持，才能拥有下笔如有神的才气。同学们，你们注意到福楼拜说这段话时的神情了吗？

生：福楼拜是面带微笑地说这番话的。

师：很好！同学们，在这篇课文当中只有“微笑”这一个词是描写福楼拜的神情的。这个细节很值得我们关注。那你知道福楼拜为什么微笑吗？

生：福楼拜很高兴，因为莫泊桑在他的指导下开始有了进步，这让他感到很欣慰。

师：这是一种欣慰的微笑。

生：福楼拜对莫泊桑的这些作品比较满意，因为莫泊桑在他的指导下已经有了一个很好的开头，这样有利于让他今后有更快的进步。

师：这是一种满意的微笑。是的，良好的开端是成功的一半。还有什么要说的吗？

生：莫泊桑终于学会了观察，福楼拜感到很开心。

师：一个“终于”道出了莫泊桑学会观察的不容易。这怎能不让大师感到开心呢？同学们，细微之处见真情，一个微笑让我们感受到了这位文学大师对后辈的关爱、提携和勉励。这就是大师的一种风范啊！谁再来把这句话读一读？

生（读）：青年人贵在坚持，才气就是坚持写作的结果。

师：一起来读——

生（齐读）：青年人贵在坚持，才气就是坚持写作的结果。

师：继续交流，你从福楼拜的那些话语当中还有什么体会？

生（先读后说）：“对你所要写的东西……其他的树木不同的地方。”这段话是福楼拜多年积累的写作经验，把它告诉莫泊桑，就是希望莫泊桑要去写别人没有发现、没有写过的特点，写出新意。

师：福楼拜把多年积累下来的经验告诉了莫泊桑，这是大师的一种胸襟，一种希望。对于这句话还有什么要说的吗？

生：从这句话中，我知道写作不能随波逐流，要有自己的创新，要努力去发现别人没有写过的特点，因为创新是写作的动力！

师：你太有才气了！你是从哪里体会出来的？

生：我是从“还要能发现别人没有发现和没有写过的特点”中体会出来的。

师：是的，“还要发现别人没有发现和没有写过的特点”，这是告诫后辈写作必须要出新。（板书：出新）试想，如果别人发现了，或者别人写过了，你再来写，行吗？

生（齐答）：不行！

师：其实，“发现别人没有发现的和没有写过的特点”，这是写作的生命力之所在。那么，福楼拜是怎样把这一点说清楚的呢？请你们再读读课文，想一想。（生默读，师巡视）

师：弄明白了吗？谁来说？

生：福楼拜是通过举例来告诉莫泊桑一定要细心观察，去描写别人没有写过的东西，避免人云亦云，这样才能写出好的作品来的。

师：你说得太好了！福楼拜是通过举例子来说的，那他举了几个例子呢？

生（齐答）：两个。

师：第一个例子，谁来读？

生（读）：比如你要描写一堆篝火或一株绿树……其他的树木不同的地方。

师：第二个例子，你来读！

生（读）：今后……或其他任何守门人混同起来。

师：请大家想一想，福楼拜在这里为什么要举这两个例子呢？

生：因为举这两个例子能够让莫泊桑理解得更深刻、更彻底。

生：因为这两个例子很平常，一般人很难从这几种事物中发现什么不一样的特点来。如果莫泊桑能从这些事物当中发现别人发现不了的特点，写出来的文章肯定会很引人入胜。

师：你看，福楼拜举的这两个例子虽然很平常，但是他能从平常当中发现不平常。这就是大师的一种眼力啊！

生：我感到福楼拜举这两个例子是为了深入浅出地表达自己的观点，

并能够让莫泊桑知道应该怎样去做。

师：同学们，在这里福楼拜提到了“画家的那种手法”，那什么是“画家的那种手法”呢？我们一起来欣赏莫泊桑写的《福楼拜家的星期天》中的一段关于左拉的话——

（媒体出示）左拉中等身材，微微发胖，一副朴实但很固执的面庞。他的头像古时意大利版画中人物的头颅一样，虽然不漂亮，但表现出他的聪慧和坚强性格。在他那很发达的脑门上竖立着很短的头发，直挺挺的鼻子像是被人很突然地在那长满浓密胡子的嘴上一刀切断了。这张肥胖但很坚毅的脸的下半部都覆盖着修得很短的胡须，黑色的眼睛虽然近视，但透着十分尖锐的探求的目光。他的微笑总使人感到有点嘲讽，他那很特别的唇沟使上唇高高地翘起，又显得十分滑稽可笑。

师：这段话是描写左拉的，左拉是莫泊桑的好朋友，也是法国著名作家。请大家放声地读一读这段话，边读边体会莫泊桑是怎样运用“画家的那种手法”来描写左拉的？（生自由读）

师：你觉得，莫泊桑的这段话描写得怎么样？

生：莫泊桑的这段话将左拉的身材、面貌、神态描写得十分细腻生动，让我们一看就能联想到左拉长的什么样子。

师：读了这段话，你有了一种如见其人的感觉。这就是用“画家的那种手法”来描写事物的特点所产生的一种奇妙的作用。

生：在这段话中，莫泊桑通过一些细节把左拉刻画得惟妙惟肖，表现出左拉的精神、气质。这段话写得真是传神、精彩！

师：看来，用“画家的那种手法”来描摹事物的特点，是一项很重要的写作基本功。我们再来读读这句话，把它铭记在心。

生（齐读）：对你所要写的东西……还要能发现别人没有发现和没有写过的特点。

赏析：“画家的那种手法”是文中一颗闪亮的珍珠，它浸润了福楼拜多年的写作经验，也暗含文学大师对后辈无私的提携和期望，同时还是学生应该掌握的一项很重要的写作基本功。但什么是“画家的那种手法”，课文中并没有具体描述，此时，教师不失时机地出示恰当的补充阅读，无疑让学生获得了可视的“在场性体验”。“画家的那种手法”在《福楼拜家的星期天》中徐徐展开，它立足文本又适度延伸，再回归文本。在互文对照中、对比参读中，我们欣喜地看到学生进入了一种豁然开朗、心领神会的境界，不仅在一瞬间捕捉到文本深处微妙的意趣，也实现了对文本“最高灵境”即“道”的把握。这个“道”从人文层面上，是学生对文学大师福楼拜心悦诚服的敬仰，对莫泊桑用心揣摩、勤于练习的钦佩；从工具层面上，则是学会了文章基本的表达方法，丰富了自己的语感图式。

师：刚才我们交流的是第3次指导。在这次指导中福楼拜着重强调观察要出新，要能够在观察中善于发现别人没有发现的东西。对于福楼拜指导莫泊桑的那些话语，你还有什么体会？

生：“‘这个问题很简单，是你的功夫还不到家。’福楼拜直截了当地说。”这句话让我体会到福楼拜对莫泊桑很不客气，一点面子都不留给他，直接点出就是他的功夫不到家才导致他写的文章不生动。

师：好！他刚才说的“直接点出”其实就是这句话中的哪个成语的意思？

生（齐答）：直截了当。

师：从这个成语当中，你们体会到了什么？

生：我体会到福楼拜很干脆，对莫泊桑毫不留情。

师：这是大师的一种率真！

生：从“直截了当”这个成语中，我体会到福楼拜写作经验很丰富，他一眼就能看出莫泊桑写作中的问题。

师：是的，他一语中的，一下子就看出了莫泊桑写作中的问题。这就是大师的一种眼力和智慧。

生：从“这就要肯吃苦……而且要长期记下去。”这段话中，我看出了写作要日积月累，不是一天两天就可以把作文写好的，而且观察还要细心。只有肯吃苦，勤练习，才能把写作的功夫练到家。

生：从这段话中，我体会到写作一定要仔细观察，用心去揣摩，而且要长期坚持，这样才能写出生动、具体、有特色的文章。

师：是啊！只有详详细细地记，而且还要长期地坚持下去，才能够练就写作的真功夫。这就是福楼拜第一次指导的要点。（板书：坚持）一起来读读这段话，用心体会这段话的意思。

生（齐读）：这就要肯吃苦……而且要长期记下去。

师：同学们，刚才我们交流了福楼拜3次指导莫泊桑所说的那些话语。通过福楼拜的3次指导，莫泊桑一开始的那个问题解决了没有？

生（齐答）：解决了。

师：莫泊桑一开始的问题是什么呀？

生：为什么写出来的文章总感到不生动呢？

四、感悟成就，追忆恩师，提升主题

师：同学们，福楼拜的3次指导，解开了莫泊桑心中的困惑。那么，在福楼拜的精心指导下，莫泊桑在文学上取得了怎样的成就呢？一起来读读课文的最后一段。

生（齐读）：莫泊桑把老师的话牢牢记在心头……终于写出了不少有世界影响的名著。

师：读完了最后一段，再去读一读书后面的“作家卡片”，用心感受莫泊桑在文学上的成就。（生自读“作家卡片”）

师：读了最后一段和“作家卡片”，你们有什么感受要说的吗？

生：我觉得，莫泊桑的成功，离不开福楼拜的精心指导和真诚帮助。

师：是的，名师出高徒啊！

生：通过莫泊桑拜师的故事，我知道了仔细观察、用心揣摩、不断积累、勤奋练习是提高写作水平的必经之路。

师：同学们，莫泊桑的将近300篇的短篇小说绝大多数是在1880年到1890年这10年间创作的，也就是在他30岁到40岁之间写成的。莫泊桑在文学上的成就是巨大的。文学大师屠格涅夫认为，莫泊桑是19世纪末法国文坛上“最杰出的天才”；伟大的导师恩格斯说：“应该向莫泊桑脱帽致敬！”现在，你们知道莫泊桑在文学上的这些成就是怎么来的吗？

生：莫泊桑在文学上的成就不仅是因为他受了福楼拜的指导，而且是他肯吃苦、勤练习、认真观察、积累素材，通过自己的努力才获得的。

师：你实际上说了两点：第一是老师的教，第二是他自己的学。其实，这两方面都不可少！正是由于一个善教，一个勤学，才使得莫泊桑在文学上拥有了过人的才气，取得如此辉煌的成就。（板书：善教　勤学）

师：同学们，1880年，对于莫泊桑来说是不同寻常的一年。因为在这一年，他以普法战争为题材创作了短篇小说《羊脂球》（媒体出示），这满含柔情、讥嘲和勇气的完美无缺的作品使他一举成名，跻身于大师的行列。可是，你们知道吗？就在这一年，他师从多年的恩师，文学大师——福楼拜却离他而去了。同学们，假如你就是当时的莫泊桑，对于恩师的溘然离去，你将会怎样来追忆呢？请你联系文章的内容说一说。

生：恩师啊！您可知道，我的《羊脂球》问世之后，受到广泛好评。此时不正该是您感到自豪的时候吗？而您在这个时候却永远地离开了我。回想当初，我的文章总写不生动，是您教会我要去仔细观察，用心揣摩，发现事物的特点，让我找到了写作的门路。恩师啊，我一定铭记您的教诲，继续努力，写出更多更好的作品，绝不让您失望！（掌声响起）

师：好！铭记教诲，化悲痛为力量，写出更多更好的作品来回报恩师！

生：老师啊，您的恩情我永生难忘！您教会我写作，把自己的知识与财富毫无保留地传授给了我，让我在写作上有所作为。今天在我取得成功的时候，您却永远地走了！老师啊，我的成功是您心血与汗水的结晶。老师啊，为什么？为什么您不能与我一起分享成功的喜悦？老师啊，我会永远、永远地记住您！（掌声响起）

师：多么深情的追忆啊！是呀，师恩难忘！难忘师恩！同学们，这个单元的4篇课文都是与“师恩难忘”这个主题有关的。相信通过另3篇课文的学习，对于我们这些即将毕业的同学来说，对“师恩”的理解与感悟一定会更加深刻的。我们再来读读这个题目。

生（齐读）：莫泊桑拜师。

师：再深情一点。

生（深情地读）：莫泊桑拜师！

师：同学们，这篇课文为我们成功地刻画了莫泊桑、福楼拜这对师生的形象。请大家再回顾一下全文，看看课文主要是通过什么来刻画这两个人物的？

生：这篇课文主要是通过语言来刻画人物的。

师：是的，课文用了大量篇幅描写了莫泊桑和福楼拜的对话。语言描写是这篇课文的最大特色。人们说“言为心声”，语言最能够灵活而直接地反映人物的性格特点。

五、尝试练笔，迁移运用，读写融合

师：（媒体出示）同学们，我们一起再来读读《福楼拜家的星期天》中描写左拉的这段话，细细揣摩“画家的那种手法”，然后，请你尝试着运用这种手法来描写班上的某一位同学，我们要来比一比，猜一猜，看谁能把自己所描写的那位同学刻画得最传神，让人一听就猜出你描写的是谁。（生练笔，师巡视，写后交流）

生：她，有着男孩子般大大咧咧的性格。那圆圆的脸蛋上镶嵌着一双宝石般的大眼睛，忽闪忽闪的，眉宇间流露出一股机灵劲儿。高高翘起的鼻子下长着一张小巧的嘴，别看它小，可从早到晚就数它最忙碌了。头上那对短短的羊角辫，走起路来忽上忽下的，就像拨浪鼓一样，可爱极了。

师：知道他写的是哪一位同学吗？你觉得写得怎么样？

生：他写的肯定是我们班张同学，他用“画家的那种手法”把张刻画得惟妙惟肖。

……

师：同学们，课文已经学完了，但是我们对于这两位大师的认识才刚刚开始。希望同学们能够像莫泊桑那样把福楼拜的话牢牢地记在心里，肯吃苦，勤练习，持之以恒，把写作的功夫练到家；也衷心地希望你们回去之后能够读一读这两位大师的那些脍炙人口的作品，从中汲取一些营养。

赏析：语文学习不能“君子动口不动手”。在本次课堂上，教师安排了3次珍贵的写，而本次的“写”更有着特别的意义：对文本的理解和语言的迁移透过“写”有机整合在一起。在学生对善教、勤学有了深切感悟，对“画家那种手法”有身临其境地体验之后，“写”的练习也水到渠成。教学中无需教师技巧的授予，学生眼前有画，心中有情，脑中有法，在思绪的自由流淌中，言语自然能“合着”文本的节拍流淌在心灵的河床。教师引导学生把在课文中学到的语言形式迁移到新的语境中，可谓一箭双雕、一石二鸟，于回望中完成对“道”的升华。

（赏析：张蓉　南京市优秀青年教师）

大气，一种教学的智慧

——观潘文彬《莫泊桑拜师》的教学

潘文彬老师一直走在他的语文路上，他对《最佳路径》《孔子游春》《生命的林子》以及《莫泊桑拜师》等课文的教学都获得了很好的反响。一篇篇课文看似并无关联，但巧合的是每个故事中都立着一个“师者”。为迪斯尼乐园设计最佳路径的建筑大师格罗培斯，与弟子徜徉在泗水河畔、借水言志的教育家孔子，善施教化、充满禅机的方丈，以及治学严谨、善于施教的文学大师福楼拜，看似一个个偶然，但偶然中似乎又隐含着某种必然。难道是借这几位师者言说自己的志向，追寻理想境界的为师之道？我不知道，但当你亲历潘老师的课堂时，你就会发现其中若有若无的契合。

一、给人自由，任其选择

走进潘老师的课堂，便感受到一种自由、大气，没有高年段教学的压抑、烦琐，让人不由心生亲切之感。大气，首先是战略框架的简约、流畅，课堂上大刀阔斧的取舍和删繁就简的整合，让学生获得“一览众山小”的豁然开朗。自由，也是一种大气。教者既深入挖掘文本中隐藏的“路径”，又充分尊重学生学习的“路径”，两条“路径”结伴而行，巧妙融合成教学的“最佳路径”：“假如你是莫泊桑，你能从福楼拜的 3 次指导中体会到什么?”一个看似简单却极富张力的话题赋予学生极其自由的空间，它不枝不蔓，曲径通幽，可以从文本的各条通道走向文本深处。

就像建筑大师格罗培斯苦苦思索迪斯尼乐园的最佳路径一样，潘老师也一直在探寻语文教学的最佳路径。他的课常常从语言出发，以文本中一个非常重要或有特点的语言形式为切入点，直击学生“思维的盲点”。在

《莫泊桑拜师》中，潘老师以“拜师”这个关键词，抓住了一个主体词“观察”统领整篇文章的教学，为学生习得语言留出了自由、宽阔的空间。“空则灵气往来”，在“给人自由，任其选择”的心灵牧场，学生或冥思默想、圈点批注，或诵读涵咏、畅叙感受，或角色体验、言语诉说……情感与智慧恣意生长，就在充满挑战的行进中，教师与学生一起幸福地前行，相互唤醒和成长。学生通过自主地听、说、读、写这些具体而实在的语文实践活动去触摸语文、感悟语文，获得语文实践智慧的提升，就像迪斯尼乐园那些小道“有宽有窄，优雅自然”。

二、善施教化，似水无痕

细读《莫泊桑拜师》，你会发现，莫泊桑 3 次上门请教，福楼拜并没有直接告诉莫泊桑写作的真谛，而是不断启发莫泊桑自己向写作的更深处漫溯：“你就站在门口，把每天看到的情况，都详详细细地记录下来，而且要长期记下去。”“……那富丽堂皇的马车，跟装饰简陋的马车是一样的走法吗……”“光仔细观察还不够，还要能发现别人没有发现和没有写过的特点。”永远不给答案，在“棒喝”中促使莫泊桑用自己的眼睛去发现，用自己的体验去感受，用自己的思考去揣摩，让我们不得不叹服文学巨匠的智慧，这就是大师的善施教化。智者的慧心是相通的，课堂上，我们看到潘老师敏锐地捕捉文字背后的言外之意，并巧妙地强化、放大，既引导学生去主动地发现、揣摩文本的语言形式，如“请大家想一想，福楼拜在这里为什么要举这两个例子呢?”同时，又可以利用文本培养学生合理的猜测，如“自己再读一读这段话，看看到底有什么特别的地方?”“面对福楼拜提出的这一连串问题，你们的心中有疑问吗?”这些提问像一颗颗小石子投入平静的湖面，激荡起一圈圈思维的涟漪，点燃了学生对文本的精神诉求。纵览整个教学过程，感觉都是学生在兴奋地探寻，教师则有胜似闲庭信步的洒脱。看到这儿，不禁想到泗水河畔的孔子，法门寺鹤发童颜的方丈。“点在关键处、讲在愤悱时”，智者的高明不在于讲授多么深奥的知识，而在于一种唤醒与打开。

三、含英咀华，咂摸语言

在学术上，潘老师很认真，有时甚至较真。当小学论坛高举人文大旗虚化语言学习时，他却提出“要走在语文路上”:《莫让语文迷失了自我》

《把语文植入“语文”的土壤》《实在：语文教学的当然境界》。他认为，语文教学要守住“双基”这道底线，从他的课堂中我们不难发现端倪：“同学们，起笔就是练字时，在写字的时候，你们要注意写字的姿势，要凝神静气地写好每一个字。”“才气就是坚持写作的结果。”……课堂上教师一笔一画的板书，言传身教中的暗示、激励，无不凝聚着他对语文的追求。

潘老师认为，语文教学不能只停留在对文本内容的理解、感悟，还应凭借内容引导学生去关注语言表达的方法、思路和文章的结构特点，既感受到文本的语言之美，又能领悟到文章的形式之美。因此，教学中潘老师始终关注以下几点。

1. 言语意蕴的咀嚼与涵养

课堂上，潘老师循着话语形式这条路，始终着眼于语言文字怎样把人的情、意在作品中表现出来，以语言文字为凭借，咬文嚼字、品词析句，使人物的鲜明个性跃然纸上。由“直截了当”学生体悟到福楼拜严谨的治学态度，从“滔滔不绝”学生读出文学大师丰厚的艺术积淀，而全文仅有的一个“微笑”，更是于细微处见真情，刻画了文学大师对后辈的提携、呵护、勉励、期待……当学生化身为莫泊桑追忆逝去的恩师福楼拜时，我们惊喜地发现，此时此刻，作者之言与读者之言已悄然融为一体，此时此刻，再也分不清孰是“工具”，孰是“人文”，语文的三维目标已尽在其中了。

2. 表达形式的捕获与揣摩

到了高年段，《课程标准》有让学生揣摩文章思路，领悟文章基本表达方法的要求。教学中，我们看到潘老师把《课程标准》的条文“活”化了，不露痕迹地将蕴涵在语言文字里的表达方法巧妙点拨出来，自然明了。例如，3次指导实际是以“观察”为主干的层层递进，揭示福楼拜由浅入深指导莫泊桑写作的过程；又如福楼拜第2次指导时一连抛出的9个问题，则凸显了大师的善施教化，以及莫泊桑如梦初醒的顿悟。我们说“学文如聚沙”，假如老师们都能用一双慧眼去发掘、引导，使学生一课一得，得得相连，我们还用担心学生的写作能力得不到提高吗？

（作者：张蓉）

与学生一起幸福前行
——观潘文彬《莫泊桑拜师》的教学

潘文彬老师的这节课，让我想到一个理想的语文老师，就应该像一个优秀的导游，能够带领学生在文本的字里行间走个来回，也应该像一位可亲的师长，陪伴学生一起幸福前行。当然，要想达到这种境界，教师得要有点拔的本事。而潘老师的课堂无疑是点拨教学的范例。他不是讲，而是点，问题让孩子们自己去发现，答案让学生们自己去探求，引而不发，恰到好处。语文老师就得像潘老师这样，拥有点化的功夫。

理想的语文老师还要会落实语文课程的目标和任务。高年段阅读课要落实哪些目标呢？

首先是基础目标。

第一，要能够正确、流利、有感情地朗读课文。第二，要学会浏览。潘老师的这节课就注意引导学生学会浏览，而且落实得很好。第三，要写好字。高年段要继续落实写字的目标，且必须要落实到位。“起笔就是练字时”，凸显出潘老师对语文“双基”的坚守。

其次是理解目标。

关于理解的目标，高年段有这么几条要求：第一，要把握词句在语境中的意思；第二，要推想词句的内涵；第三，要辨别词句的感情色彩；第四，要揣摩词句的表达功能。潘老师很好地抓住了“拜师”这个题眼，而且牢牢抓住了“观察”这个主体词。有这样一句古话：提领而顿，百毛皆顺。潘老师一上来就抓住了“观察”，抓住了纲，纲举目张，一切就迎刃而解了。第五，要把握文体的特点和单元的主题。《莫泊桑拜师》是一篇叙事性作品，潘老师这么教，很好地体现了这类文体的教学个性，使课堂上精彩纷呈。潘老师还特别关注这个单元的教学主题，六年级的最后一组课文的主题是“师恩难忘”，潘老师在这一节课上也将其演绎的十分精彩。

第三是课内外结合。

高年级的阅读课要更加注重课内外的结合。这一点，潘老师在课堂上做了很好地尝试。课内怎么给课外搭桥，激发学生的兴趣，让学生从课内走向课外，从指导阅读走向自我阅读。就像叶圣陶老先生所说的那样：教就是为了不用教。经历了这样的一个过程，学生的阅读能力一定会得到提高和发展。

（作者：高林生　江苏省语文特级教师）

相荡生涟漪，相击发灵光

——《孔子游春》教学实录及赏析

一、温故：写成语，说内容，理文脉

师：同学们，我们已经初读了《孔子游春》这篇课文。文中有许多成语，它们给文章增添了色彩。现在，我们来听写几个。请大家做好准备。每个成语我只报一遍，你们可要注意听哟！

（报词）桃红柳绿　绿草如茵　司空见惯　意味深长　情不自禁　手舞足蹈

师（出示这6个词语）：请同学们校对一下，如果有错的，就把错的订正一遍，注意把字写正确。

（生校对、订正）

师：我们一起来读读这些成语吧。

（生齐读成语）

师：同学们，你们能从这6个成语当中选择一些来说一说与课文内容有关的话吗？

生：孔子带着弟子们来到了桃红柳绿的泗水河边，他从司空见惯的流水中看到了深奥的道理。过了一会儿，他又和弟子们互相诉说自己的志向。颜回拨动着琴弦，孔子情不自禁地手舞足蹈起来。

师：你用了4个成语说了一段与课文内容有关的话，很好！

生：春天到了，桃红柳绿，孔子听说泗水正涨春潮，便带弟子们来到了绿草如茵的泗水河边。孔子从司空见惯的流水中悟出了深刻的道理，就意味深长地告诉了弟子们。孔子让颜回把写入自己志向的歌唱给他听听，孔子听了，情不自禁地手舞足蹈起来。

师：你把6个全用上了，真棒！其实，刚才两位同学已经说了《孔子游春》这篇课文所描写的一些内容。谁再来简要地说说，《孔子游春》这篇课文写了哪些内容？

生：《孔子游春》这篇课文写了孔子带领弟子们到泗水河畔游玩，师生一起欣赏春景，谈论春水，畅谈志向的故事。

师：概括得真好！（板书：赏景、论水、言志）这节课，我们要在上节课的基础上，来进一步学习这篇文章。

赏析：课的起始，就散发着浓浓的语文味儿。听写成语，选择成语说说课文内容，简要概括课文大意，由词到句，由繁到简，紧紧扣住了语文教学的基础目标，识字、写字，又体现了高年段的特点，厘清课文脉络，凸显篇章结构，从整体到部分，引导学生在文本中走个来回。

二、导入：引宣言，生话题，觅智慧

师：请看大屏幕——

人类要在21世纪生存下去，必须要从2500年前的孔子那里去寻找智慧。

——摘自“世界诺贝尔奖获得者巴黎集会宣言”

师（读）：人类要……去寻找智慧。同学们，这是1988年75位世界诺贝尔奖获得者聚首巴黎的时候，发表宣言中的一句话。想读吗？

生：想！

师：咱们都来放声地读读这句话。

生：人类要……去寻找智慧。

师：一种自豪的感情从你们的声音当中传达了出来，孔子真是中国人的骄傲啊！同学们，孔子是我国古代伟大的思想家、教育家，那么，他到底有着怎样的智慧呢？就让我们带着一种崇敬的感情，到《孔子游春》中找一找。请同学们默读课文，边读边想，看看你能从课文的什么地方找到孔子的智慧？你可以把文章中的有关语句勾画出来，并简单地做一些批注。

（生默读课文，师巡视指导）

赏析：一则宣言的巧妙引用，拉近了文本与现实的距离，聚焦“智慧”，激发情感，使学生带着阅读期待走进文字，边读边思，边思边写，在对文字的品味中直面孔子，寻求智慧。

三、精读：扣词句，细品味，谈感受

师：找到了吗？谁先来说说你的发现？

生：我从第9自然段中看出了孔子的智慧。“谁能料想，从司空见惯的流水中，老师竟能看出如此深刻的道理！”流水是很平凡的，不足为奇的，但是孔子竟能从平凡的流水当中悟出一个非常深奥的道理，这使弟子们很惊讶。可见，孔子是一个充满智慧的人。

师：你是从弟子们的反应当中体会到了孔子的智慧的。你说的“很平凡的，不足为奇的”就是文章中什么成语的意思？

生：是“司空见惯”的意思。

师：对！孔子竟能从司空见惯的流水当中，看出如此深奥的道理，这就是他的一种智慧。那么，如此深奥的道理是指什么呢？

生：这个深奥的道理就在第8自然段中。（读课文）“孔子凝望着泗水的绿波……由此看来，水是真君子啊！”孔子从司空见惯的流水中看出了水有德行，水和顺温柔有情义，水流必向下有志向，水善施教化，水像真君子一般等，所以说，孔子是个有智慧的人。

师（出示第8自然段）：同学们，让我们把目光集中到第8自然段上来，请大家细细读读这段话，看看孔子说的这个深奥的道理，你们能读懂吗？

（生自由读第8自然段）

师：孔子说的这番话，你们读懂了吗？谁来说一说？

生：我觉得，水滋润万物，哺育众生，润物无声却不求回报，这是水的一种高贵品质。

生：水就像母亲一样无私地哺育着我们，我们离不开水的滋润，万物生长都离不开水的滋润，所以水是哺育一切生灵的乳汁，这是水的一种德行。

师：是的，水是生命之源，没有水哪有生命呀！我们真的要感谢水的大恩大德啊！其实，文章有一个地方就已经把水的这种德行生动形象地描绘了出来，不知道你们发现了没有？

生：我发现第2自然段把水的德行表现了出来。“阳光普照着大地……在给翩翩到来的春天伴奏”我从这里可以看出水确实是哺育一切生灵的乳汁。泗水河边桃红柳绿，草色青青，这是水哺育的结果。

师：是啊！如果没有水的滋润，泗水河畔的春色能有这么迷人吗？那

么，你们再读这一自然段的时候，又有了怎样的感受呢？谁来读读这个自然段？

（一生读第 2 自然段）

师：你们现在对这个自然段的感受，与初读时一样吗？

生：不一样。我现在读第 2 自然段的时候，发现这里的一切之所以那么美，都是水给带来的，都是因为水滋润了这些花、这些草、这些树，给了它们生长的机会。如果没有水，它们就不会这样繁盛，这样美丽，这样春意盎然、生机勃勃。

生：现在读第 2 自然段，我不仅能更深刻地体会到水的德行，也弄明白了文章之所以要这样生动细致地描绘泗水河边春色的目的，是为第 8 自然段孔子论水做铺垫。

师：前后一联系，我们不仅欣赏到了美景，还感受到了水的德行，也体会到了作者谋篇的技巧。的确，阅读的过程就是一个认识不断深化的过程。我们一起来读读这个自然段，想象那迷人的春景，体会水的德行。

（生齐读第 2 自然段）

赏析：正如潘老师说的那样“阅读的过程就是一个认识不断深化的过程”，关键是如何让学生的认识不断深化呢？潘老师用自己的教学很好地回答了这个问题：顺应学生的思维，在学生想不到、想不深、想不全的地方点拨一下，引导他们前后联系起来再读一读、想一想，以发现语言的深层韵味，以发现作者布局的精妙。当学生道出“我不仅能更深刻地体会到……也弄明白了文章之所以……”，我们不能不说，学生有所得，而这“得”充满了智慧含量，充满了语文元素。

师：从孔子论水的这番话语中，你们还读懂了些什么呢？

生：水哺育众生，滋润万物，它像君子一样无私；水和顺温柔，温文尔雅，也像君子一般；水胸怀志向，百折不挠，坚贞不屈，也正像君子一样；水能荡涤污垢，善施教化，它就像君子一样。

生：文章只交代了水是真君子的 4 点理由，我从那个省略号中能看出水是真君子的理由还有许多。水具有真君子的各种优良的品质。

师：你真会读书！一个省略号也引起了你的关注，并让你体会到了水是真君子的理由还有许多。

生：我首先想为大家解释“真君子”的意思。“真君子”是指有一些美好品质的人，孔子说水是真君子，我觉得孔子在这里抓住了水的特点，并以这些特点来教导弟子们要做像水一样的真君子。

师：是的，孔子把深刻的寓意寄托在平常的事物当中，如果从表达的角度来说的，这叫做——

生：（异口同声）借物喻理。

师：看来，你们真的读懂了孔子说的这个深奥的道理。这里，孔子是借水来教育他的弟子们要做像水一样的真君子。这又是孔子的一种智慧，这种智慧如果用这段话中的一个词来概括，你们觉得是哪个词呢？

生：是“善施教化”。

师：知道“善施教化”的意思吗？

生：善施教化，就是善于使用一些方法和手段进行教育、感化。

师：同学们真了不起，竟能从短短的第8自然段，读出这么多的东西来，这就是你们的智慧啊！我们读书就应该这样，读出文字背后的意思来。同学们，请你们浏览一下文章的第3～9自然段，想一想，孔子为什么能从司空见惯的流水中看出如此深奥的道理呢？可以把你们发现到的关键词语圈画下来。

（生默读、圈画后回答）

生：请大家跟我看第3自然段，“孔子动情地望着泗水河，陷入了沉思”这句话，平常人们看东西是不会轻易动情的，尤其是看司空见惯的流水，而孔子是动情地望着，这说明孔子已经把自己的思想投入了水里，他正在沉思这水里到底隐藏着什么道理。

师：有句话说得好：“登山则情满于山，观海则意溢于海。”孔子就有着这样的情怀和智慧。

生：我还想补充说一点，从“陷入”一词让我体会到孔子的全部身心已经完全融入这流水当中，他的全部思想都已经沉醉在对水的思考之中。

师：是的，善于思考，这才能产生智慧啊！

生：请大家看第7自然段中的一句话：“老师遇水必观”。“必观”是一定要看的意思，从这句可以看出孔子无论走到哪里，都留心对水的观察。我觉得，孔子是个懂得“处处留心皆学问”的人。

师：是的，时时留心，处处留心，这是智者的一种习惯。

生：“孔子的心情很不平静”，他的心情不平静是因为他的心已经跟着这活泼欢快的泗水而波澜起伏了。他时时刻刻都在观察水的特点，体会水的品德，思考水里面所蕴涵着的道理。

生：从第8自然段的第一句话“孔子凝望着泗水的绿波”，从“凝望”这个神态也可以看出孔子的智慧。

师：那你知道“凝望”的意思吗？能把“凝望”这个神态给大家表演一下吗？

生：“凝望”就是神情专注，目不转睛地看。（说后表演）

师：从同学们刚才的交流中，可以看出孔子之所以能从司空见惯的流水中看出如此深奥的道理，是因为他“动情”，他“凝望”，他“沉思”。同学们，孔子把他的智慧都浓缩在了论水这番话语当中了，谁再来读读。

（生朗读第8自然段）

赏析：叶老说：“一字未宜忽，语语悟其神。”语文的味道在哪里？语文的精彩在哪里？在关键词句里。潘老师是深谙其道的。他引导学生抓住了“真君子”“善施教化”“动情”“凝望”“沉思”等词语，或是理解意思，或是想象画面，或是剖析品评，或是表演体悟，让学生透过精妙的文字，读懂孔子的智慧，感受课文的情意，学习表达的方法，将“言”“意”“法”巧妙地融为一体，用语文的方式学习语文。

师：同学们，其实，这篇文章到处都闪现着孔子善施教化的智慧，下面我们再从文章里找一找，看看文章还有哪些地方能够体现孔子善施教化的智慧？

（生默读课文后回答）

生：我从第1自然段“春天到了，孔子……到泗水河边游玩”这里体会到孔子善施教化的智慧。孔子听说泗水在涨春潮，就想让弟子们从水中悟出一些东西来，所以就带着弟子们去泗水河边游玩，想通过泗水告诉弟子们，要做像水一样的真君子。

师：是的，他把学生带到泗水河边，以天地为课堂，以流水为教材，教育他的弟子们学做真人。这就是孔子善施教化的智慧啊！

生：我还想说的是第7自然段中，子贡说：“老师遇水必观，其中一定有道理，能不能讲给我们听听？”从这里可以看出孔子以前也一定看过水，可是他并没有把这些道理说给弟子听，然而今天子贡问到了这个问题，他才把这番道理讲出来。我认为，这实际上就是孔子善施教化的一种智慧，他要选择恰当的时候把弟子们感兴趣的问题教给他们，这样他们才能记得住。就好比一个孩子对某个学科没有兴趣，怎么教他都是学不好的。如果他有了兴趣的话，不用操心，他一定会很高兴地去学。就像他的弟子们一样，他们已经产生了疑问，有了疑问就有了学习的欲望，孔子这时再告诉他们，一定会产生最佳的效果。

师：说得太精彩了！你也是一位智者啊！其实，你刚才说的这番话的意思，就是孔子所主张的“不愤不启，不悱不发”的教育智慧。

生：我从“意味深长”这个成语中，感受到了孔子善施教化的智慧。孔子在这里是借水来教育感化他的弟子学会做人。孔子是一个人师，他时刻不忘自己的责任，利用一切可以利用的机会来教育自己的弟子，所以他的话语是意味深长的，值得细细回味的。

师：是啊，有句话说得好：“言在此而意在彼。”对于孔子这样的一位智者来说，他的一言一行、一举一动都透发出一种智慧，都值得我们关注和细细品味。其实，学习语文就应该这样，要学会用心去揣摩语言文字所表达的情和意，这是我们学习语文的一种智慧。

生：我从师生言志这个部分看出孔子带弟子去泗水河畔游玩，让弟子们在玩中学到了知识，而且学得非常轻松愉快。

师：是的，孔子为他的弟子们营造了一种宽松愉悦的学习氛围，这也体现了孔子善施教化的智慧。

生：我从师生言志这个部分还感受到孔子和蔼可亲，他和弟子不像是师生，更像是朋友，他们之间的关系非常融洽。

师：与学生打成一片，师生平等交流，情谊深厚。其实，这也是孔子这位教育家所具有的一种“善施教化”的教育智慧。

生：从子路和颜回他们的志向中，我看出子路是个豪爽的人，他要和朋友们有福同享；颜回是个温文尔雅的人，他性格沉稳，不愿张扬自己。他们品行高尚，就像水一样有情有义，是真君子。

师：看来弟子们已经有所触动，孔子的善施教化已经收到了一定的效果。

生：我想补充一下那位同学的说法。我觉得孔子是一个循循善诱的老师。他让弟子们说出自己的志向，让弟子们互相学习，然后再把自己的志向说给弟子们听，让弟子去悟。

师：孔子就是这样一步一步地引导学生树立远大的志向，教育无痕，润物无声，他的言行总是充满智慧。

生：对于孔子的志向，我想说一点体会。孔子是春秋时期伟大的思想家、教育家，他曾经提出过“仁”的思想，我觉得，第16自然段就充分体现了他“仁”的思想。他希望“所有人在晚年都能安享幸福，朋友之间能相互信任，年轻的弟子都能怀有远大的理想”，他是在为天下着想，充分体现出孔子是一个胸怀天下的人。

师：孔子胸怀天下，心中充满着大爱，这就是他那“仁者爱人”的思想体现，所以孔子才被后人称为“圣人”。其实，他的这一思想与我们今天所倡导的构建和谐社会是一脉相承的。同学们，这是孔子的大智慧啊！

生：从第18自然段的“孔子情不自禁地手舞足蹈”可以看出，孔子并不像其他老师那样，在自己的学生面前不表露自己的想法、心情和观念。他如果高兴的话，会情不自禁地手舞足蹈，让学生们感到非常亲切。

生：读了第18自然段，我觉得，孔子让他的弟子说出自己的志向，对他们都投以了赞许的目光，但是我感觉到孔子好像更满意颜回的志向。因为颜回把自己的志向唱出来时，孔子先是侧耳倾听，多么专注，然后手舞足蹈，多么投入！虽然文章没有很明显的说出来，但是这里的一个“推”字，一个“听”字，一个“舞”字已经把孔子的意思表达得淋漓尽致了。

师：同学们，一次游春就让我们有如此丰富的感受，孔子真不愧是一位伟大的思想家和教育家，他不仅能从司空见惯的流水中看出如此深奥的道理，而且能利用游春、巧借春水，教化弟子。由此看来，孔子就是一位有德行、有情义、有志向、善施教化的真君子啊！我们再来朗读这番话，来感受孔子这位真君子的风范。

（生齐读第8自然段）

赏析：“阅读教学，第一是读，第二是读，第三还是读。读懂的过程，就是阅读能力形成的过程，就是语感形成的过程，就是语言积累的过程。”（张田若语）在潘老师这个教学环节中，我们可以看到课堂真正是学生潜心会本文的课堂，他们自主地读书，自主地感悟，从字里行间读出许多意趣。而潘老师呢，专注地倾听着，艺术地点拨着，真诚地鼓励着，在师生的平等对话中，在老师的促发、帮助下，让学生触摸到了孔子“‘不愤不启，不悱不发’的教育智慧”及“与构建和谐社会一脉相承”的“‘仁者爱人’的思想”，领悟到了“要学会用心去揣摩语言文字所表达的情和意”这一学习语文的智慧。学生沐浴着孔子的大爱大智，享受着潘老师的教学智慧，也在自然、自由、快乐地生成着自己的学习智慧。

师：现在，你们能不能把孔子论水的这番话背下来。自己先练一练，好吗？

（生自由练背）

师：谁来背背看，其他同学跟着他默默地背，记不得的，可以看看大屏幕。

（一生背诵第8自然段）

师：你背得真棒！一字不差，而且字正腔圆。

赏析：课堂上拿出时间让学生练习背诵，巩固所学，积累语言。潘老师总是紧扣语文教学目标，让学生扎扎实实地写写、读读、背背，追求教学的质效。

四、拓展：引论语，品读之，悟智慧

师：同学们，孔子的智慧就是这样博大精深，下面这几句话都是孔子说的，我们来读一读。

（出示：老者安之，朋友信之，少者怀之；知者乐水，仁者乐山；己所不欲，勿施于人；知之为知之，不知为不知，是知也）

师：能读懂这几句话的意思吗？

生：我知道"老者安之，朋友信之，少者怀之"这句话的意思，就是课文中第16自然段中孔子所说的"我就盼望着有那么一天，所有人在晚年的时候都能安享幸福，朋友之间都能相互信任，年轻的子弟们都能够怀有远大的理想"。

师：这是孔子胸怀天下的大智慧。

生："知者乐水，仁者乐山"的意思是聪明智慧的人喜爱水，仁慈宽厚的人喜爱山。

师：注意这里的"乐"读"yào"。其实，这是拜自然山水为宗师的一种智慧。现在你们应该明白孔子为什么要遇水必观了吧。再读一遍。

生：知者乐水，仁者乐山。

师：另外两句的意思，你们明白吗？

生："己所不欲，勿施于人"就是说自己所不喜欢的东西，不要强加给别人。

师：这是做人的原则，也是一种智慧。"知之为知之，不知为不知，是知也"这里的最后一个"知"读"zhì"，同"智"。知道这句话是什么意思吗？

生：知道就是知道了，不知道就是不知道，这才是聪明智慧呀！

师：看来，实事求是既是一种态度，更是一种智慧呀！同学们，孔子的智慧还远不止这些，难怪世界诺贝尔奖获得者会发表这样的宣言。读一下。

生：人类要在21世纪生存下去，必须要从2500年前的孔子那里去寻找智慧。

师：同学们，我们就是21世纪的主人，为了我们能够更好的生存下去，让我们到2500年前的孔子那里去寻找智慧吧。这节课已经接近尾声，但是我们认识孔子才刚刚开始，同学们可以利用课余时间来读读《论语》、林语堂先生的《孔子的智慧》《于丹〈论语〉心得》等有关孔子的书籍。最后，让我们怀揣一份敬仰，再来读读这句话吧。

生：人类要在21世纪生存下去，必须要从2500年前的孔子那里去寻找智慧。

赏析：潘老师通过有层次地出示《论语》中孔子说的几句话，引导学生更深刻地体会孔子的智慧，并以推荐书目的方式将学生的语文学习从课内引向课外。课堂上，我们看到，当学生再次朗读“宣言”时，那份对孔子的敬仰之情，已伴随着具体鲜活的语言文字，伴随着自主而快乐的语文学习经历，深深地印刻在了学生的心中。潘老师的教学给我们这样的启示：阅读教学需要拓展，但拓展必须基于课文，从而开阔学生的视野，帮助学生更深入、更全面地理解课文，更好地促进教学目标的达成；同时，也必须调动学生的积极性，激发他们充满兴趣地运用所学方法，把语文学习延伸到课外，主动提高能力。

（赏析：刘红　江苏省语文特级教师）

直抵语文朴素的原点
——观潘文彬《孔子游春》的教学

听着潘文彬老师的《孔子游春》，真的是如坐春风！无比崇敬孔圣人的大爱大智，也非常钦佩潘老师的教学智慧。潘老师用语文的方式教语文，让教学直抵语文朴素的原点，使课堂充盈着甘醇的语文味儿。

在“教什么”中，我看到了“语文”。潘老师以自己对文本的独特理解与领悟，提炼出“感受孔子的智慧”这一教学目标，以“论水”为重点，纵贯“赏景”“言志”，引导学生先整体感知，再细微精读，逐渐走近孔子、敬仰孔子。同时，潘老师在教学中更为关注“话语形式”。在教学的很多环节中，我们都可以看到他在点拨学生去思考课文时是如何表达的，为什么这样表达。语文教学的核心是什么？在潘老师的课堂上，我鲜明地看到了不仅要让学生读懂“写了什么”，更要让他们思考作者是“怎么写的”，“写什么”学生容易看得到，“怎么写”是需要教师引导他们着重探究的，这才是语文教学的焦点。潘老师的教学追求的是“文道统一”“言意兼得”，彰显着语文学科的教学特质。

在“怎么教”中，我看到了“语文”。丹纳在《艺术哲学》中说：“任何一门艺术，一旦放弃它所特有的迷人方法，转而借用别的艺术的方法，其结果必然降低自己的价值。”老子也说：“万物莫与朴素争美。”作为以培养语言运用能力为重任的语文教学，就应该返于素朴，归于自然，留住语文的根本原，用语文的方法教语文，看似平平淡淡，实则真真切切。语文的方法有哪些呢？潘老师的课堂给予了很好的解读：听说读写背。潘老师让学生听写词语，鼓励学生认真倾听；让学生选用词语说话，引导他们互相补充观点，对问题展开议论；让学生一遍遍地读课文，默读、轻声读、有感情朗读，边读边思，读出理解，读出情意；让学生圈划批注，在关键词句处写下自己的感悟；让学生背诵课文的精彩段落，一字不差，字正腔圆……潘老师始终将关注点落实在具体的语言文字中，使学生涵泳其间，“多比较、多归纳、多揣摩、多体会，一字一句都不放过，务必发现它的特性”，“发掘文章的蕴蓄”（叶圣陶语）。就这样，学生在潘老师的指导下，依靠自己的实践，用语文的方式学习语言，品味、积累、运用，习得了方法，提升了能力，陶冶了情趣，最终，语文能力也实实在在地得到了发展。

听着潘文彬老师的《孔子游春》，看着孩子们在课堂上专注的神情、快乐的表情，分享着他们一个又一个惊喜的发现，我情不自禁地赞叹，徜徉在优美的语言文字中，真好！这样自然天成、智慧迸发的语文课，真好！

（作者：刘红）

感悟：言在左，意在右，智慧在中间

《孔子游春》是苏教版国标本六年级下册的一篇课文。这是一篇文质兼美的文章。对于行将毕业的小学生来说，学习这篇课文，应该从中学些什么呢？这是我在教学这篇课文之前反复思考的问题。通过研读文本，我发现，这篇课文的语言优美，字里行间流淌着浓浓的师生情谊，尤其触动我的是孔子的智慧：他能从司空见惯的流水中看出水就是真君子，这是孔子的一种智慧；他能巧借春水，教导弟子，这是孔子的一种智慧；他与学生打成一片，畅谈志向，这也是孔子的智慧……孔子的智慧闪现在文本的字里行间之中，闪现在他的言行举止当中。这样，“智慧”一词便在我的心头萦绕开来。于是，我就想，对于这样一篇流溢着智慧的课文，何不从“智慧”入手，来引领学生品味语言，咀嚼文字，见识孔子，感受智慧，启迪心智呢？

那么，何以用文本中的智慧去开启学生的智慧呢？这成了我要去找寻的教学这篇课文的切入点。正当我苦苦寻思的时候，我想到了1988年75位世界诺贝尔奖获得者聚首巴黎的时候，发表宣言中的一句话：“人类要在21世纪生存下去，必须要从2500年前的孔子那里去寻找智慧”。这句意蕴丰厚的话语，让我的心豁然敞亮了起来。用这句话切入，简单明了，直指“文心”，或许能产生不同寻常的教学效果。

《孔子游春》的教学让我深刻地领悟到，语文是最富有智慧的学科，语文课要通过一篇篇文章、一个个词句，甚至一个个标点来建构或更新学生的言语世界，丰富学生的言语智慧。与此同时，建构或更新学生的精神世界，提升学生的生命智慧。语文的课堂应当充盈着浓浓的语文味道，这浓浓的语文味道中还应该弥漫着一种智慧，这种智慧是植根于语文的土壤之中，是基于对文本语言的揣摩与品味，是从文本的语言当中滋长出来的；这种智慧滋养着学生的生命，促进着学生语文素养的形成和发展。

《孔子游春》的教学使我体会到，要让智慧从文本的语言中滋长出来，对于教师来说，应该要注意以下几点。

其一，要精心研读“课标”。

我们要准确地把握《课程标准》的目标和要求，用课标的要求来引领语文教学，体现语文的自身特点，展现语文的自身魅力，切实地把语文课程的目标和要求细化分解在一篇篇课文当中，把语文课程的全新理念落实在一个个教学环节当中。《孔子游春》从文体上来看，是一篇叙事性作品。对于叙事性作品的教学，《课程标准》在第三学段的目标中明确指出：“阅读叙事性作品，了解事件梗概，简单描述自己印象最深的场景、人物、细节，说出自己的喜欢、憎恶、崇敬、向往、同情等感受”。教学《孔子游春》，就应该彰显叙事性作品的特点，把课上得合乎课标的要求。

其次，要细心解读文本。

文本是语文教学的凭借。我们只有把握文本的精髓，才能充分挖掘出文本中所蕴涵着的智慧。这就要求我们在研读文本的时候，既要关注文本，潜心会本文，与文本的语言对话，与文本中的人物和文本的作者对话，体会文本的特点和蕴蓄。还要关注课后的问题，因为课后的问题是教材的编者根据课标的理念和文本的特点精心设计出来的。通过课后的问题，我们可以与教材的编者对话，准确把握编者的编写意图。在此基础上，对文本进行科学合理的取舍，挖掘教学资源，获取教学智慧，设计出富有张力的能够探究文本蕴蓄、获取文本智慧的问题，让问题引领着学生去读书、去思考、去讨论、去交流，进而走进文本的深处，获得智慧的滋养。

其三，要用心研究学生。

学生是语文学习的主体。语文课堂应该要关注学生的发展，要致力于学生语文素养的形成和发展，要利用文本多为学生创造语文实践的机会。我觉得，要想提高语文教学的效率，我们还得在研究学生上下工夫，要充分考虑到学生的实际情况，正视学生的差异，满足学生的需求；要学会用儿童的视野来解读文本，看待问题，学会换位思考，能够站在学生的立场去预设课堂，把握思维训练点。唯有如此，我们的语文教学，才能够体现学生身心发展的规律，贴近学生的“最近发展区”，促进学生思维的有效发展。

《孔子游春》的教学还让我体悟到，要让智慧从文本的语言中滋长出来，从教学实践来看，至少要关注以下几点。

第一，预设与生成的把握。

我以为，预设与生成就如同鸟儿的双翼，语文课堂如果拥有了这对强健的翅膀，就能使学生的心智振翮云间，翱翔苍穹。语文课堂其实是一个动态生成的过程，在生成的过程中，师生的积极性和创造性都被调动了起来，使课堂呈现不曾预约的精彩。当然，生成是相对于预设而言的。“凡事预则立，不预则废”，语文教学必须要有预设，这样才能有的放矢，提高教学效益。我们课前预设的教学目标需要融入弹性灵活的成分和始料未及的体验，需要融入我们的教学智慧。这样，语文课堂才会在预设的基础上产生灵动的生成，我们才会敏于发现生成与预设之间的共通之处，并合理地把握生成，适时地调整预设，促进教学目标的有效达成。

第二，整体与部分的关联。

语文教学需要抓住重点，重锤敲打关键词句或语段，但是，敲打不能只纠缠于文本的细枝末节，而是要立足整体，正确地处理好整体与部分之间的关系，既要见“树木”，更要见“森林”。从教学内容上说，就是要有疏密轻重，要能够抓住难点，突出重点，又要前后联系，统揽全局，这样，智慧才能从文本的语言中滋长出来。孔子和弟子“论水”这部分是《孔子游春》这篇课文的重点，也是难点。教学中，我抓住这个重点来辐射全文，引领学生到文本中走个来回，品味文本的语言，感受孔子的智慧，并在此过程中教给学生一些读书的智慧。比如，学生在交流水的德行的时候，相机追问：“文章有一个地方就已经把水的这种德行生动形象地描绘了出来，不知你们发现了没有?”这样就很巧妙地引导学生把“有德行”和前文的描写春天景色的语段联系在了一起，加深了学生对文本的感悟和理解。又如，在学生体会到了孔子富有善施教化的智慧之后，我再次让学生把目光投向全文：“同学们，其实，这篇文章到处都闪现着孔子善施教化的智慧，下面我们再从文章里找一找，看看文章还有哪些地方能够体现孔子善施教化的智慧?”这样就比较自然地点引学生去审视全文，去关注孔子的言行举止，从字里行间中体会孔子的教育智慧，使得孔子的形象能够在学生的脑海中立体起来，丰满起来。

第三，课内与课外的沟通。